구만수 박사

토지 투자,
모르면 하지 마!

구만수 박사

토지 투자, 모르면 하지 마!

구만수 지음

한국경제신문 *i*

프롤로그

우리가 참여하는 부동산 투자 시장에서 속고, 속임을 당하는 복마전이 펼쳐지고 있다. SNS가 발달하고 정보의 대칭이 이루어짐에도 이렇게 투자 시장에서 피해자가 속출하고 있다. 투자를 해서 수익금은 고사하고, 투자 원금도 회수하지 못하고 물려(?) 있는 사람이 많은 것이 그 증거다. 특히나 토지 투자 시장은 아파트나 상가 시장에 비해 더욱 그렇다. 이러한 이유는 여러 가지가 있겠지만, 가장 큰 이유가 투자자의 무지에서 비롯된다. 예전에는 모르는 것이 죄가 아니었으나, 요즘은 모르는 것이 죄가 되는 세상이다. 토지 투자 피해를 다룬 언론기사를 보면 어떻게 저렇게 속수무책으로 당하는지 의아한 생각이 많이든다. 사실 피해자 입장에서 보면 사람을 믿은 죄밖에 없다. 사람을 믿은 죄가 나에게 큰 자산 손실로 이어진다는 말이다. 이러한 피해를 예방할 수 있는 방법은 애초에 토지 투자를 하지 말든지, 하려면 제대로 알고 투자를 해야 한다.

《토지 투자 모르면 하지 마!》는 철저하게 이러한 생각 구조 속에서 탄생한 작품이다. 필자는 부동산학 박사이자 도시계획기술사다. 도시계획기술사의 주요 업무는 토지 이용 분야에 관한 고도의 전문지식을 가지고, 풍부한 실무경험에 입각해 계획, 연구, 설계, 분석, 시험, 운영, 시공, 평가하는 작업을 행하며, 지도와 감리 등의 기술업무를 수행한다 (출처 : 산업인력관리공단). 한마디로 토지를 다루는 직업인 셈이다. 그래서인지 많은 수강생들이 자신들의 토지 투자에 대한 성공 가능성 여부를 질문한다. 그러나 안타깝게도 열에 아홉은 아니, 백에 아흔아홉은 대부분 실패, 또는 실패 가능성이 매우 높은 투자를 해놓고 기약 없는 세월을 보내고 있다. 이 책의 기반은 이러한 실패한 투자자들의 에피소드에서 출발한다.

기획 부동산 회사에 입사한 신입직원의 사례는 세상에는 공짜가 없다는 교훈을 주고, 친구 때문에 폭망한 사례는 토지 투자를 소개하는 사람이 단순히 가까운 지인이라는 사실만 믿고 거래를 해서는 안 됨을 알려준다. 전문가는 하루아침에 만들어지지 않는다는 사실도 덤으로 준다. 친한 후배가 뒤통수친 사례는 아무리 친한 사이일지라도 모든 일을 무조건 맡기는 것은 매우 위험하다는 사실을 이야기해준다. 남북 경제협력 미끼 토지 사기 사례는 단발성 이벤트에 투자를 하는 경우, 그러한 이벤트가 끝나고 나면 허무해진다는 사실을 일깨워준다. 개발제한구역이 풀린다는 말에 속아 산 사례는 개발을 하지 못하도록 한 토지는 글자 그대로 개발을 할 수가 없다는 말임에도 특별한 방법이 있는 것처럼 사람들을 속인다. 또한 토지에 금융기관의 대출이 있어도 믿을 수 없다는 사실을 실제 사례에서 보여준다. 토지를 담보로 금융기관에서 돈을 빌려줄 때 정확한 감정평가가 이루어지지 않았다는 말이다. 이러한 자료를 보고 금융기관이 돈을 빌려줄 때는 모든 것을 검토하고 빌려주었겠지 생각하고 투자를 하는 경우 매우 당황스러운 일을 당할 수도 있다. 개발호재가 있어도 해당 토지가 개발이 안 되는 사례에서는 임야를 살 때는 개발행위허가의 기준을 모르고 접근해서는 안 된다는 메시지를 전해준다. 아울러 돈벼락을 맞을 것이라고 권하는 토지가 나중에 보니 아무짝에도 쓸모없는 토지라는 것을 알게 되는 사연도 본문에서 전한다.

투자는 종목을 불문하고 수익보다는 '잃지 않는 투자'가 되는 것이 우선순위다. 잃지 않는 투자가 되기 위해서는 무엇보다 그 종목에 기본적인 지식을 가지고 있어야 한다. 여기서 말하는 기본적인 지식이라 함은 투자를 위해서는 그 종목에 대해서 반드시 알아야 하는 위험을 말한다. 토지 투자의 위험은 법령을 포함한 행정적인 요인과 물리적인 요인으로 나누어 볼 수 있는데, 해당 토지에 부여된 규제로 인해 개발이 불가능한 경우와 실제 물리적으로 개발이 불가능한 경우가 바로 그러한 예다. 이러한 위험요인을 감안해 투자 여부에 신중을 기해야 한다.

이 책에서는 이러한 위험요인을 고려해 실제 투자 시에 본인 스스로 검토할 수 있도록 구성했다. 초반에는 이제까지 수많은 수강생의 질문 사례에서 타산지석이 될 만한 사례를 소개해 위험을 회피할 수 있는 지식을 쌓는다. 중반에는 토지 투자를 위해서는 반드시 알아야 할 토지이용계획확인서를 분석하는 방법을 기술했다. 이와 관련해 용도지역에 대한 이해를 완벽하게 할 수 있게 될 것이다. 성공하는 토지 투자를 위해서는 용도지역의 이해는 반드시 넘어야 할 산이다. 이러한 용도지역의 이해 없이는 절대로 토지 투자를 해서는 안 된다. 이러한 측면에서 볼 때 용도지역에 관한 설명은 이 책의 가장 중요한 장점이기도 하다. 후반부에서는 토지 투자를 할 때에는 반드시 피해야 할 사항들을 기술했다. 토지 투자를 소개하는 사람을 어떻게 봐야 할지, 공영개발과 민간개발의 차이점, 지분거래의 단점, 개발제한구역, 도시자연공원구역, 보전산지, 비오톱, 맹지, 문화재, 공기, 삼다수, 군사시설, 도로, 음식 맛 이야기로 지루하지 않게 피해야 할 토지들의 사례들을 파노라마처럼 적었다. 마지막으로는 지킬 수만 있다면 초보자들도 절대로 잃지 않는 투자를 할 수 있는 팁들을 공개했다.

인생살이나 투자는 다를 게 없다. 내가 맛나면 다른 사람도 맛나고, 내가 좋으면 다른 사람도 좋아한다. 맛없는 음식을 아무리 맛나다고 외쳐도 시장에서는 외면한다. 맛난 음식을 찾는 과정이 바로 투자를 위해 공부하는 시간이고, 그 공부의 결과가 잃지 않는 투자, 즉 성공적인 투자다. 독자분들도 이 책을 통해 잃지 않는 투자자가 되길 바란다. 토지 투자 모르면 하지 마라! 아무도 나의 돈을 지켜주지 않는다.

구만수

Contents

Contents

PART 1

언젠가 꼭 한 번은
하고 말 거야!
토지 투자

한국인의
영원한 꿈

　한국인의 토지에 대한 소유 욕구는 매우 강하다. 좁은 국토에 비해
인구가 많은 나라들의 전형적인 형태이기도 하다. 한국은 오랜 농업사
회를 거쳐 현재의 지식산업사회에 이르고 있고, 이로 인해 토지 소유
에 대한 강한 소유의 꿈은 한국인의 유전자에 뿌리 깊게 자리하게 됐
다. 농업사회에서는 농사를 지을 수 있는 농지가 집안의 최대 자산이
다. 그러한 농지는 작게는 배고픔을 해결하는 근원이며, 크게는 자신
의 부를 과시할 수 있는 부의 상징이었다. 하지만 농지는 왕토사상으
로 일반 백성의 소유가 되기에는 정치적으로 성장하지 못했고, 권력자
와 소작농 관계에서 농지 소유의 갈망은 일반 백성에게 언제나 자리하
고 있었다. 그러나 오늘날 토지는 권력자의 독점물이 아니라 자본주의
국가의 경제발전에 기여하는 근원이며, 부의 원천으로서 자산증식의
중요한 축을 이루고 있다. 그래서 현재 한국사회에서 토지 소유는 인

생을 윤택하게 하고 생활의 자신감을 가지게 만드는 신비로운 재화다. 이렇게 누구나 갖고 싶어 하는 토지는 영구불변이다.

건물은 화재로 소실되어도 토지는 영원히 남는다. 아무리 사용을 해도 닳거나 사라지지 않으며 그 자리에 존재한다. 아울러 다른 물건들처럼 많은 돈을 투입하더라도 붕어빵 찍듯이 만들어낼 수 없다. 물론 간척을 해서 일정 부분 토지를 만들어낼 수 있으나 한계가 있다. 이렇게 더 만들어낼 수 없다고 해서 이를 토지의 '부증성'이라고 하는데, 이러한 부증성으로 토지의 물리적 양이 늘어나지 못함으로써 토지의 상대적 가치는 높아진다. 나아가 경제가 발전하고 토지를 사용하고자 하는 기업과 사람들이 늘어날수록 해당 토지의 몸값은 높아져만 간다. 아울러 토지는 개발자의 투입비용과 능력에 따라 현재의 사용가치보다 한층 더 높은 가치수준으로 변화시킬 수 있으며, 이러한 개발 가능성은 수많은 개발자들의 소유욕을 불러일으킨다. 한편 경제학적으로도 인플레이션에 따른 통화가치의 하락을 보상해줄 수 있는 실물자산으로서 실체가 없는 주식과 차원이 다른 자산이다. 이러한 특성으로 인해 토지는 한국인에게는 영원한 소유 대상이자 꿈인 것이다.

어마어마한
토지 가격 상승

    2015년 한국은행이 발간한 우리나라의 토지 자산 장기시계열 추정 보고서를 보면, 우리나라의 토지 자산은 1964년 1.93조 원에서 2013년 말 5,848조 원으로 3,030배 가격 상승이 있었다. 지목별로 보면 전(밭)은 1,333배, 답(논)은 883배, 대(건축물 지을 수 있는 땅)는 5,307배, 임야(산)는 2,018배, 기타는 4,459배 올랐다. 참고로 우리나라 최초의 라면은 1963년 삼양식품에서 만든 삼양라면인데, 가격은 당시 한 개에 10원이었다. 현재 라면가격은 종류에 따라 차이는 나지만 500원에서 1,000원 정도 한다고 볼 때 50배에서 100배 오른 것에 비하면 토지 가격은 그야말로 어마무시하게 올랐다고 할 수 있다(토지를 라면에 비교한다고 투덜거리지 마시라. 다른 물건을 비교해봐도 비율만 다를 뿐 마찬가지다). 2013년 말 기준으로 1964년 대비 3,030배 상승한 토지 자산의 가격은 현재의 기준으로 보면 2013년 말보다 훨씬 더 높을 것이라 짐작

구분		1964(A)	1976	1985	1995	2005	2013(B)	(B/A)
규모 (조 원)	전국	1.93	45.8	299.9	1,668.5	3,346.3	5,848.0	3,030
	전	0.30	7.2	32.9	104.5	226.8	400.0	1,333
	답	0.57	15.3	62.4	136.5	291.1	503.1	883
	대	0.56	12.5	130.3	892.5	1,764.9	2,971.8	5,307
	임야	0.24	6.0	26.6	124.2	263.3	484.2	2,018
	기타	0.27	4.8	43.1	344.3	652.9	1,203.9	4,459
지목별 비중 (%)	전	15.3	15.8	11.0	6.3	6.8	6.8	−8.5
	답	29.3	33.4	20.8	8.2	8.7	8.6	−20.7
	대	28.8	27.3	43.4	53.5	52.7	50.8	22.0
	임야	12.5	13.0	8.9	7.4	7.9	8.3	−4.2
	기타	14.0	10.5	14.4	20.6	19.5	20.6	6.6

출처 : 한국은행

하는 것은 그리 어렵지 않다.

또한 2019년 5월 30일, 국토교통부에서 발표한 개별공시지가 관련 보도자료를 보면, 전국적으로 개별공시지가는 평균 8.03% 올랐으며, 5년 연속 상승률이 증가하고 있다. 2013년 3.41%였던 상승률이 2014년 4.07%, 2015년 4.63%, 2016년 5.08%, 2017년 5.37%, 2018년 6.28%로 지속적으로 증가하고 있다. 이에 반해서 한국의 소비자물가 상승률은 2012년 2.2%, 2013년 1.3%, 2014년 1.3%, 2015년 0.7%, 2016년 1.0%, 2017년 1.9% 2018년 1.5%에 그치고 있다. 지난 5년간 개별공시지가 상승률은 평균 5.76%이며, 소비자물가 상승률은 평균 1.3%다. 소비자 물가 상승률에 비해 개별공시지가 상승률은 4.4배에 이른다. 역시나 토지 투자가 한국인 모두의 꿈인 이유가 여기에도 있다.

토지 투자 관련 언론기사도 이와 패턴이 다르지 않다. 〈조선닷컴〉 2018년 11월 19일자 '정부 한눈판 사이에 땅값, 집값보다 더 올랐다'라는 제목의 기사 내용이다.[1]

최근 땅값 상승률이 심상치 않다. 올해 연초부터 3분기까지 전국 토지 매매가격은 10년 만에 최대 폭으로 폭등했다. 일반 주택 수요자와 정부는 집값에만 신경이 곤두서 있어 체감을 못하지만, 올해 토지 시장의 가격 상승은 주택 시장을 뛰어넘을 정도로 급등세를 보이고 있다. 서울과 경기도뿐 아니라 전국의 땅값이 치솟고 있다.

(중략)

최근 땅값 상승세는 전국에 땅값 광풍이 불었던 노무현 정부 시절을 떠올리게 한다. 당시 3분기까지 전국 땅값 상승률은 2006년 4.1% 급등한 데 이어 2007~2008년에도 각각 2.7%, 3.9% 상승했다. 특이한 점은 2006~2008년에는 땅값 급등보다 집값 급등이 훨씬 더 심각했던 반면, 최근에는 땅값이 오히려 집값보다 더 높게 상승하고 있다는 점이다.

토지의 가격이 많이 올랐다는 내용인데 이것은 오래전 기사에도 마찬가지다. 〈중앙일보〉 1969년 12월 11일자, 현영진 기자의 '땅값 상승에 「종점」 있다'라는 기사 내용이다. 오래전 기사라서 그런지 내용이 길고 전문용어가 섞여 있어 간략하게 줄이고 순화해서 기술한다.[2]

---

1) 한상혁 기자, '정부 한눈판 사이에 땅값, 집값보다 더 올랐다', 〈조선닷컴〉, 2018. 11. 19 인용.
2) 현영진 기자, '땅값 상승에 「종점」 있다', 〈중앙일보〉, 1969.12.11. 종합6면 인용.

오늘의 경제를 특정 짓는 각종 가격 상승 레이스에서 톱을 달리는 가격은 땅값이라고 해야겠다. 공업이 발전하면 할수록, 도시가 팽창하면 할수록 지가는 끝없이 상승한다는 것이 지금은 상식처럼 되어 있다. 그러나 이러한 지가상승 추세에 대해 최근 일본 삼릉은행은 〈땅값은 어디까지 오를 것인가?〉라는 연구논문을 통해 일본의 지가상승은 5년 이내에 한계에 도달한다고 지적해 주목을 끌었는데, 이것은 우리나라의 경우에도 적용할 수 있는 것으로 관심을 모으고 있다. 일본 부동산 연구조사에 의하면 1961년부터 1968년 사이의 전국 시가지가격의 연평균 상승률은 17.3%로, 소비자물가 상승률, 이자율은 물론, 같은 기간 중의 1인당 국민소득 증대율을 크게 상회했다.

그러나 수요감소, 가수요성행, 지불능력한계 등으로 결국 지불한계지와 통근한계지가 일치하는 지점에서 토지 가격 상승의 종점이 되며, 5년 이내에 이때가 온다는 것이다. 우리나라도 서울의 예를 들면, 한창 변두리 땅값(주로 택지)이 1년에 100% 이상씩 경이적인 상승률을 보인 때가 있었다. 부동산 투자의 본보기로 땅에 대한 투자는 급증하는 서울 인구와 정비례해 큰 수익성을 갖는 것으로 평가됐다. 그러나 최근에는 변두리로 뻗어가는 주택지대가 통근시간이라는 벽에 막혀 주춤한 감을 주고 있다. 일본이 이 논문대로 5년 이내에 지가상승률이 둔화된다면, 우리나라도 어느 시기엔가 이 현상이 나타날 수 있을 것이다.

앞의 〈중앙일보〉 1969년도 토지 가격 관련 기사는 두 가지 핵심적 내용이 있다. 첫 번째는 일본과 한국이 당시에 토지 가격이 많이 올랐다는 것이고, 두 번째는 그러한 토지 가격 상승이 수요감소와 지불능력의 한계로 5년 이내에 토지 가격이 하락하는 현상이 나타날 수 있다는 이야기다. 그러나 오늘날 토지 가격은 계속 오르고 있다. 물론 대내외적 경제사정으로 토지 가격의 부침이 있었지만, 장기적으로 볼 때 토지 가격은 엄청나게 상승했다. 안타깝지만 1969년 신문기사의 내용은 정확하게 틀렸다.

그래서 나도
토지를 사고 싶다

기술한 것과 같이 토지는 동서고금을 막론하고 삶의 근원이자 부의 상징이며, 자산을 늘릴 수 있는 중요한 매개체다. 그래서 누구나 토지를 소유하고 싶어 하고, 기회만 된다면 토지 투자를 하고 싶어 한다. 적은 투자금으로 운이 좋다면 일확천금을 누릴 기회가 있다고 생각되기도 하고, 실제 많은 부동산 토지 투자 강좌에서도 여러 사례를 들어 소액으로 토지 투자가 가능하다고 설명한다. 이는 반은 맞고, 반은 틀리다.

특히나 주택 투자는 토지 투자에 비해서 정부정책이 규제도 많고, 다주택 보유자를 사회의 암적인 존재로 치부한다. 주택을 한 채만 보유하고 있어도 고가주택일 경우, 색안경을 쓰고 보는 사회분위기다. 사실은 속으로는 부러워할지 모른다. 그러나 정부정책의 스탠스는 그렇다. 보유세와 양도소득세 인상, 재개발 재건축의 규제, 대출규제까지 주택을 많이 보유했다는 사실만으로 한국에서 점점 설 자리가 없어지고 있다.

그런데 토지를 많이 소유하고 있는 사람들은 다주택 보유자에 비해서 투기꾼으로 몰지도 않을 뿐더러 오히려 대부분이 그를 부러워한다. 참으로 아이러니하다. 결국 주택이나 건축물을 지을 수 있는 기반이 토지라는 사실은 변함이 없는데. 이상하게도 토지 소유에 대해서는 주택 소유에 비해서 관대하다. 아울러 주변에서 토지에 투자를 해서 돈을 많이 벌었다는 사람들도 하나둘씩 있고, 한국의 부자들은 부동산 소유 비중이 높고, 그중에서도 토지를 많이 가지고 있다고 한다. 연일 신문지상에서도 토지 가격 상승 이야기가 많은 자리를 차지하고 있다. 개발 호재가 있고, 교통망이 확충되는 역세권은 연일 가격이 올랐다는 보도가 나온다. 가만히 보니 좁은 한국에 그나마 제한된 면적의 토지 가치는 시간이 갈수록 상승할 수밖에 없다는 생각이 든다. 그리고 보니 토지 투자는 여러모로 많은 매력이 있는 것 같다. 소액으로도 투자가 가능하다고 하는데, 나도 잘하면 큰돈을 벌 수 있을 것만 같다. 지금하지 않으면 또 늦어질까 두렵기도 하고 그래서 나도 토지 투자를 하고 싶다. 아니 해야만 할 것 같다.

그런데
뭐가 문제야?

　필자 역시 토지 투자가 괜찮은 투자 종목이라는 생각을 하고 있다. 사실 토지에 투자해서 돈을 많이 벌기는 했다. 2015년에는 수용물건으로 실투자 5억 원으로 1년 만에 26억 3,000만 원을 보상 받았다. 또 다른 물건은 1억 원을 실투자한 물건인데, 마찬가지로 협의양도 예정이며, 매년 1억 원씩 평가금액이 무럭무럭 자라고 있다. 물론 미래의 양도소득세도 같이 자라고 있다. 거짓말 같으면 필자가 하는 토지 강의를 들어보면 된다. 강의 때 주소를 알려드리니 등기부등본을 떼어 보시면 된다. 각설하고 요즘 같이 다주택자 규제와 저금리 시대에 은행에 돈을 맡겨 보았자 크게 수익도 없고 하니 토지 투자의 매력은 한층 더하다. 그래서인지 많은 수강생분들이 토지 투자에 대해서 문의를 하고, 필자의 유튜브 동영상을 보고 연락처를 수소문해서 자신의 소유 토지에 대한 물건 분석을 많이 의뢰한다.

그런데 문제는 물건 분석을 해보면 제대로 된 물건이 없다는 데 있다. 분석의뢰 물건 10개 중 9개는 가치가 전혀 없는 토지를 소유하고 있다. 어쩌면 그렇게 하나같이 문제가 있고, 개발 가능성이 전혀 없는 토지에 투자를 했는지 정말 안타깝다. 내 돈이 아님에도 들어간 돈을 생각하면 그렇게 아까울 수가 없다. 자신들의 생애에 팔 수 있을 가능성도 없고, 자손들에게 물려주어도 오히려 자손들이 안 받겠다고 손사래를 칠 토지들이다. 그야말로 세금만 내야 하는 골치 아픈 존재가 된 토지들이다.

아무래도 이러한 토지 분석 의뢰질문과 답변 속에서 '많은 사람들이 토지 사기에 걸려들었구나! 이것 참 사회문제가 되겠다. 이러한 사기행태들을 막을 수 없을까?' 하는 생각들이 자리 잡았다. 그러한 와중에 2018년 6월 후랭이TV 김종후 대표와의 인터뷰에서 토지 투자에 대한 생각을 가감 없이 토해냈는데, 현재 이 원고 작성일 기준으로 후랭이TV 구만수 인터뷰 5부 '토지 투자 절대 하지 마라!'가 56만 뷰가 넘어서고 있다.

이 방송을 보신 분들이 꽤나 많아서 현장답사를 위해 부동산 사무소를 들리면 나를 알아보는 사람이 점점 늘어나고 있다. 알아보는 사람이 늘어남과 동시에 질문도 늘어나고 있다. 물론 분석의뢰하는 물건들은 개발 가능성이 없는 토지들이 대부분이다. 한마디로 속아서 산 토지들이다. 대부분 기획 부동산 회사에 속아서 쓸모없는 토지를 매입한 경우다. 이렇게 속아서 산 토지를 되팔 수 있으면 좋으련만 그럴 가

[자료 2] 토지 투자 절대 하지 마라! 영상 화면

출처 : 후랭이TV, 유튜브

능성은 희박하다. 피해자들은 거짓된 개발정보를 가지고 현란한 말솜씨로 제3의 피해자를 만들어낼 재주가 없기 때문이다. 그렇다면 피해 회복은 사실상 불가능하다. 이유야 어찌 됐든 피해자 본인들이 계약서에 도장을 찍고 소유권을 넘겨받아 등기부등본에 자신의 이름을 등기했기 때문이다. 토지에 대해서 잘 몰라서 속아서 매입했어도 자신의 판단과 결정으로 계약서에 도장을 찍었기 때문이다.

물론 민형사의 소송제기를 통해서 피해를 구제받는 경우도 간혹 있으나 그러한 경우는 매우 드물고 대부분 피해 회복이 어렵다. 애초에 사지 말았어야 했다. 그런데 이제 와서 이런 이야기가 무슨 소용이 있는가? 하지만 필자의 입장에서는 제3, 제4의 피해자가 더 이상 나와서는 안 되겠다는 생각에 이렇게 원고를 쓴다. 지금 이 시간에도 쓸모없는 토지로 큰돈을 벌 수 있다는 꾐에 속아 계약서를 쓰고 있는 사람이 있을 것이다. 이 책을 읽는 독자분들은 토지에 대해 공부하지 않은 상태라면 절대로 토지 투자를 하지 마시길 진심으로 바란다. 꼭 토지 투자를 하고 싶다면 최소한의 공부를 하고 투자할 것을 간곡히 부탁드린다. 그러면 어떻게 사용하지도 못하는 토지를 투자하게 된 것일까? 사례를 들어 하나씩 설명해보기로 한다.

사기 치는 인간들
전부 파묻어야

　개발 가능성이 없거나 매우 희박한 토지를 매입한 사람들, 즉 토지를 속아서 산 사람들의 이야기를 들어보면, 매입할 당시 그 토지를 소개시켜준 사람들의 대부분은 피해자의 친척, 오래된 친구, 헤어진 회사동료들이다. 그 사람들은 도대체 어디서 토지를 가지고 와서 투자를 권유하는 것일까? 바로 기획 부동산 회사다. 기획 부동산이라는 말은 보통 어떠한 프로젝트를 완성시키기 위한 대상으로서의 부동산을 지칭하지만, 특히 토지를 말하는 경우가 많다. 정상적인 토지개발행위허가를 통해서 개발자의 아이템과 능력, 그리고 비용이 투입되어 어엿한 작품으로서 개발행위를 완성하고 부가적으로 수익을 올리는 일련의 절차를 기획이라고 본다면, 그러한 기획의 대상이 되는 토지를 기획 부동산이라고 말할 수 있다. 그러나 그러한 기획의도가 정상적인 개발행위가 아니라, 토지 사기를 치기 위해서 거짓되고 조작된 개발정보와 현란한 말솜씨를 동원해 선량하고 토지에 대해 무지한 사람들에게 개발이 불가능한 토지를 비싼 값에 떠넘기는 악덕 사업주 및 그 회사, 그리고 해당 사기사건에 동원되는 토지를 전부 통칭해 부르는 단어다.

기획 부동산이라는 회사는 처음부터 나쁜 의도로 설립된 회사도 있지만, 초기에는 그러한 의도가 없다가 회사 경영 사정이나 임원진들의 태도가 돌변해 기획 부동산 회사로 넘어가는 사례도 있다. 대부분 토지를 개발한다는 허울을 쓰고 결과적으로 약자들을 괴롭힌다. 예전에는 텔레마케터를 고용해서 무차별적인 전화로 좋은 토지가 있으니 투자를 하라는 권유 형태가 많았는데, 근래에 들어서는 직원을 고용해서 토지 판매를 하는, 겉으로 보기에는 정상적인 회사이나 내용을 들여다보면 다단계 판매 회사와도 같은 구조로 되어 있다. 일정한 급여와 좋은 근무환경을 내세워서 직원을 고용한 뒤 그 직원에게 거짓정보인 개발호재를 미끼로 토지를 팔고, 다른 사람에게 권해서 팔면 직원에게 성과급을 주는 방식이다.

이게 가능한 이유는 기획 부동산 회사 임원들은 새로운 신입직원에게 '토지를 팔기 위해서는 당신부터 사야 다른 사람에게 권유를 할 수 있지 않겠느냐?'라면서 현혹한다. 새로운 직원은 임원의 말이 타당하다는 생각도 들고, 기획 부동산 회사의 분위기와 거짓 개발정보에 휩쓸려 토지를 매입하게 된다. 그리고 그 신입직원은 자신이 아는 지인들에게 '나도 이미 산 땅이다. 투자 가치가 있으니 사놓으면 나중에 몇 배의 돈을 벌 수 있다'며 토지를 판매한다. 물론 신입직원은 토지의 투자 가치와는 상관없이 성과급을 받기 위한 행동이고, 사실 투자 가치가 있는지도 모른다. 이 신입직원은 나중에 잘못된 사실을 알게 되어도 이미 엎질러진 물이다. 피해자들도 손해를 되돌릴 수 없다. 이러한 사례들은 너무도 많지만 반드시 알고 넘어가야 할 대표적인 사례들을 살펴보도록 하자.

PART 2

피 같은 내 돈이
허공으로 날아간
피해 사례

기획 부동산 회사
신입직원 사례

　　기획 부동산 회사 직원으로 일하다가 필자의 수업을 듣고 자신의 소유 토지 개발 가능성에 대해서 분석의뢰를 해왔던 사례다. 개발 가능성이 전혀 없고, 수십 명이 공유로 지분등기가 되어 있어 독자적인 사용수익이 불가능한 토지였다. 쓸모없고 투자 가치가 희박한 토지라는 결론에 이르자 이 직원은 수사기관에 고소장을 작성해 제출하기로 했다. 제출 전에 내용증명을 기획 부동산 회사로 보냈는데 다음과 같다. 우선 내용을 읽어 보도록 하자.

내용증명

본인은 ○○○○년 ○○월 ○○일 주식회사 ○○에 출근만 하면, 월 130만 원의 급여를 받으면서 부동산 투자법을 배울 수 있다고 해서 평소 조금 알고 지내던 ○○○ 부장의 권유로 친구와 함께 주식회사 ○○에 취직을 해 매니저로 근무하게 됐다. 입사 이후 회사에서는 신입교육과 함께 부동산의 기초적인 상식과 부동산 용지 및 용도에 대한 교육을 받게 하고, 가까운 지인들이나 친인척들 모두에게 토지 판매 영업을 하도록 교육시켰다. 그런데 회사에서 직원들은 10평이라도 계약을 하면 특혜를 준다 했고, 땅을 살 경우 출근을 시작한 지 며칠이 되지 않아도 이번 달 안으로 잔금을 완불하면 수당을 주겠다. 나아가 만근을 하지 않고 일주일만 출근하더라도 100% 월급을 동시에 받게 된다고 했다.

상업용지로 표기되어 있는 서류를 확인시켜주며, 개발 시 6단계 중 착공만 들어가면 큰돈을 벌 수 있다고 하면서 계약하도록 부추겼다. ○○시의 도로망도 모두 갖추어져 있으며 KTX 역사가 완공되고 운행이 되면, ○○만 명의 ○○시 인구가 2배로 늘어나서 머지않아 ○○광역시가 될 것이라 했다. ○○시의 ○○프로젝트를 설명해주면서 인구유입의 요건 등을 교육시키고, 구획정리 사업시행 규칙에 의해 15만 평 미만은 3년 이내 공사를 끝내야 하기 때문에 구획정리 사업이 얼마 남지 않았다고 했으며, ○○지구의 상업지는 희소가치가 가장 높다고 교육시켰다. 또한 ○○시 ○○구 ○○읍 ○○리 산 ○○지구는 10만 평 규모의 상업지구로서 조만간 5년 안에는 개발이 반드시 이루어질 것이며, 빠르면 3년 안에 이루어질 수도 있다고 했다. 착공만 들어가면 투자 금액의 3배 이상 수익을 볼 수 있다고 부장과 사장, 회장 모두 이구동성으로 개발지 땅에 투자하는 것만이 투자 가치가 제일 크다면서 계속 재교육을 했다. 주변인 모두가 그 땅에 투자하는 분위기로 진행되어갔다. 좀 더 자세하게 알아보고 결정하겠다고 했으나, 며칠 내로 가격이 오른다며 개인 상담을 하면서 잘 생각해보라고 부장과 밀착 상담을 하도록 했으며, 기회를 놓치지 말라고 했다. 그 땅도 이제는 다 팔리고 없다면서 이번 시기를 놓친다면 다시는 기회가 오지 않는다고 강조했다. 다음 달 1일부터 당장 평당 7만 원이 오르기 때문에 지금 매입하지 않으면 돈을 벌 수 없다고 하니 급하게 계약을 하고 말았다. 계약을 하고 나면 계약자들에 한해서 물건이 있는 곳에 사후 답사를 진행시켜주는 회사의 규칙에 따라 답사를 하게 됐다. 미리 ○○시가 급발전하고 있고, 유라시아 정책에 따른 우리나라 국토의 U자형 개발 모형에서 ○○시에 집중되는 개발정보와 주변 변화를 실감할 수 있게 교육을 받게 했다. 그 후 각본에 짜인 대로 답사를 진행했고, 주변 땅도 이처럼 개발을 눈앞에 두고 있으며, 상업용지의 개발 이후의 변화를 느낄 수 있도록 교육하고 세뇌시켜서 무조건 땅을 사도록 유도했다.

회사에서는 매일 조회를 할 때마다 땅을 사야 부자가 될 수 있으며, 정보를 듣고도 땅을 사지 않는 것은 기회를 놓치는 것과 같다고 했다. 그리고 빚을 내서 사두어도 시세 차익이 커서 수익을 많이 볼 수 있다고 했다. 또한 자신이 그 땅을 사지 못하면 남에게도 권하기 어렵다고 교육시켰다. 일반 부동산과 비교하며 남을 잘살게 도와주는 것보다 자신이 사야 돈을 벌 수 있다고 했다. 언제나 ○○시의 일반상업용지와 비교해서 설명해주었고, 최저 3배 이상의 수익을 볼 수 있다고 반복 교육을 했다. ○○신도시 땅 시가와 신도시 변화를 비교해가면서 설명을 했으며 반복적으로 교육을 했다. 담당 부장 외 직원들 모두가 사고 싶은 땅이며, 이미 대출을 받아서 많이 샀다고 했다. 또한 주변인들 중 공무원, 변호사까지 얼마나 땅이 좋으면 사겠냐고 하면서 검증된 자료가 있으니 빚을 내서라도 땅을 사는 것이 현명하다고 말했다. 나는 만약 개발이 안 되면 어떻게 하냐고 물으니, 회장님이 책임을 진다며 믿고 사둘 것을 강요했다. 여름휴가나 추석연휴에도 휴가기간을 더 늘려주면서 ○○지구의 땅을 계약하도록 부추겼다. 결국 약간의 호기심만 비추어도 상담하러 가자고 하면서 막무가내로 계약하도록 유도했다. 또한 미래의 발전된 모델을 상상하게 해 투자에 대한 환상을 심어주었다. 중간 간부인 ○○○ 부장을 통해서 계속 면담하고 상황보고 및 자금대를 확인해 결정권의 주체가 누구인지, 투자 경험의 유무를 확인해가면서 재테크의 관심도를 파악하며 지속적으로 계약을 독려했고, 중간 간부와 상담하면 내내 빚을 내서라도 사두라고 이야기했다. 개발이 지연될 것을 우려하며 혹시나 질문을 할 때마다 땅은 서류도 확실하고, 최고의 사업지이기 때문에 틀림없는 일반상업용지이고, 정보를 알게 해준 회사의 임원진과 회장님께 계약하게 되면 감사의 선물을 하도록 지시하기까지 했다. 회장은 우리나라의 경기가 아무리 침체되고, 경제사정이 악화된다고 해도 ○○시의 발전과 ○○지구에 선정된 상업지의 개발과는 상관없다며 절대로 손해는 없다고 했다. 확신에 찬 음성으로 도리어 큰소리치며 화를 낼 지경이었다. 평소 회장은 직원들에게 효와 사람 됨됨이를 강조했으며, 기본적인 인성을 강조했기에 부동산 27년의 경력을 과시하면서 자신만 믿고 따라오면 잘될 것이라며 개발이 시행되어 환지 받을 때가 되면, 비싼 가격으로 팔아 줄 것이라는 말까지 부장으로부터 전달 받았다. 결국 세 차례에 걸쳐 10평, 30평, 30평 모두 ○○지구의 70평 땅을 각각 평당 103만 원, 108만 원, 108만 원, 총합계 7,510만 원의 땅을 사게 됐으며 지분등기로 매매가 마무리됐다.

구입한 땅의 물건지는 각각
○○시 ○○읍 ○○일 산 ○○-○○번지 10평
○○시 ○○읍 ○○일 산 ○○-○○번지 30평
○○시 ○○읍 ○○일 산 ○○-○○번지 30평

본인은 그나마 등기가 확실하게 지분등기가 되고 등기를 받을 수 있어서 믿고 있었으며, 최소 3배로 커진다는 희망을 가지고 기다리던 중 부동산 전문가에게 의뢰해보니 실제 상황은 턱없이 다름을 알고 정말 한심한 현실에 기가 차고 안타까워 정신적으로 믿었던 사람들과 회사에 대한 믿음과 신뢰가 회복되지 못하고 있어 이를 고발하고자 하며, 시간과 정신적 피해는 물론, 본인이 투자한 전부의 땅 70평 매입금액인 7,510만 원을 귀 회사로부터 되돌려 받고자 한다.

(하략)

무엇이 잘못됐나?

앞의 내용증명을 읽어 보니 안타깝고 답답하기도 하겠지만, 지금이 글을 보는 독자분이라고 이런 일이 생기지 말라는 법은 없다. 세상사 살면서 혈연, 지인이라는 존재는 당연히 주변에 있는 것이고, 저런 일도 피해 갈 수는 없는 일인데, 아직 주변 지인의 기획 부동산 유혹이 없었다면 참으로 다행스러운 일이다. 또한 이 책을 읽었으니 더 이상 속지 않을 테니 걱정하지 않으서도 되겠다. 타산지석(他山之石)이라고 했다. 다른 산의 돌도 나의 옥을 가는 데 사용이 된다는 말이다. 남의 허물이 나에게는 도움이 될 수도 있다는 이야기다. 그러니 무엇이 잘못됐는지 한번 찾아보자.

첫 번째, '직원들은 10평이라도 계약을 하면 특혜를 준다 했고, 땅을 살 경우 출근을 시작한 지 며칠이 되지 않아도 이번 달 안으로 잔금을 완불하면 수당을 주겠다. 나아가 만근을 하지 않고 일주일만 출근하더라도 100% 월급을 동시에 받게 된다고 했다'라는 부분이다.

전형적인 기획 부동산 회사의 수법이다. 직원들을 고용해서 마치 소모품처럼 사용하는 것이다. 많은 사람들을 무작위로 고용하고 다단계 방식으로 신입직원이 사면, 중간관리자부터 임원진까지 골고루 수당을 나눠 가진다. 또한 토지를 사게 하고 사는 사람에게는 한 달 근무를 완전히 마치지 않아도 월급을 준다고 현혹한다. 사실 원래부터 쓸모없는 땅이니 가격이 형편없이 싼 물건인데, 그런 땅을 앞뒤 모르는 신입직원에게 비싸게 파는 것이다. 따지고 보면 이 직원은 자기 돈으로 월급을 받은 것이다. 이미 그 땅에는 많은 매매차익이 포함되어 있기 때문에 직원의 월급이 들어가 있으며, 그것도 몇 달 또는 몇 년분의 월급이 포함된 매매금액이다. 세상에 공짜는 없다.

두 번째, 'ㅇㅇ시 ㅇㅇ지구는 상업용지로 표기되어 있는 서류를 확인시켜주며, 개발 시 6단계 중 착공만 들어가면 큰돈을 벌 수 있다고 하면서 계약하도록 부추겼다'라는 점이다.

실제 상업용지가 맞고 토지이용계획확인서에도 확인이 된다. 문제는 용도지역은 상업지역이지만, 개발 가능성이 전혀 없다는 것이다. 사람이 살기 어려운 산속에 상업지역이 계획되어 있다. 일반 사람들은 무조건 속아 넘어갈 수밖에 없는 구조다. 믿기 힘들지 않은가? '산속에 상업지역이라니! 눈으로 확인하지 않는 이상 도저히 믿을 수 없다'라고 생각하시는 독자분들이 많을 줄로 생각된다. 필자 역시 부동산을 공부하지 않은 비전공자였다면 당연히 믿지 못했을 것이다. 그런데 이런 땅들이 생각보다 많이 있다. 다음의 네이버 위성지도를 보시라. 푸르고 푸른 산속에 있는 땅을 매입했는데, 용도지역이 표시된 지적편집도를 보면 분홍색으로 표현된 상업지역이 보일 것이다. 산속에 상업지역이 있는 것이다. 현재도 개발이 전혀 되어 있지 않고, 앞으로도 개발이 될 가능성이 거의 없는데 상업지로 표시가 되어 있다. 실제 토지이용계획확인서를 봐도 상업지역으로 되어 있다. 이렇게 국가에서 보증하는 공적서류에도 상업지역으로 기재가 되어 있으니 믿을 수밖에 없다.

[자료 3] 기획 부동산 회사 직원이 매입한 토지 위성사진

출처 : 네이버 지도

[자료 4] 기획 부동산 회사 직원이 매입한 토지의 지적편집도

출처 : 네이버 지도

출처 : 토지이용규제정보서비스

사실 우리나라에는 이렇게 산속에 상업지가 존재하는 지역이 여러 군데 있다. 온천관광지가 대표적이다. 독자분들은 수안보온천을 가보셨는가? 수안보온천은 충청북도 충주시 수안보면에 있다. 다음 그림을 보시는 것과 같이 첩첩산중에 위치해 있다. 그런데 지적편집도를 보면 상업지를 표시하는 분홍색으로 수안보온천 인근이 표시되어 있다. 평지에 위치한 경우도 있지만 통상적으로 온천은 산속에 있는 경우가 많고, 이러한 온천은 관광지로 개발이 되어 온천에 관광 오는 관광객의 편의를 위해서 숙박시설, 위락시설 등을 설치할 수 있도록 토지의 용도지역을 상업지역으로 지정하게 된다. 즉 관광객의 숙소와 놀이시설을 설치하기 위해서 토지의 용도를 그에 맞게 지정하게 되는 것이다. 온천이 개발되기 전에는 당연히 전, 답, 임야로 이루어져 용도지역은 대부분 관리지역이나 농림지역으로 있다가 관광지로 개발이 되면서 필요에 따라 상업지역으로 용도지역이 변경되는 것이다.

[자료 6] 수안보온천 위성지도

출처 : 네이버 지도

[자료 7] 수안보온천 지적편집도

출처 : 네이버 지도

신입직원이 매입한 토지 역시 이러한 절차를 추진 중인 토지였다. 그런데 문제는 온천 개발사업을 추진하다가 개발사업의 인허가를 받았지만, 중간에 개발사업자의 부도로 실제 토목공사는 첫 삽도 뜨지 못하고 온천개발사업이 좌초되어 버린 것이다. 이러한 경우 새로운 개발자가 개발사업을 인수해 추진하면 되지만, 마땅한 개발사업자가 나타나기 전에는 마냥 세월을 보내게 된다. 그러던 와중에 세월이 변해 온천이 관광지로서의 매력이 예전에 비해 많이 감소되면서 사업성은 하락하고, 어느 누구도 개발자로 나서지 않게 된다. 그러면 부도난 회사의 소유였다가 파산절차를 거치면서 경매 또는 매매로 이리저리 소유자가 흩어지게 된다. 이런 땅들을 기획 부동산 회사에서 헐값에 매입을 하고, 이러한 속사정을 모르는 사람들에게 비싼 값에 되파는 것이다. 사실은 상업지역으로서의 가치는 전혀 없는데 무늬만 상업지역인 것이다. 그런데 이러한 사정을 모르는 사람들은 진짜 상업지역으로 오해하고, 매우 높은 가격에 사게 되는 것이다. 기획 부동산 회사에서는 착공만 들어가면 신입직원이 산 가격보다 더 비싸게 팔 수 있다고 했지만, 진실은 이미 사업성이 없어서 다른 개발자들이 개발사업을 포기한 토지인 것이다. 무늬만이 아닌, 숙박시설과 위락시설이 들어서는 진짜 상업지역이 될 가능성은 전혀 없는 토지다. 신입직원은 속아서 토지를 샀다.

세 번째, '○○시의 ○○프로젝트를 설명해주면서 인구유입의 요건 등을 교육시키고, 구획정리 사업시행 규칙에 의해 15만 평 미만은 3년 이내 공사를 끝내야 하기 때문에 구획정리 사업이 얼마 남지 않았다고 했으며, ○○지구의 상업지는 희소가치가 가장 높다고 교육시켰다'라는 내용이다.

여기서 '구획정리 사업시행 규칙에 의해 15만 평 미만은 3년 이내 공사를 끝내야 하기 때문에'라고 되어 있다. 토지를 개발하는 방식에는 여러 가지가 있는데 그런 개발사업을 관장하는 법률 또한 여러 가지다. '토지구획정리사업'을 규율하는 '토지구획정리사업법'은 2000년 7월 1일 폐지되고, '도시개발법'으로 전면 개정됐다. 역사 속으로 사라진 법이다. 다시 말하면 신입직원이 산 토지에 추진하려고 했던 개발사업은 '토지구획정리사업'이었다. 이미 2000년 7월 1일 이전에 시작한 사업인데, 무려 18년이 지난 지금도 사업진행이 되지 않고 있다는 말이다. 설령 추진이 됐다고 하더라도 18년 동안 추진일 뿐, 준공이 되지 않고 있다는 말이기도 하다. 상황이 이러한데 '3년 이내에 공사를 끝내야 하기 때문에 구획정리 사업 추진이 얼마 남지 않았다'라고 하는 말은 터무니없는 거짓말이다.

네 번째, '부장과 사장, 회장 모두 이구동성으로 개발지 땅에 투자하는 것만이 투자 가치가 제일 크다면서 계속 재교육을 했다. 주변인 모두가 그 땅에 투자하는 분위기로 진행되어갔다'라는 대목이다.

왜 이렇게 신입직원에게 부장, 사장, 회장 등 모든 임직원들이 토지를 사라고 할까? 이는 판매 수익이 다단계 형식으로 이루어지기 때문이다. 기획 부동산 회사마다 다르겠지만, 직급별로 수익금을 나눠 가지는 방식이니 하이에나 같은 임직원들이 길 잃은 양 같은 신입직원을 뜯어 먹기에 혈안이 된 것이다. 새로 입사한 동료가 아니라 한낱 먹잇감에 불과하다. 이러한 사실도 모르고 신입직원은 그 토지가 정말 투자 가치가 좋은 토지라고 세뇌 당한다. 출근해서 퇴근할 때까지 다른 모든 직원들이 좋은 땅이고, 투자 가치가 있다고 돌아가면서 이야기를 하니 진짜 그렇게 생각이 들 수밖에 없다.

다섯 번째, '좀 더 자세하게 알아보고 결정하겠다고 했으나, 며칠 내로 가격이 오른다며 개인 상담을 하면서 잘 생각해보라고 부장과 밀착 상담을 하도록 했으며, 기회를 놓치지 말라고 했다. 그 땅도 이제는 다 팔리고 없다면서 이번 시기를 놓친다면 다시는 기회가 오지 않는다고 강조했다. 다음 달 1일부터 당장 평당 7만 원이 오르기 때문에 지금 매입하지 않으면 돈을 벌 수 없다고 하니 급하게 계약을 하고 말았다'라는 부분이다.

어디서 많이 들어본 레퍼토리 아닌가? 지금 당장 사지 않으면 물건이 없어진다. 시간을 지체하면 다 팔리고 없으니 당장 계약을 해야 한다. 대박의 기회를 놓치게 된다. 다음 달부터 바로 가격이 오르니 기다릴 시간이 없다고 한다. 그렇지 않아도 혼란스러운 신입직원의 마음을 임직원들이 돌아가면서 흔들어 놓는다. 자기는 벌써 땅을 많이 샀다며, 대박으로 가는 버스(?)에 올라타라고 유혹한다. 신입직원도 이제는 세뇌가 되어 올바른 판단을 할 수 없는 상황에 이른다. 진짜 대박의 길이 보이는 것 같다는 생각이 들고, 마지막 대박 버스를 놓칠 것 같다는 생각도 든다. 그런 생각이 들자 이 신입직원은 더 이상 미루어서는 안 되겠다며 계약서에 도장을 찍는다. 참으로 안타깝다.

여섯 번째, '계약을 하고 나면 계약자들에 한해서 물건이 있는 곳에 사후 답사를 진행시켜주는 회사의 규칙에 따라 답사를 하게 됐다'라는 점이다.

기획 부동산 회사로 판단할 수 있는 방법 중 한 가지다. 콩나물 하나를 사더라도 실제 물건을 보고 사는 것이 통상의 거래 방식이다. 그런데 신입직원이 매입한 토지는 개발이 되면 가격이 3배나 오르는 좋은 물건이라는 말만 할 뿐, 실제 판매하는 토지의 위치도 정확하게 알려주지 않았던 것이다. 계약서에 도장을 찍고 잔금을 납입해야만 매입한 토지를 볼 수 있다. 어처구니없고 황당하지만 실제 이러한 일들이 비일비재하다. '나는 그렇게 속지 않아'라고 생각하는 독자분들이 많이 있겠지만 모르면 속는 것이 세상일이다. 예전에는 모르는 것이 죄가 아니었는데, 요즘은 모르는 것이 죄가 되는 세상이다.

일곱 번째, '그 후 각본에 짜인 대로 답사를 진행했고, 주변 땅도 이처럼 개발을 눈앞에 두고 있으며, 상업용지의 개발 이후의 변화를 느낄 수 있도록 교육하고 세뇌시켜서 무조건 땅을 사도록 유도했다'라는 내용이다.

'각본에 짜인 대로 답사를 진행했다'라는 의미는 기획 부동산 회사에서 팔려는 토지와 아무런 상관없는 실제 개발지를 돌아보면서 신입 직원에게 소개할 토지도 실제 개발지처럼 개발될 것이라 이야기하는 것이다. 심지어는 점심을 먹는 식당, 현장 근처의 공인중개사무소(피해자의 진술에 의하면 그렇지만, 필자의 생각에는 공인중개사무소가 아닐 가능성이 크다고 본다)에서도 기획 부동산 회사 임직원이 했던 이야기와 비슷한 개발 기대감을 이야기한다. 진짜 다 짜고 치는 고스톱 판이다.

도박을 소재로 한 영화를 보면 돈을 따기 위해서 상대편을 속이는 일련의 행동들을 '설계'라고 하는데, 이와 같이 신입직원은 꼼짝없이 설계를 당할 수밖에 없다. 또한 '상업용지의 개발 이후 변화를 느낄 수 있도록 교육하고'라고 쓰여 있다. 사실 상업시설로 개발하는 것은 말처럼 그렇게 호락호락하지 않다. 신입직원이 지금 계약한 토지는 한 필지에 수십 명이 공유지분으로 소유하고 있다. 즉, 그 토지는 수십 명이 공동 주인이다. 기획 부동산 회사에서 말하기를 상업시설로 개발하려는 토지가 전부 10만 평 정도 된다고 했으니, 신입직원이 산 토지 이외에도 여러 토지가 있다. 그러므로 그 일대 토지의 소유자들은 아마도 수백 명에서 수천 명 규모가 될 것이다. 공유지분의 문제점은 다시 나오므로 뒤에서 설명하도록 하겠다.

[자료 8] 공유지분 소유자 88명 중 일부 명단(계속 늘어나고 있다)

고유번호 소재지			부동산종합증명서(토지)		장번호	10 · 2	건물유무	건축물대장 존재안함
			토지 소유자 공유지 현황					
변동일자 변동원인	성명 또는 명칭 등록번호	지분 소유구분	주소	변동일자 변동원인	성명 또는 명칭 등록번호	지분 소유구분	주소	
1995.06.26	이○○			2003.02.27	유○○			
지분경정	410605-1*****	개인		소유권이전	511116-2*****	개인		
2003.04.09	허○○			2004.03.06	이○○			
소유권이전	720303-1*****	개인		소유권이전	620825-1*****	개인		
2004.06.29	김○○			2004.08.24	김○○			
소유권이전	591026-2*****	개인		소유권이전	690305-1*****	개인		
2003.02.26	길○○			2009.06.09	장○○			
소유권이전	570805-1*****	개인		소유권이전	570427-1*****	개인		
2009.06.23	이○○			2009.07.08	이○○			
소유권이전	500814-2*****	개인		소유권이전	500814-2*****	개인		
2009.07.08	김○○			2009.07.08	윤○○			
소유권이전	560605-1*****	개인		소유권이전	771121-2*****	개인		
2009.07.08	오○○			2009.08.14	허○○			
소유권이전	840905-2*****	개인		소유권이전	490328-1*****	개인		
2010.04.02	이○○			2010.04.02	김○○			
주소변경	510219-2*****	개인		주소변경	740630-1*****	개인		
2007.05.25	김○○			2009.09.10	이○○			
소유권이전	510407-2*****	개인		소유권이전	861012-2*****	개인		
2009.09.10	박○○			2011.07.14	이○○			
소유권이전	630413-2*****	개인		소유권이전	590115-2*****	개인		
2011.07.14	김○○			2011.07.18	김○○			
소유권이전	601214-1*****	개인		소유권이전	530805-2*****	개인		

여덟 번째, '또한 자신이 그 땅을 사지 못하면 남에게도 권하기 어렵다고 교육시켰다'라는 대목이다.

기획 부동산 회사에 취직한 신입직원의 업무는 토지 판매 영업이다. 그런데 다른 사람에게 토지를 판매하기 위해서는 토지의 투자 가치를 설명해야 하고, 고객에게서 투자를 이끌어내야 한다. 그런데 고객이 이렇게 말한다. "그렇게 투자 가치가 있다면 당신이 사야지?"라는 말을 듣는 순간, 경험이 부족한 신입직원 입장은 매우 곤혹스러워진다. 정작 본인이 사지도 않은 토지를 다른 사람에게 판매할 수는 없는 노릇이 아니겠는가? 이러한 점을 기획 부동산 회사에서는 교묘하게 이용한다. 신입직원에게 "당신이 사야 다른 사람에게 팔 수 있는 것 아니냐?"라고 말한다. 들어 보면 말은 맞다. 월급 한 푼 받으려 취직했다가 아주 덤터기를 쓴다.

아홉 번째, '담당 부장 외 직원들 모두가 사고 싶은 땅이며, 이미 대출을 받아서 많이 샀다고 했다. 또한 주변인들 중 공무원, 변호사까지 얼마나 땅이 좋으면 사겠냐고 하면서 검증된 자료가 있으니 빚을 내서라도 땅을 사는 것이 현명하다고 말했다'라는 부분이다.

토지를 살 여유자금이 없다고 하면 이렇게 대출을 받아서 사라고 한다. 임직원들 모두 대출을 받아서 많이 매입했다고 한다. 그런데 재미있는 것은 해당 토지는 담보대출이 안 된다. 되더라도 매입금액에 비해 터무니없이 낮다. 기획 부동산 회사 임직원들은 신입직원에게 원래 토지는 대출이 잘 안 나오는 부동산이라고 한다. 사실 토지는 아파트보다 은행에서 대출을 해주는 비율이 낮다. 그러나 아무리 낮아도 그렇지, 상식적으로 이해가 안 될 정도로 낮게 나오지는 않는다. 은행은 바보가 아니다. 은행에서 그 토지를 담보로 대출을 해주지 않는 것은 당연히 쓸모없는 부동산이라고 판단하는 것이다. 그런데 신입직원은 자신이 소유하고 있는 아파트나 다른 부동산을 담보로 대출을 받아서 사게 된다. 참으로 어이가 없다.

열 번째, '나는 만약 개발이 안 되면 어떻게 하냐고 물으니, 회장님이 책임을 진다며 믿고 사둘 것을 강요했다'라는 점이다.

개발이 안 됐을 때 기획 부동산 회사 회장이 책임을 진다고 했다.

그런데 도대체 어떻게 책임을 지겠다는 말도 없으며, 그냥 립 서비스다. 회장이 자신을 믿으라고 하지만 신입직원이라면 기획 부동산 회사 회장을 본 지 며칠 되지 않았을 것인데, 자신을 믿고 피 같은 돈을 투자하라니 말이 되는 소리인가? 설령 안다고 하더라도 세상일은 돈이 사람을 속인다. 각서를 받아도 채권 보전이 안 되면 그냥 그 각서는 휴지 조각에 불과하다.

열한 번째, '개발이 지연될 것을 우려하며 혹시나 질문을 할 때마다 땅은 서류도 확실하고, 최고의 사업지이기 때문에 틀림없는 일반상업용지이고, 정보를 알게 해준 회사의 임원진과 회장님께 계약하게 되면 감사의 선물을 하도록 지시하기까지 했다'라는 내용이다.

쓸모없는 토지를 속아서 사면서 감사의 인사까지 해야 한다니, 참으로 기획 부동산 회사의 임직원들은 뻔뻔하다. 실제로 나중에 속아서 산 사실을 알게 됐을 때는 금전적인 손실에도 억울해하겠지만, 감정적 손실, 즉 배신감이 들어 더욱 화가 날 것이다.

열두 번째, '개발이 시행되어 환지 받을 때가 되면 비싼 가격으로 팔아 줄 것이라는 말까지 부장으로부터 전달 받았다'라는 대목이다.

여기서 '환지 받을 때가 되면'이라는 말이 나온다. 환지는 한자어로 바꿀 환(換)에 땅 지(地)인데, 환지방식 개발사업은 토지 소유자가 가지고 있던 토지 중에서 개발을 끝낸 후 일부를 되돌려 주는 방식의 개발사업을 말한다. 환지방식 이외에 수용방식과 이 두 가지 방식을 모두 사용하는 혼용방식이 있다. 아울러 모든 토지개발사업에는 그 토지개 발사업을 추진하는 주체가 있다. 사업시행자라고 한다. 국가가 될 수도 있고, 지자체, 토지주택공사·수자원공사 등 공공기관, 한국철도시설공단, 제주국제자유도시개발센터 등 정부출연기관, 및 부동산 개발, 투자 회사 등 민간투자법인 그리고 토지 소유자들로 구성된 조합이 바로 그들이다. 그런데 통상적으로 환지방식은 토지 소유자들로 구성된 조합에서 추진하는 것이 대부분이다.

기획 부동산 회사 임직원이 이야기하는 3년 내 착공은 불가능하다. 토지 소유자들로 구성된 조합에서 사업을 추진해야 하는데, 토지 소유자들은 누가 사업을 추진해줄 것이라는 믿음으로 마냥 기다리고 있는 형국이다. 기획 부동산 회사 임직원들은 이 사건 토지의 개발사업을 국가에서 착공할 것이라고 하지만, 국가에서는 사업을 진행할 이유도, 의무도 없다. 환지방식은 토지 소유자들이 추진해야 한다. 물론 민간 사업자에게 위탁을 할 수도 있겠지만, 이 또한 토지 소유자들의 동의가 필요하다. 아무튼 환지방식 개발사업은 토지 소유자들이 추진해야 하므로, 3년 내 착공한다는 말은 법적으로 논리적으로 말이 안 된다. 거짓말이다.

열세 번째, '결국 세 차례에 걸쳐 10평, 30평, 30평 모두 ○○지구의 70평 땅을 각각 평당 103만 원, 108만 원, 108만 원, 총합계 7,510만 원의 땅을 사게 됐으며'라는 부분이다.

10평, 30평, 30평 세 차례에 걸쳐 총 70평의 토지를 매입했다고 한다. 왜 한꺼번에 70평을 사지 않고 세 번 나누어서 샀을까? 또는 세 번 나누어서 팔았을까? 여기는 많은 비밀이 숨어 있다. 일단 기획 부동산 회사 임직원이 신입직원에게 토지를 팔기 위해서는 투자금 총액이 크면 곤란할 것이다. 그렇지 않아도 토지 매입을 망설이는 신입직원에게 투자 자금이 많이 들어가는 투자 권유는 쉽지 않다. 그래서 1,080만 원(10평×108만 원)이란 크지 않은 규모의 돈으로 유혹한다. 이게 바로 함정이다. 늪으로 빠지는 초기 관문이다. 1,080만 원 정도의 크기라면 사회생활을 정상적으로 한 성인이라면 배우자의 동의를 구하지 않아도 투자를 할 수 있는 정도의 쌈짓돈 금액이다. 게다가 수당과 월급을 동시에 준다고 하니 그 금액을 빼면 실제 토지 투자금이 별로 들지 않는다고 생각하게 된다.

그런데 문제는 여기에서 그치지 않는다. 사례에서 보는 것과 같이 기획 부동산 회사 임직원들은 계속적으로 토지 매입을 권유(권유지만 강요에 가깝다)하고, 그 회사에서 월급을 받고 일을 하려면 외부에서 판매를 하지 않는 이상 자신이 또 사야만 하는 근무환경을 만든다. 늪에 점점 빠져 들어간다. '초기에 그만두면 되지 않느냐?'라고 생각하는 분들도 있겠지만, 그만두고 퇴사를 하고 싶다가도 이미 투자한 토지에 대한 개발 일정과 정보가 궁금해서라도 계속 근무를 하게 된다. 퇴사를 하면 정보가 차단된다고 생각하기 때문이다. 하지만 그 토지는 앞서 설명했다시피 여러 사정으로 개발이 어려운 토지다. 신입직원은 자기가 속았다는 생각을 아직까지는 하지 못한다.

[자료 9] 소유자가 김○○ 외 87명이다. 한 필지에 지분 소유자는 총 88명이다.

출처 : 일사편리

열네 번째, '본인은 그나마 등기가 확실하게 지분등기가 되고 등기를 받을 수 있어서 믿고 있었으며, 최소 3배로 커진다는 희망을 가지고 기다리던 중'이라는 점이다.

신입직원은 지분등기가 되어서 안심하며 믿고 있었다고 한다. 여기서 '믿고 있었으며' 라는 뜻은 신입직원 명의로 해당 토지의 소유권이 넘어와 있기에 안심했다는 이야기다. '과정이야 어찌 됐든 신입직원의 명의로 토지 소유권이 넘어와 있으니 신입직원 입장에서는 토지는 남아 있지 않느냐?'라는 의미다. 그런데 독자분들은 지분등기에 대해서

52
토지 투자, 모르면 하지 매!

알고 있는가? 토지 하나에 수십 명이 공유지분으로 소유를 하고 있다는 말이다. 공유지분등기의 줄임말인데, 지분등기는 하나의 토지에 여러 사람이 각자의 소유 지분대로 등기를 했다는 말이다. 문제는 신입직원이 독자적으로 소유권에 근거한 재산권의 행사가 거의 불가능하다는 데 있다. 그 토지의 소유자, 즉 신입직원은 소유권에 근거해 사용, 수익, 처분할 권리가 있다. 사용은 직접 신입직원이 사용할 수 있다는 말인데, 예컨대 건축물을 건축하고자 한다면 할 수는 있는데, 문제는 다른 공유지분 소유자 전원의 동의를 받아야 가능하다는 데 있다. 신입직원의 지분에만 건축을 할 수 없다. 지분비율은 있지만, 도대체 그 위치를 알 수 없기 때문이다.

앞서 이야기했지만 하나의 토지에 수십 명, 수백 명이 있는데, 어찌 전원의 동의를 받는다는 말인가? 불가능하다. 그리고 수익은 임대를 줘서 임대료 수익을 받을 수 있다는 말이다. 그런데 이 또한 신입직원이 소유하고 있는 토지의 위치를 알 수 없기 때문에 불가능하다. 마찬가지로 다른 공유지분 소유자 전원의 동의를 얻어야 한다. 또한 처분이란 글자 그대로 해당 토지를 파는 것이다. 처분은 신입직원의 지분만큼 팔 수 있다. 문제는 사용과 수익이 사실상 불가능한 토지를 사는 사람이 없다는 데 있다. 정리하면 공유지분등기는 자신의 이름으로 소유권은 넘겨받을 수 있으나 사용과 수익이 사실상 어렵고, 지분만큼 처분은 가능하나 사고자 하는 사람이 없으니 팔 수가 없다. 믿는 도끼에 발등 찍힌 셈이다.

한 푼 벌어보려다 제대로 눈탱이 맞았다

이제까지 기획 부동산 회사에서 한 푼 벌어 보겠다고 취직한 신입 직원에게 어떻게 사기 치는지 알아보았다. 정리하면 다음과 같다.

① 무작위로 신입직원을 뽑아 다단계 판매의 소모품으로 사용했다.
② 개발 가능성이 전혀 없는 토지를 마치 투자 가치가 있는 것처럼 속여 판매했다.
③ 최소 18년 동안 개발사업이 진행되지 않은 토지를 3년 안에 착공된다면서 속여 팔았다.
④ 판매 수당에 눈이 먼 기획 부동산 회사의 임직원은 신입직원에게 토지 투자를 지속적으로 강권해 신입직원이 마지못해 사게 만들었다.
⑤ 신입직원은 좀 더 고민해보겠다고 해도 오늘이 아니면 가격이 올라간다며 토지 매입을 강권했다.
⑥ 매매계약을 체결한 후에야 비로소 신입직원은 자신이 매입한 땅을 볼 수 있었다. 그 또한 정확한 위치가 아니다.
⑦ 계약한 토지의 현장답사는 기획 부동산 회사 임직원과 식당주인 및 (가짜)공인중개소 소장의 짜여진 각본에 따라서 일방적으로 세뇌 당했다.
⑧ 회사 임직원은 신입직원에게 말하기를 남에게 토지를 판매하려

면 당신부터 토지를 사야 하는 것 아니냐면서 지속적으로 토지 매입을 유도했다.

⑨ 토지 매입할 돈이 없으면 빚을 내서라도 사라고 했다. 다른 임직 원들도 그렇게 했다고 현혹했다.

⑩ 혹시 개발이 안 되면 어떻게 하냐는 질문에 기획 부동산 회사 회장은 말로만 믿으라고 했다.

⑪ 좋은 토지를 사게 해주었으니 임직원에게 감사의 선물을 하도록 시켰다.

⑫ 토지 소유자 조합이 개발사업을 추진해야 하는 환지방식을 국가 에서 해주는 것처럼 속였다.

⑬ 처음에는 투자금 총액이 적은 토지를 권하며 매입할 경우 수당 과 월급을 바로 준다고 유혹했다.

⑭ 공유지분등기로 인해 사실상 사용, 수익, 처분이 거의 불가능한 토지를 매입했다.

신입직원은 제대로 눈탱이를 맞은 격이다. 늦게나마 자신이 속았다 는 사실을 알고 돈을 돌려달라고 내용증명을 보냈다. 과연 기획 부동 산 회사에서는 신입직원의 내용증명을 받고 어떠한 답변을 했을까?

적반하장이 따로 없다.
기획 부동산 회사 대표이사의 답변

신입직원이 내용증명을 보낸 후 며칠 되지 않아 기획 부동산 회사의 대표이사(회장은 따로 있다)는 다음과 같은 내용으로 답변이 왔다.

내용증명

제목 : ○○지구 매입지분 환매요구 건

귀하의 무궁한 발전을 기원합니다.
우선 귀하의 요구에 대한 부당함을 지적합니다.

① 주식회사 ○○은 '중개'가 아닌 '판매법인(판매가 주 업무임)'이기에 '공인중개사법'을 전혀 거론할 이유가 없다(필자 주 : 갑자기 반말로 확 바뀐다).
② 모든 부동산 거래에 있어 판매인은 '등기권리증' 전달로 책무를 다하는 것이고, 매수인 또한 '등기권리증' 수령으로 자산권을 확보하는 것이기에 이후 환매요구는 말도 안 되는 억지에 불과하며, 만약 매도의사가 있을 시 본인이 주도함이 마땅할 것이다.
③ ○○의 지역발전에 대해서는 국가주도의 계획하에 엄청난 예산이

집행, 실제 언급한 대로 개발이 진행되고 있는 바, 문제될 것이 전혀 없으며, ○○지구 또한 도시계획이 확정된 곳이다. 회사에서는 '토지구획정리사업법 기준 규모 대비 3년 정도 소요되나 넉넉잡아 5년 정도로' 제시한 바, 아직 제시한 기한이 만료된 것도 아니기에 거론할 사안이 아니며 '상업지확정고시'는 시청홈페이지 고시공고란, 지적도, 토지이용계획확인서로 확인 가능한 사안이기에 또한 문제될 것이 없다.

④ 입사부터 계약까지 일체의 행위는 본인 의사로 이루어진 것이며, 더구나 계약을 결정하기까지 남편도 함께했고, 브리핑, 서류 확인, 현장답사과정을 거친 결과였을 뿐만 아니라, 한 차례도 아니고 세 차례나 계약을 했다는 자체가 그만한 가치를 인정했기에 가능했던 것으로 볼 수 있다.

※ 만약 '○○ 개발현황'이나 '상업지' 가치를 인정하지 않았다면, 2014년 ○월 ○일부터 2015년 ○월 ○일까지 오랜 기간 주식회사 ○○의 직원으로 타인에게 권유를 했던 본인의 행위 자체에도 문제가 있는 것이요, 회사에도 오히려 사기를 친 것임(영업지원비 수령 등 일체의 지원을 받은 행위).

⑤ 모든 결정사안에 대한 책임을 타인에게 돌리려 함은 억지에 불과하며, '미끼', '현혹'이란 단어를 사용하는 것 자체가 너무나 부적절한 용어 선택이요, 명백한 명예훼손이다(필자 주 : 신입직원이 회사로 보낸 실제 내용증명에는 '미끼', '현혹' 같은 강도 높은 단어를 사용한 것 같다).

다시 한 번 언급하건데, 주식회사 ○○은 세금 등 '판매법인'으로의 책임과 법적규정을 준수했음은 물론, '등기권리증' 전달 등 의무를 다한 바, 이후 본인의 자산에 관한 처분에 있어 타에 책임을 전가하거나 '미끼', '현혹' 등의 단어 사용으로 명예를 훼손할 경우 강력한 법적조치를 취할 것임을 경고합니다.

2015년 ○월 ○일
주식회사 ○○

기획 부동산 회사 대표이사 답변의 요지

조금 쉽게 내용을 정리해보면 이렇다.

① 기획 부동산 회사 대표이사는 자신들의 회사는 중개사무소가 아니라, 단순 판매법인이므로 부동산 중개업법과는 관계가 없다. 즉 단순히 토지를 판매한 것이지, 중개를 한 적이 없기 때문에 부동산 중개업과는 관계가 없다. 따라서 중개업법에는 문제될 것이 없다. 그리고 ② 등기권리증을 매수인(신입직원)에게 전달한 이상 자신들의 의무는 다한 것이고, 법적 책임은 없다. 따라서 다시 ③ 환불은 안 되고 팔려면 직접 알아서 팔아라. ④ ○○ 도시는 회사에서 이야기한 대로 개발이 진행 중이고, 매수인이 산 토지는 넉넉잡아 5년 정도 걸린다고 했으니, 아직 5년이 지나지 않은 시점에서 이야기할 필요가 없다. ⑤ 상업지 표기는 토지이용계획확인서에 나와 있으니 그 또한 문제될 것이 없

다. ⑥ 입사에서 계약을 할 때까지 모든 것은 본인 책임하에 매입을 했고, 한 차례도 아니고 세 차례나 매입한 자체가 상업지 가치를 인정한 것이다. 만약 ⑦ 그 가치를 인정하지 않고 오랫동안 근무하면서 타인에게 토지 판매를 권유한 것은 매수인도 문제가 있는 것이고, ⑧ 회사에서 영업지원비를 받았으니 회사에 사기를 친 것이다. ⑨ 모든 의사결정은 매수인이 직접 한 것인데 타인에게 돌리려 함은 억지다. ⑩ '미끼'나 '현혹'이라는 단어를 쓰는 것은 명예훼손에 해당한다. 계속해서 환불을 해달라고 한다면, 명예훼손 등 강력한 법적조치를 취하겠다.

사기 친 놈이 오히려 큰소리다. 귀신은 뭐 하나? 이런 놈들 안 잡아가고!

토지 투자 모르면 하지 마!

첫 번째 사례인 기획 부동산 회사 신입직원 사례는 아무런 의도 없이 단순히 부동산 공부를 배우면서 돈도 벌 수 있다는 지인의 소개로 기획 부동산 회사에 입사를 했지만, 쓸모없는 토지에 적지 않은 돈을 투자한 이야기다. 회사의 임직원이 하는 말만 믿고 거금을 투자했지만 투자금을 돌려 달라는 요구에 오히려 명예훼손으로 고소를 하겠다며 맞서는 기획 부동산 회사의 이야기를 했다.

온천 개발을 시작했다가 개발회사는 망하고 개발을 하고자 했던 토지는 수천 명의 피해자들 공유지분 명의로 갈가리 찢겨져 앞으로는 개발을 할 수 없는 사태에 이르렀다. 그런데도 어디 가서도 피해보상을 받을 길이 없다. 기획 부동산 회사에서는 개발이 될 것으로 신입직원에게 큰소리를 치고 있으나 현실적으로 불가능하다. 국가에서 발급한 '토지이용계획확인서'에도 버젓이 상업지역으로 표시가 되어 있으나 그 토지를 사용해 개발을 하겠다고 나서는 사람은 아무도 없다. 나아가 토지 소유자들이 의기투합해서 직접 개발을 하는 것 외에 방법이 없는데, 이는 확률적으로 희박하다. 개발비용을 지불할 사람들도 없고, 일단 의사합치가 불가능하기 때문이다.

또한 '토지구획정리사업'은 이미 그 근거 법률인 '토지구획정리사업법'이 폐지가 되어 '도시개발법'으로 전면 개정된 지가 20여 년이 되어가고 있다. '토지구획정리사업'이라는 사업명을 사용한다는 것은 이미 20년이 지났음에도 해당 사업이 준공되지 않고 있음을 뜻한다. 20여 년간 준공되지 못하고 있는 사업이 앞으로 다시 사업이 잘 진행된다는 말은 거짓말이다. 이렇듯 모르면 속는 것이다. 아울러 공유지분등기는 사용, 수익이 사실상 불가능한 만큼 사실상 처분도 불가능한데, 기획 부동산 회사의 임직원 설명이나 유튜브에 물건 팔기 위해서 나오는 이상한 사람들은 자신의 지분대로 처분을 마음대로 할 수 있다는 민법 조항만 이야기한다. 진실을 감추고 장점 아닌 장점만 부각시키는 사기 행동을 한다.

그렇게 온갖 감언이설로 판매를 하고 나면 언제 그랬냐는 듯 돌변한다. 지분소유권등기를 해주었으니 매수인의 책임이라고 한다. 화장실 들어갈 때와 나올 때가 다른 것이다. 애가 타는 것은 그런 사실을 모르고 토지를 매수한 피해자의 피해 정도가 너무 크다는 점이다. 독자분들은 앞서 대표이사의 답변에 대해서 어떠한 생각이 드는가? 참으로 적반하장도 이런 적반하장이 없다. 쓸모없는 토지를 강권하다시피 팔아 놓고 이제는 전부 매수인의 책임이니 매수인이 알아서 팔든지, 말든지 하라고 한다. 이 사건은 경찰 조사를 거쳐 검찰에서 최종 증거 불충분으로 무혐의 결론이 났다.

무혐의라고 해서 기획 부동산 회사나 임직원이 법적·도덕적으로 정당하다는 뜻은 아니다. 분명히 문제가 있지만 형법에 의거해 법적으로 처벌할 수 있는 수준의 증거가 부족하다는 의미다. 과정이야 어찌됐든 결과적으로 신입직원이 계약서에 도장을 찍었고, 지분등기이지만 소유권을 넘겨받았기 때문이다. 안타깝지만 검찰의 무혐의 결론이 나오는 중심에는 신입직원의 지식부족이 자리하고 있다. 토지에 대한 투자 여부를 판단함에 있어 기획 부동산 임직원의 거짓된 정보를 전적으로 의지하고, 믿었다는 것이다. 신입직원은 억울할 것이다. "기획 부동산 임직원에게 속아서 산 것이다. 쓸모없는 토지를 마치 좋은 투자 물건인 것처럼 온갖 감언이설로 현혹하고, 본인의 판단을 흐리게 만들어서 사기를 친 것이다"라고 항변했다. 그러나 검찰의 판단은 달라지지 않았고, 신입직원의 재산도 회복되지 않았다. 현금이 묶이고, 기회비용을 날리며, 쓸모없는 토지만 떠안고 있는 상황 말이다. 이해하기 힘들겠지만 이러한 기획 부동산 사건들은 대부분 이러한 형태로 사건이 종결된다. 한번 잘못된 판단은 돌이킬 수 없다. 투자의 과실은 투자자의 책임이기 때문이다. 비단 이 문제는 이 사례에 나오는 토지만의 문제는 아니다. 모든 투자를 고려하는 자산 종목에 해당되는 사항이다. 이미 수차례 언급을 했지만 투자 가치 판단에 있어 타인의 정보를 전적으로 믿고 결정을 하기보다는 본인의 경험과 지식으로 판단을 해야 한다. 그래서 필자는 주장한다. 토지 투자 모르면 하지 마!

친구가 아니라 원수다.
친구 때문에 폭망한 사례

　요즘은 인터넷과 SNS가 발전해서인지 이런저런 경로로 질문이 많이 들어온다. 필자 역시 부동산 관련 강의를 하고 있다 보니 불특정 다수에게 질문을 많이 받는다. 특히나 필자는 도시계획기술사이다 보니 토지 관련 질문을 많이 받는다. 이번 사례도 기획 부동산과 관련된 토지 투자 여부에 대한 질문이다. 다음은 질문자와 필자가 주고받은 문자 내용이다. 질문자가 하는 행동이 하도 답답해서 질문자의 명칭을 답답이로 하겠다.

　답답이 : 안녕하세요. 교수님. 아는 지인이 ○○시 ○○라는 회사에서 근무하는데, ○○시 ○○면에 신도시가 개발 중이라고 도로도 나 있고, 구획정리가 다 되어 있다고 사라고 하는데 사기인지 걱정이 됩니다.

　필자 : 안녕하세요. 주소 한번 보내봐주세요.

답답이 : ○○시 ○○면 ○○리 ○○번지입니다. 꼭 부탁드립니다!

필자 : 가격은 얼마를 달라고 하던가요?

답답이 : 평당 158만 원이요.

필자 : 몇 평을 사라고 하던가요?

답답이 : 개인등기를 하려면 50평 이상은 되어야 하지만, 20평 정도로 지분만 등기가 가능하기 때문에 20평만 살 수 있다고 하네요. 사기인가요?

필자 : 미안하지만 소개해주신 사람은 어떠한 관계인가요?

답답이 : 친한 친구입니다.

필자 : 음, 그러면 그냥 살 돈이 없다고 하세요. 아마 친구분도 그 회사에 속아서 그러실 것입니다. 그 땅을 사시면 평생 후회하십니다.

답답이 : ○○산업단지도 들어오고, ○○고속도로도 2015년에 완공이라고 그러던데 아닌가요? 개발 여지는 전혀 없는 것인가요?

필자 : 친구분께서 그 땅을 사면 얼마나 오를 것이라고 하던가요?

답답이 : ○○대교가 2020년 완공이고, 한 6~8년 후에는 평당 1,000만 원도 할 수 있다면서 너무 아깝다고 해요. 저와 제일 친한 친구거든요.

필자 : 그 친구, 부동산 관련 일 시작한 지 얼마나 됐나요?

답답이 : 제 친구는 1년 됐고요. 친구의 친구들은 2~3년 정도 된 것으로 알고 있어요. 사면 후회할 이유가 있나요? 거절하기가 그

래서 10평이라도 사야 할 것 같아요(거절을 못하는 답답한 사람이다. 그래서 답답이로 이름 붙임).

필자 : 그 땅 사시면 돈 잃고, 친구 잃습니다. 친구 입장에서는 그 땅을 사지 않겠다고 하면 당장은 섭섭하게 생각하겠지만, 친구 역시 그런 부동산 회사에서 일하는 피해자라고 볼 수도 있습니다. 친구 역시 부동산 투자에 대해서 잘 몰라서 그렇습니다. 돈을 벌 수 있다는 생각만 하지 마시고, 그 돈을 다 잃을 수도 있다는 생각도 한번 해보시기 바랍니다.

[자료 10] 질문자와 필자의 상담 내용

← 　　💬 댓글 22　　본문보기

그 친구.... 부동산 일 시작한지 얼마나 되셨나요?
9분 전　　　　　　　　　　답글쓰기

제친구는 1년되었구요~ 친구의 친구들은 2~3년정도 된것으로 알아요..
사면 후회할 이유가 있나요??
거절하기가..ㅠㅠ
10평이라도 사야할것같아서요....
7분 전　신고　　　　　　　답글쓰기

그 땅 사시면 돈 잃고 친구 잃습니다. 친구 입장에서 님이 그땅을 사지 않겠다고 하면 당장은 섭섭하게 생각하겠지만 친구 역시 그런 부동산에서 일하는 피해자라고 볼수도 있습니다. 친구 역시 부동산투자에 대해서 잘 몰라서 그렇습니다. 돈을 벌수 있다는 생각만 하지 마시고 그 돈을 다 잃을 수도 있다는 생각도 한번 해 보시기 바랍니다.
방금전　　　　　　　　　　답글쓰기

진짜 개나 소나 전문가 행세다

우선 친한 친구에게 소개를 받았는데 그 친구는 필자가 보건데 기획 부동산 회사의 직원으로 판단된다. 그러한 이유는 부동산에는 전혀 문외한이었던 친구가 ○○회사에 들어가서 토지를 판매하고 있다. 통상적으로 어떠한 물건을 판매하는 것은 그 분야에 정통한 사람들이 자신의 경험과 기술을 파는 것이다. 물론 다 그런 것은 아니지만, 판매자의 경험과 노력의 시간이 오래 축적될수록 그 판매자가 판매하는 물건에 대한 신뢰도가 높아지는 것은 주지의 사실이다.

그런데 앞의 사례를 보면 ① 질문자의 친구는 부동산 분야에 오래 근무하지 않았다. 따라서 전문가라고 보기 매우 어렵다. 토지 투자 분야의 전문적 의견으로 신뢰하기 어렵다. 또한 ② 판매하려는 토지의 가격이 평당 158만 원이다. 그런데 그에 대한 객관적인 기준이 없다. 그리고 6~8년 후에는 평당 가격이 1,000만 원도 가능하다고 하는데 아무런 근거가 없다. ③ ○○대교가 들어서고, ○○고속도로가 건설된다고 한다. 그런데 장미빛 청사진일 뿐 판매하려는 토지와의 직접적이고, 물리적으로 연관관계를 찾아볼 수 없다. 아무튼 교통망이 연결되면 좋을 것이라는 심리적 기대감에 의존하는 설명이다. 물론 부동산이 희망을 먹고사는 생물이기는 하지만, 직접적인 인과 관계를 객관적으로 이해할 수 없다면 합리적인 의심이 필요하다. 아울러 ④ 개인등기를 해주지 못한다고 하는데, 지분등기를 해야만 하는 이유는 무엇인가? 지분등기를 하면 독자적인 사용, 수익, 처분이 쉽지 않다는 사실은 이미 앞의 사례에서 공부해서 알고 있다. 궁금하다. 좀 더 세부적으로 살펴보도록 하겠다.

그렇다면 질문자가 사려는 금액은 적정한 금액일까?

이미 앞서 본 내용이지만 책장을 앞으로 넘기기도 귀찮다. 다시 써 놓을 테니 잠시 보도록 하자. 기획 부동산 회사 신입직원의 친구인 질문자가 주고받은 문자 내용이다.

답답이 : 안녕하세요. 교수님. 아는 지인이 ○○시 ○○라는 회사
에서 근무하는데, ○○시 ○○면에 신도시가 개발 중이라고 도로
도 나 있고, 구획정리가 다 되어 있다고 사라고 하는데 사기인지
걱정이 됩니다.
필자 : 안녕하세요. 주소 한번 보내봐 주세요.
답답이 : ○○시 ○○면 ○○리 ○○번지입니다. 꼭 부탁드립니다!
필자 : 가격은 얼마를 달라고 하던가요?
답답이 : 평당 158만 원이요.

질문자는 필자에게 지인이 토지를 사라고 권유하는데 사야 할지, 말아야 할지 고민을 털어 놓았다. 이에 거래예정 금액이 얼마인지 물어보았고, 질문자는 평당 158만 원이라고 했다. 그런데 거래금액의 적정성에 대해서는 친구도, 질문자도 모른다. 아예 그러한 이야기도 없다. 질문자의 친구는 그저 사놓으면 6년 후 쯤에는 평당 1,000만 원이 갈 수도 있다는 이야기만 하고 있다.

그렇다면 과연 평당 158만 원이라는 거래제시금액은 적정한 것일까? 우선 건축물의 건축이 가능한(농지, 산지전용을 통해서 건축 가능한 토지 포함) 쓸모 있는 토지여야 하고, 통상적으로 현장에서는 해당 토지의 개별공시지가 2배~5배 사이에 거래가 된다. 다음은 질문자가 상담한 그 토지의 부동산종합증명서다. 질문을 받았을 때가 2015년인데, 개별공시지가는 2015년 1월 1일 기준으로 6,190원이다 공적서류상 단위는 제곱미터 기준이니 평단가로 바꾸면 20,463원이 된다. 여기서 개별공시지가의 최대치인 5배를 곱하면 102,180원이 된다. 질문자의 친구가 질문자에게 토지 매입을 권유하면서 거래가격으로 제시한 금액은 평당 158만 원이다.

그러면 개별공시지가 대비 몇 배인가? 계산해보면 1,580,000원 나누기 102,180원 하면 15.3배다. 특별한 호재가 없는 위치에 개별공시지가의 15.3배 금액으로 토지를 사라고 하는 것은 사기일 가능성이 높다. 엄밀하게 말하면 비싸게 판다고 해서 사기는 아니지만, 당하는 입장에서는 사기와 다를 게 없다. 만약 독자분들이 이런 상황에 닥치게 되면 어쩌겠는가? 인척 또는 지인, 친구가 기획 부동산 회사에 세뇌를 당해서 그럴 수도 있으니 앞과 같은 내용을 잘 설명해주길 바란다. 가족이나 지인, 친구를 사기꾼으로 살게 내버려 둘 수는 없지 않겠는가?

| 고유번호 | | **부동산종합증명서(토지)** | | 장번호 | 4 · 1 | 건축물유무 | 건축물대장
존재 안함 |
| 소재지 | | | | | | | |

토지 표시							
지목	면적(㎡)	이동일자		이동 사유			
임야	1,190	1995.01.01					

소유자							
변동일자	변동원인		성명 또는 명칭	등록번호		주소	
1964.08.13	소유권이전						

등기 특정 권리사항 (등기기록의 권리정보 중 일부 특정권리의 유무만 기재한 것임, 기준시점 : 2017년/04월/30일 22시:28분)							
구분	소유권		용익권 (지상권, 지역권, 전세권, 임차권)	담보권 (저당권, 근저당권, 질권, 근질권)	기타(압류, 가압류, 가처분, 경매개시결정, 강제관리, 가등기, 환매특약)		
유/무	유		무	무		무	

개별공시지가 연혁 (원/㎡)										
기준일자	2017.01.01	2016.01.01	2015.01.01	2014.01.01	2013.01.01	2012.01.01	2011.01.01	2010.01.01	2009.01.01	2008.01.01	2007.01.01
공시지가	7,580	6,720	6,190	6,400	6,620	5,980	5,980	5,870	5,330	5,330	5,330

| 토지이용
계획 | 「국토의 계획 및 이용에 관한 법률」에 따른
지역·지구 등 | 다른 법령 등에 따른 지역·지구 등 | 「토지이용규제 기본법 시행령」 제9조제4항
각호에 해당되는 사항 |
| | 도시지역, 자연녹지지역 | 가축사육제한구역(돼지_닭_오리_개_사육제한지역)
가축분뇨의 관리 및 이용에 관한 법률〉, 비행안전제5
구역(전술)〈군사기지 및 군사시설 보호법〉, 준보전산
지(2014-04-21)〈산지관리법〉 | [해당없음] |

이 부동산종합증명서는 부동산종합공부의 기록 사항과 틀림없음을 증명합니다.

2017년 11월 16일

종합형 수수료 : 1000원

왜 공유지분등기를 했을까?

다시 질문자와의 상담 내용을 한번 보도록 하자.

필자 : 몇 평을 사라고 하던가요?

답답이 : 개인등기를 하려면 50평 이상은 되어야 하지만, 20평 정

도로 지분만 등기가 가능하기 때문에 20평만 살 수 있다고 하네요. 사기인가요?

이미 첫 번째 사례의 기획 부동산 회사에 근무했던 신입직원의 예를 보면, 공유지분등기는 사용, 수익, 처분이 사실상 어려워 문제점이 많은 등기방식임을 설명했다. 하나의 토지에 여러 사람이 소유를 하고 있어서 건축을 할 때도 모든 공유소유자에게 동의를 받아야 하고, 임대를 주고자 해도 내 땅의 위치가 어디인지 알 수 없으니 독자적으로 권리 행사를 할 수 없다. 이러한 상황이니 당연히 팔고 싶어도 살 사람이 없다.

이번 사례에서는 '왜 이렇게 문제가 많은 공유지분등기를 했을까?'에 대해서 설명을 하고자 한다. 신입직원 친구는 개인등기를 하려면 50평 이상이 되어야 하고, 그보다 작은 평수일 경우에는 지분으로 사야 한다고 말한다. 질문자의 입장에서는 '개인단독등기를 했다면 재산권 행사가 가능하지 않았을까?'라는 의문이 남는다. 그러나 기획 부동산 회사에서는 개인등기를 해줄 수가 없다. 기획 부동산 회사에서 토지를 분할하지 못하기 때문인데, 내 땅을 내 마음대로 분할을 하겠다는데 왜 못하는 것일까?

토지 분할로 인한 피해자가 폭발적으로 증가

토지 매매를 할 때 작은 평수로 개인등기를 해주지 못하는 이유는 예전에 기획 부동산 회사에서 도로도 없이 토지를 잘게 쪼개 팔아먹어서 많은 피해자들이 양산됐던 적이 있다. 이에 정부에서는 기획 부동산 회사의 편법 토지 분할을 통한 토지 분양 사기를 막기 위해서 제도를 정비했다. 2011년 7월 18일, 국토교통부가 발표한 자료 중에서 편법으로 토지 분할을 해 피해자가 발행한 사례를 살펴보도록 하자.

① 가평 사례 : 2011년 3월, 서울중앙지검 보도

기획 부동산 업체는 매수한 임야 등을 바둑판 모양의 수십 내지 수백 필지로 분할한 후 수십 명의 텔레마케터를 시켜 일반인들에게 무작위로 전화해 투자를 권유하는 방법으로 구입가보다 5~10배 높은 가격으로 매도했다.

② 양평 사례 : 2011년 6월

개발이 불가능한 임야를 가분할한 후 마치 개발이 가능한 것처럼 속여 피해자 42명으로부터 약 16억 원을 가로챈 기획 부동산 업자 등 28명을 검거했다. 기획 부동산 업체는 4대 중앙일간지에 최저가로 분양하는 고수익 수도권 특급 투자처라는 허위광고를 낸 다음, 이를 보고 찾아온 배모 씨 등에게 인근 개발이 가능한 부지 4개를 분양하는 것처럼 보여준 뒤 투자 가치가 높다고 속여 16억 원을 받아 챙긴 혐의다.

③ 문화일보 : 2011년 2월

기획 부동산-공무원 연계 수사 (중략) 부동산을 팔아 치운 후에는 법인을 폐업 처리하고 새로운 법인을 만드는 수법으로, 양도소득이나 법인세 납부 의무를 고의로 회피했을 가능성도 있는 것으로 보고 있다.

이에 무분별한 토지 분할 차단 및 부동산 투기 방지와 토지 분양 사기를 사전에 예방하고자 '측량·수로조사 및 지적에 관한 법률 시행규칙'의 관련 조문(법원의 확정판결로 토지 분할을 신청할 수 있는 규정)을 개정해 형식적인 공유물분할 소송을 통해 법원의 확정판결을 받은 경우라도 관계법령상 분할허가 등을 받아야 분할 신청이 가능하도록 개선·보완하는 것이다. (중략) 법원에서 공유물분할 심리 전 해당 시·군·구에 관련법 저촉 여부 등을 사실 조회하도록 법원행정처에 협조 요청한다.

출처 : 국토교통부

관련법 개정으로 토지 분할 제한

국토교통부 자료에서 보듯 올림픽, 엑스포 등 세계적 행사가 개최되는 지역에서는 개최지로 결정이 된 후 이러한 이벤트성 호재를 활용해 기획 부동산 회사가 본격적으로 활개를 친다. 대대적인 언론 기사와 함께 해당 지역의 개발 청사진이 그려지면서 분위기가 고조된다. 얼마 전 남북경제협력 무드에 편승한 파주지역 기획 부동산 회사 기승도 마찬가지다.

기획 부동산 회사는 길이 없는 맹지나 개발이 불가능한 가파른 임야 등을 개발이 가능한 것처럼 속여서 판다. 기본적으로 녹지지역·관리지역·농림지역·자연환경보전지역 안에서 관계 법령에 의한 허가·인가를 받지 아니하고, 토지를 분할하기 위해서는 '국토의 계획 및 이용에 관한 법률' 근거해 개발행위허가를 받아야 한다. 단순한 토지의 분할일지라도 토지를 효율적으로 관리하기 위한 목적으로 국가에서 관리를 하는 것이다. 그런데 2011년 법령이 개정되기 전까지는 기획 부동산 회사에서 이러한 개발행위허가를 피할 목적으로 개발행위허가를 받지 않고, 토지 분할이 가능한 방법을 사용했다. 바로 공유지분 소유자들이 형식적으로 법원에 공유물분할 청구소송(화해·조정조서 포함)을 하게 되면, 법원에서는 하나의 필지에 있는 여러 명의 소유자들이 합의를 해 토지를 나누고자 하므로 별다른 문제가 없는 경우 허가를 해주었다. 이렇게 법원의 판결문을 가지고 토지 분할 신청을 하게 되면 '국토의 계획 및 이용에 관한 법률'상의 개발행위허가를 받지 않아도 분할이 가능했다. 번거로운 절차 없이 간편하게 토지 분할이 가능했다. 그런데 이렇게 법원의 판결문으로 토지 분할이 쉽게 됨으로써 도로가 없는 가파른 임야를 개발이 가능한 것처럼 속여 팔게 됐고, 많은 피해자들이 양산되고 심각한 사회문제가 발생됐다. 당시에 토지 분할을 하기 위해서는 '측량수로조사 및 지적에 관한 법률, 시행령, 시행규칙'(현행 법률명 : '공간정보의 구축 및 관리 등에 관한 법률')에 따라 토지 소유자는 대통령령으로 정한 것에 따라서 지적관리를 하는 시·군·구에 분할을 신청해야 하고, 토지 분할을 위해서는 국토해양부령(현, 국토교통부)에서 정하는 서류를 제출해야 했다. 그런데 그 제출서류는 다음과 같았다.

① 분할허가 대상인 토지의 경우에는 그 허가서 사본
② 법원의 확정판결에 따라 토지를 분할하는 경우에는 확정판결서 정본 또는 사본

즉, 분할허가를 받기 위해서는 두 가지 중 하나의 서류를 제출해야 했는데, 그 첫 번째가 '분할허가 대상인 토지의 분할허가서'다. 대표적인 것이 바로 개발행위허가서인데, '국토의 계획 및 이용에 관한 법률' 상 녹지지역·관리지역·농림지역 및 자연환경보전지역 안에서 관계법령에 따른 허가·인가 등을 받지 아니하고 행하는 토지의 분할에 대해서는 개발행위허가를 받아야 한다.

그런데 이렇게 개발행위허가를 받기 위해서는 토지 분할에 대한 허가기준이 있는데, 기획 부동산 회사에서 토지를 잘게 쪼개서 팔기 위해서는 난관이 있었다. 토지를 쪼개기 위해서는 일정 면적 이상의 크기로 분할을 해야만 개발행위허가가 가능했다. 분할하려는 면적이 작은 경우에는 사실상 올바른 건축물을 지을 수 없기 때문에 토지를 너무 작게 분할하려는 경우에는 이를 제한했다. 이에 기획 부동산 회사에서는 작은 면적으로 분할할 수 있는 다른 방법을 사용했는데, 그게 바로 두 번째 서류다. '법원의 확정판결에 따라 토지를 분할하는 경우

에는 확정 판결서'인데, 이 판결문이 있으면 조건이 까다로운 개발행위허가서가 필요 없었던 것이었다. 이러한 판결문은 토지의 공유지분 소유자들의 합의만 있으면 판결문을 받을 수 있었다. 손쉽게 판결문을 받아 토지 분할을 할 수 있었기 때문에 도로가 없고, 가파른 임야라도 잘게 쪼개서 소액 투자가 가능하다며 많은 사람들에게 피해를 주었다. 이를 보완하기 위해 법원 확정판결문은 필요 제출서류에서 삭제를 했다. 이제 판결문으로는 토지 분할이 불가능하게 됐다.

대략 난감, 공유지분등기로 대체하다

기획 부동산 회사에서는 난감하게 됐다. 더 이상 판결문으로는 토지 분할이 힘들어졌고, 개발행위허가를 받아야만 했다. 그런데 개발행위허가는 실제 개발행위를 수반하는 사업에만 허가가 떨어진다. 당연히 개발행위허가라는 것은 까다로운 허가 절차를 거쳐야 한다. 당시의 토지 분할허가기준은 여러 가지가 있었지만, 기획 부동산 회사의 입장에서는 자본이 많지 않은 소시민들을 상대로 사기를 쳐야 하는 상황이었다. 토지를 잘게 쪼개서 매매금액의 총액금액을 낮추어야 하는데, 작은 면적으로 토지 분할이 되지 않으면 토지 판매가 안 되는 상황이었다. 이제는 더 이상 토지를 쪼갤 수 없게 되어버린 것이다.

기획 부동산 회사는 사업(?)을 접어야 하는 상황까지 온 것이다. 이에 기획 부동산 회사에서 다른 방법을 찾아야만 했는데, 그것이 바로 공유지분등기다. 공유지분등기는 이미 살펴본 것과 같이 사용, 수익이 독자적으로 불가능해 사실상 처분도 어렵다고 했다. 그러나 이러한 문제점이 있더라도 어찌 됐든 계약한 면적만큼 다른 공유지분소유자의 동의가 없더라도 토지지분을 매입한 사람의 이름으로 등기가 가능하고, 민법상 처분도 가능하다. 따라서 기획 부동산 회사 입장에서 허가 조건이 까다로운 '국토의 계획 및 이용에 관한 법률'상 토지 분할 개발 행위허가보다는 공유지분등기의 방식으로 토지 판매를 하게 된 것이다. 그러나 공유지분등기의 문제점은 이야기하지 않고, 자신의 지분을 얼마든지 마음대로 팔 수 있다는 이야기로 사람들을 현혹했다. 이 사례의 기획 부동산 회사 친구가 질문자에게 '개인등기를 하려면 50평 이상 되어야 하지만, 20평 정도로 지분으로만 등기가 가능하다'라는 이유도 이러한 지분등기를 할 수밖에 없는 사정이 있기 때문이다.

에라, 저걸 친구라고… 친구가 아니라 원수다

두 번째 사례는 친한 친구가 부동산 회사에 취직을 해서 토지를 권유하는데 무조건 사야 한단다. 친구 의리 때문이라도 10평이라도 사야

겠단다. 그런데 정작 본인도 의심스러웠는지 필자에게 질문을 해왔다. 그런데 토지에 대해서 전혀 모르던 친구가 갑자기 토지를 사라고 할 때는 합리적인 의심을 해야 한다. 어느 분야든 전문가가 되려면 1만 시간 이상의 노력을 투입해야 한다. 그렇게 전문가가 되어도 남의 재산에 영향을 미치게 되는 토지 투자를 권하기가 쉽지 않다. 하물며 전문가라는 사람 또한 이러한데 취직한 지 얼마 되지 않는 사람이 토지 투자를 권하는 것은 의심을 해야 한다. 이런 경우 필요한 것이 바로 합리적인 의심이다.

독자분들 지인이나 친구들이 어느 날 토지 투자를 권한다면 반드시 의심을 하기 바란다. 단순한 보험판매와는 하늘과 땅 차이다. 보험은 몇 달 후 해지라도 가능하다. 손해 본 돈은 그냥 친구를 도와줬다고 생각하면 그만이다. 백번 양보해서 친구 역시 기획 부동산 회사에 속아서 토지를 판매한다고 볼 수도 있는데, 의도가 순수하다고 해도 피해자 본인의 재산이 강탈당하는 것에는 결과적으로 다름이 없다. 앞에서 잠시 보았지만 개별공시지가는 6,190원이나 평단가로 바꾸니 2만 463원이다. 판매가격이 158만 원이니 개별공시지가 대비 77.2배의 판매가격이다. 실로 어이가 없는 가격이 아닐 수 없다. 우리나라 정부가 그렇게 멍청한 것도 아니고, 시세보다 개별공시지가를 77.2배나 낮게 정하지도 않는다. 토지매매가격이 개별공시지가의 5배 이상이라면 선반영된 개발호재가 있는지 확인하는 등 합리적인 의심을 해야 한다.

강조를 위해서 다시 이야기하지만, 공유지분 투자를 권할 수밖에 없는 이유는 2011년 10월 10일 법령이 개정되어 '국토의 계획 및 이용에 관한 법률'에 따른 개발행위허가를 받지 않으면 쪼개서 팔기가 안 되니 '공유지분등기' 방식으로 기획 부동산 회사에서 영업을 하게 된 것이다. 공유지분등기의 문제점은 이미 앞에서 수차례 언급했다. 기획 부동산 회사에서 쓸모없는 토지를 판매하는 방법이므로 독자분들은 그들의 달콤한 말에 속아 넘어가지 않기를 바란다. 공유지분등기의 폐해는 아무리 강조해도 모자람이 없다. 물론 경매를 통한 지분 투자 방식이 전혀 없는 것은 아니지만, 지분 투자 방식은 오랜 경험을 가지고 있는 고수들의 영역이므로 별도로 공부해서 도전하시기 바란다. 독자분들은 이러한 사실을 숙지하고, 단순히 기획 부동산 회사에서 속아 쓸모없는 토지를 지분으로 사는 실수는 하지 마시기 바란다.

친한 후배가
뒤통수친 사례

　법령의 개정으로 토지를 잘게 쪼개서 팔기가 힘들어졌다는 이야기를 했다. 이번 사례는 공유지분 투자 방식은 아니지만, 이미 쪼개놓은 토지를 친한 후배에게 속아서 산 사례다. 속아서 샀다는 의미가 매우 주관적인 생각이기는 하지만, 개발을 할 수 없고 보유기간이 오래되어도 물가상승률만큼도 가격이 오르지 않는다면 속아서 샀다고 봐야 한다. 피해자는 유명 대기업에 근무하고 있던 분으로 기억하고 있는데, 필자의 토지 수업을 듣고 바로 다음 날 카톡으로 사연을 보내왔다.

피해자 : 교수님, 어제 저녁 토지 수업 때 맨 앞자리에서 듣고 질문했던 ○○○라고 합니다. 제가 5년 전에 친한 후배 소개로 지도도 안 보고 샀던 땅이 있는데, 다운계약서도 심하게 쓰고 나중에 직접 가보니 고가다리 밑 산에 맹지라 걱정이 많습니다. 향후 토지의

가치가 무척 궁금합니다. ○○북도 ○○시 ○○○동 산 ○○-○,
면적 : 1,653제곱미터, 공시지가 : 16,000원, 지목 : 임야, 용도 : 도
시지역·자연녹지지역·준보전산지, 구입 : 2012년 5월, 매입가격 :
8,000만 원(평당 16만 원) 2,500만 원으로 다운계약서를 작성했습니
다. 검토 부탁드립니다.

[자료 13] 카톡으로 온 질문내용

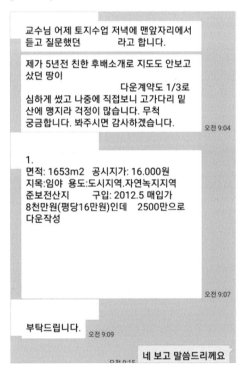

응, 그래. 너만 믿을게

문자를 보는 순간 고가다리 밑 맹지라고 해서 놀랐다. 아니 가보지도 않고 토지를 사다니 아무리 친한 후배라지만, 그래도 8,000만 원이나 투자를 하는데 물건도 안 보고 돈을 투자하다니 고개를 갸우뚱했다. 다운계약서까지 써서 세금 문제는 어쩌려는지 진짜 아무런 고민하지 않고 토지를 사다니, 참 이런 경우도 잘 없는데 신기하다는 생각이 들었다. 그런데 위성지도를 보는 순간 진짜 그랬다. 피해자가 매입한 토지 왼쪽으로는 고가도로가 지나가고 있었고, 소유 토지 근처의 토지들은 전부 바둑판처럼 쪼개져 있었다. 국토교통부에서 조심하라고 보도자료로 내어준 기획 부동산 회사의 토지 분할사례 사진과 흡사하다. 당연히 도로가 없으니 맹지다. 맹지는 건축물을 지을 수가 없다. 단순히 건축할 수 없다는 문제가 아니고, 이러한 토지를 나중에 되팔 수 없다. 친한 후배라고 했는데 이러한 사실을 몰랐다는 말인가? 의아했다. 순간 기획 부동산 회사에 근무하는지 궁금했다. 그런 이야기는 없었는데….

[자료 14] 좌측 아래 사진을 보면 고가도로임을 알 수 있고, 토지는 바둑판처럼 쪼개져 있다.

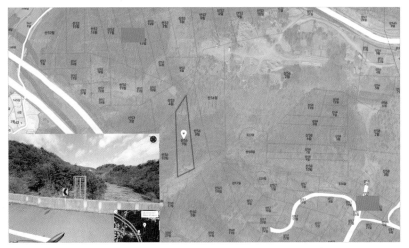

출처 : 네이버 지도

그런데 또 이상한 것은 토지이용계획확인서를 보니 면적이 달랐다. 매입한 토지 면적이 1,653제곱미터라고 했는데, 토지이용계획확인서에는 3,306제곱미터였다. 여러 가지로 궁금하기도 하고, 추가 정보를 위해서 피해자에게 물어보았다.

필자 : 말씀해주신 토지의 매입 면적이 다르네요. 어떻게 된 것인가요?
피해자 : 소개시켜준 후배랑 절반씩 해서 같이 샀습니다. 1/2씩 두 명 이름으로 되어 있습니다.
필자 : 총액이 8,000만 원인가요? 아니면 혼자 산 금액이 8,000만

원인가요?

피해자: 혼자 산 금액이 8,000만 원입니다. 1,635제곱미터.

필자 : 친한 후배라고 하셨는데 소개시켜주신 분은 뭐 하시는 분이에요?

피해자 : 회사에 같이 근무하는 후배입니다.

필자 : (엥, 같이 근무한다고? 이상한데) 그럼 이 땅을 누가 소개시켜준 겁니까? 후배분은 회사 다니시는 분인데 땅을 파는 사람도 아니고요?

피해자 : 후배의 동생 가족이 소개를 시켜주었다고 했습니다.

필자 : (그래, 그러면 그렇지) 일단 알겠습니다.

8,000만 원짜리 땅을 보지도 않고 샀다는 의문이 풀렸다. 절반씩 돈을 들여서 샀으니, 즉 후배도 돈을 넣고 투자를 같이하겠다고 하니 그랬을 것이다. 통상적으로 친한 지인이 같이 투자를 하자고 할 때 그냥 소개를 시켜주면서 단독으로 투자를 하라고 권유하는 것보다 지인도 같이 돈을 넣으면서 투자하자고 하면 아무래도 신뢰가 갈 수밖에 없다. 피해자도 그러한 마음에 후배를 믿고 투자를 했을 것이다. 더군다나 위험이 분산된다는 생각도 했을 것이고, 오히려 후배가 고맙게 느껴졌을 수도 있다. 후배 혼자서 투자를 해도 되는 물건을 나에게 같이 사자고 하니 '이렇게 나를 생각해주는구나'라고 여기며, 역시나 믿을 만한 후배라고 생각했을 가능성도 있다.

물건도 안 보고 송금하다

그런데 8,000만 원짜리 물건을 보지도 않고 투자를 했다는 의문이 풀리자 또 하나의 의문이 생겼다. 다운계약서가 마음에 걸렸다. 다운 계약서라는 것은 불법이지만, 현장에서는 간혹 일어나는 일이기도 하다. 매도자는 양도세를 줄이기 위함이고, 매수자는 취득세를 줄이기 위함이다. 토지의 경우 취득세가 주택과 달리 4.6%(농어촌특별세 0.2%, 지방교육세 0.4% 포함)이기 때문에 만만찮은 금액이다. 그래서 세금을 줄이기 위해서 종종 사용을 하지만, 사실 나중에 양도할 때 양도소득세를 많이 내야 하기 때문에 반드시 문제가 발생한다. 이러한 양도소득세 부담 때문에 토지는 오히려 매매가격을 부풀리는 업계약서를 쓰는 경우가 더욱 많다고 봐야 하는데, 8,000만 원짜리를 2,500만 원으로 다운계약서를 썼다는 것이 이해가 되지 않았다. 친한 후배를 믿고 현장에 가보지도 않고 투자를 했다면 분명히 계약서 쓸 때도 동반하지 않고, 후배에게 모두 맡겼을 가능성도 있다는 생각이 들었다. 그래서 필자는 또 피해자에게 추가 질문을 했다.

필자 : 선생님, 혹시 계약서 쓰실 때 참석하셨나요?

피해자 : 아니요. 후배가 모두 알아서 하고 나중에 등기권리증만 줬습니다.

필자 : 그래요? 그러면 다운계약서를 쓰는 것은 누가 이야기를 했나요?

피해자 : 후배가 말하기를, 파는 사람이 그렇게 다운계약서를 써야만 팔겠다고 해서요. 주변에 산업단지도 들어설 계획이라서 팔기 싫은 것을 억지로 파는데, 양도소득세가 많이 나와서 그렇다고 했습니다.

필자 : 그러면 선생님은 8,000만 원을 보내기만 하시고 다른 것은 신경 안 쓰셨네요? 후배님이 모든 일 처리를 하셨네요?

피해자 : 네….

필자 : (아무래도 이상하다) 제가 아무리 봐도 이상한데요. 계약할

당시에 어떻게 돈이 오고 갔는지 파악할 수 있을까요? 이 땅은 나무 심는 것 이외에는 전혀 쓸모가 없는데요. 후배님께서 가족의 권유로 땅을 샀다는 것도 그렇고, 8,000만 원짜리는 2,500만 원에 매우 낮은 가격으로 다운계약서를 썼다는 것도 이해가 가지 않습니다. 혹시 당시 계약할 때 돈을 송금하셨을 텐데요. 송금 당시에 선생님께서는 토지를 파는 사람에게 직접 송금을 하셨나요?

피해자 : 아니요. 후배에게 돈을 송금했습니다.

필자 : 8,000만 원을 후배님에게 송금하셨다고요?

피해자 : 네….

필자 : 미안한 이야기지만 제가 볼 때는 매우 이상한 매매형태인데요. 후배님과 후배님 가족께서 선생님께 투자를 권유하고, 이 땅을 매매하는 과정에서 매우 적절하지 못한 행동을 했다는 의심이 좀 드는데요. 아무튼 당시 매매계약을 했으면 돈이 송금이 됐을 것입니다. 다운계약서를 쓰는 과정이라 은행을 통한 계좌이체를 하지 않았더라도 현금이라도 건넸을 것입니다. 중개사무소 소장님이 중간에 있었다면 확인이 가능할 것입니다(이러한 경우 중개에 관여한 소장님이 있어도 다운계약서는 불법이기 때문에 통상적으로 부동산 중개확인 설명서나 도장이 들어가지 않는다). 그러한 사실이 있었는지 중개사무소 소장님이나 팔았던 매도인에게 확인을 해서 실제 다운계약이 이루어졌는지 확인이 필요합니다. 아무래도 원래 2,500만 원에

나온 땅인데, 신 생님께 8,000만 원을 받아서 2,500만 원에 등

기를 하고, 5,500만 원을 꿀꺽한 뒤 그 깃도 모자라 절반의 소

유지분도 가지고 간 깃으로 보입니다. 확인이 필요합니다.

피해자 : 저도 사실 지나고 보니 그런 생각이 들기는 했는데 확신

이 없어서….

필자 : 그렇다면 후배님께 바로 연락하셔서 당시에 돈이 어떻게

흘러갔는지 한번 알아보세요. 매매할 때 돈을 어떻게 지불했는

지, 중개사무소 소장님이나 팔았던 사람에게 확인을 시켜 달라고

하세요.

피해자 : 네, 그러면 알아보고 다시 연락드리겠습니다.

어, 이야기가 어째 이상하게 돌아간다. 처음에 피해자는 본인이 산

땅이 향후 개발 가능성이 있는지에 대해서 물어본 것인데, 분석하는

과정에서 의심스러운 부분들이 나타나고, 특히나 매매과정에 대한 속

임수가 있을 개연성이 포착됐다. 그래서 필자는 확인이 필요했고, 추

가 정보를 피해자에게 알아보라고 요청했다. 아니나 다를까 피해자에

게서 바로 연락이 왔다.

피해자 : 교수님, 후배와 통화를 했습니다. 매매계약할 때 돈이 어

떻게 넘어갔는지 물어보니 전혀 기억이 나지 않는다고 합니다.

"그때 영수증이나 서류들이 있었을 것 아니냐?"라고 했더니 필요

없어서 전부 버렸다고 합니다.

필자 : 진짜요? 푸하하하(통화하면서 진짜로 웃었다). 그러면 아마도 제 생각이 맞을 것입니다. 이제부터는 그 땅이 앞으로 어떻게 될 것인지는 그리 중요한 것은 아니고요. 후배님을 압박해서 8,000만 원을 다시 받아내는 쪽으로 진행을 하시는 것이 맞겠습니다.

피해자 : 아, 만약 그렇다면 세금이나 기다리면서 마음고생한 것은 어떻게 합니까?

필자 : 받을 수 있으면 받으시고요. 하지만 원금이라도 회수하는 방향이 맞을 것 같습니다. 어찌 됐든 현장의 물건도 안 보고 8,000만 원이나 되는 돈을 보내신 실수도 있습니다. 쓸모없는 땅을 들고 마음고생하는 것보다 원금이라도 회수한다면 좋지 않겠습니까?

피해자 : 네, 그러면 제가 어떻게 해야 하나요?

필자 : 계약 당시에 송금한 돈 8,000만 원이 어디로 흘러갔는지 행방에 대해서 물어보시고, 다운계약서를 쓸 당시 참여했던 후배님의 가족, 중개사가 있다면 중개사무소 소장님, 땅을 판 사람에 대해서 면담을 요청하시고, 만약에 요청대로 되지 않는다면 형사고소를 하겠다고 하세요. 그러면 무슨 반응이 나올 것입니다.

피해자 : 네, 알겠습니다. 감사합니다.

이 사례, 아니 사건(?)은 내용증명과 협상을 통해서 결국 피해자의 후배가 돈을 모두 토해내는 것으로 마무리가 됐다. 하지만 세금과 5년 동안 마음고생한 것은 회수하지 못했다. 친한 후배가 원수가 된 것은 덤이다. 필자는 아직도 피해자의 후배가 의도적으로 그러한 행동을 한 것인지, 아니면 후배도 가족에게 속은 것인지, 그것도 아니면 후배와 후배의 가족이 함께 피해자에게 덤터기를 씌운 것인지 알지 못한다. 짐작되는 부분은 있으나 지극히 주관적인 필자의 생각이다. 피해자의 이야기만 듣고 판단한 부분이라서 사실 아직도 속사정이 궁금하긴 하다. 아무튼 마음고생은 했지만, 피해자가 투자금을 모두 회수해서 천만다행이라고 생각한다. 일단 결과는 이렇게 됐으니 넘어간다고 하더라도 이번 사례는 토지 투자 일련의 과정에서 어떠한 부분에서 잘못됐을까? 피해자가 후배를 전적으로 신뢰해 생겨난 일이기는 하지만, 이러한 사례를 통해서 공부할 부분은 무엇일까? 하나하나 살펴보자.

머리 검은 짐승은 믿지 마라

이 글을 읽는 독자분들은 '진짜 저런 일이 있을 수 있을까?'라는 생각을 할 것이다. 아마 피해자도 '설마 후배가 나를 속이고 이상한 물건을 권했을까?'라는 생각을 했을 것이다. 그러니 현장에 가보지도 않고 8,000만 원이라는 돈을 보내고, 계약서를 작성할 때도 참석하지 않았을 것이다. 이렇듯 우리 주변에는 믿지 못할 사건들이 흔치 않게 일어나고 있다. 형제, 자매, 사촌, 동서 등 가족뿐 아니라, 친구, 학교 선후배, 동네 선후배, 회사동료를 막론하고 '설마 나에게 해롭게 할까?'라고 생각하는 사람들이 사건의 당사자가 되는 경우가 많다. 그렇다고 해서 그 지인들 모두가 의도적으로 피해를 입히려고 했다는 생각은 하지 않는다. 많은 경우들을 보면 그들도 피해자들이다. 기획 부동산 회사 신입직원 사례를 보았듯 그들도 기획 부동산 회사의 세뇌와 속임수에 넘어간 사람들이다.

그러나 의도하지 않았다고 해서 피해가 줄어드는 것도, 신뢰관계가 회복되는 것도 아니다. 의도했든, 의도하지 않았든 피해는 발생했고, 그 피해는 고스란히 피해자의 몫이다. 돈도 잃고, 사람도 잃는 가장 좋지 않은 결과가 벌어진다. 피해자가 현장만 돌아보았어도 계약을 피할 수 있었을 것이다. 물론 기획 부동산 회사에서 의도적으로 접근을 했다면 제대로 현장답사를 하지 못했을 수도 있다. 하지만 적어도 현장을 돌아보고 정확한 토지의 위치를 알아보았다면, 이러한 실수를 막을 수 있었을 가능성이 매우 높다. 요즘은 핸드폰에 주소만 입력하면 위치가 나오고, 현장에서 클릭만 한 번 하면 해당 토지의 법적규제 내용을 확인할 수 있다. 따라서 조금만 신경 쓴다면 토지를 속아서 살 가능성은 제로에 가깝다.

아울러 매매계약을 할 때는 반드시 참석해서 돈이 어떠한 흐름으로 흘러가는지 알아야 한다. 적은 금액이라도 마찬가지이지만, 하물며

8,000만 원이라는 거액을 거래하면서 모두 후배에게 맡긴다는 것은 피해자의 과실도 만만찮다. 또한 거래당사자가 어떠한 사람인지 확인도 해야 하고, 진실한 매도자인지와 매도 이유가 무엇인지, 그렇게 좋은 땅이라면 왜 팔려고 하는지를 꼼꼼히 살펴볼 필요가 있다. 물론 그에 대한 대답을 파는 사람이 진실하게 이야기해줄 리 만무하지만, 그래도 계약서 작성 시에 분위기와 느낌이라는 것이 있다. 정말 팔기 싫은데 파는 것인지, 속임수를 쓰는 것인지, 중개사무소 소장님의 의중은 어떠한지, 빨리 계약서를 쓰고 돈을 넘겨받고 싶어 하는 것은 아닌지, 잔금을 빨리 치라고 하는지, 아니면 여유를 가지고 진행을 하는지, 여러 측면에서 바라보면 해당 계약의 성격을 개략적이라도 가늠할 수 있다. 사람을 믿고 추진하는 일에 너무 까다롭게 처신하는 것도 타박을 받을 수 있으나, 최소한 남에게 무조건 맡기는 일은 없도록 하자. 자신의 재산을 지킨다는 의미에서 반드시 필요한 일이다. 사람을 믿는다는 것은 좋은 일이고, 바람직하다. 하지만 그에 대한 대가가 너무 크다. 옛날부터 머리 검은 짐승은 믿지 말라고 했다.

도로가 없으면 건축을 할 수 없다

이 사례의 토지는 '국토의 계획 및 이용에 관한 법률'에 따른 자연녹지지역이다. 아울러 '다른 법령'에 따른 지역·지구는 가축사육제한구역, 준보전산지다. 그리고 지목은 임야다(뒤에 토지이용계획확인서 보는 법에서 자세히 이야기하겠다). 임야는 쉽게 말해서 산을 말한다. 자연녹지지역에 가축사육을 제한한다니 좋다. 또한 준보전산지라서 토지이용계획확인서상에서는 다른 조건(?)만 맞는다면, 건축과 같은 개발을 하는 데 문제가 없어 보인다. 산지를 다른 용도로 사용하는 절차인 산지전용 절차를 밟아서 '국토의 계획 및 이용에 관한 법률'에 따른 용도지역에서 허가되는 건축물 용도로 사용하면 된다.

그런데 건축물을 건축하기 위해서는 토지이용계획확인서상에 나타나지 않는 복병들이 많다. 물론 피해자가 투자한 토지에서 나무를 키운다든가, 약초를 재배한다면 아무런 사용에 문제가 없다. 산이란 나무를 심고, 약초를 재배하는 곳이니까 말이다. 그런데 피해자는 대기업에 종사하고 있고, 단순히 투자용으로 토지를 매입한 것이다. 단순 차익을 위한 투자용으로 매입을 한 것이니, 나무 심기와 약초재배와는 거리가 멀어도 한참 멀다. 토지 투자를 해서 차익을 남긴다는 말은 내가 토지를 사서 보유하고 있다가, 내가 팔고 싶을 때 다른 사람이 내가 산 가격보다 높은 가격에 사주어야 한다. 만약 나무를 심고 약초를 재배하는 용도로만 사용할 수 있는 토지라면, 내 땅을 사려고 하는 사람이 별로 없을 것이며, 높은 가격에 사주려고 하지도 않을 것이다.

아울러 개별공시지가 역시 제곱미터당 16,000(2017년 기준)원으로 1,653제곱미터를 곱해보면, 고작 26,448,000원밖에 안 된다. 5년 전 매입한 가격의 거의 4배 수준인데, 그냥 그대로 중개사무소에 팔아달라고 해도 매우 큰 기회비용 손실이다. 물론 팔리지도 않는다. 보유기간을 고려해서 수익을 보려면 그보다 높은 가격에 팔아야 하는데 팔리지 않는다. 이미 언급한 적 있지만 쓸모 있는 토지, 즉 건축이 가능한 토지가 현장에서는 개별공시지가의 2~5배 정도에 거래된다고 보았을 때 이 사례의 토지는 건축이 불가능한 토지이므로 적정가격 조건에 맞지 않다. 당연히 피해자가 매입한 가격으로 사려는 사람은 없다. 만약 나무 심기와 약초재배를 위해서 사려는 사람이 있다면 매우 낮은 가격을 제시할 것이고, 그렇게 된다면 피해자는 손해를 보고 팔거나 계속 보유를 해야 한다는 결론이 나온다. 그런데 이렇게 개발이 되지 않는 토지로 분류되는 결정적인 이유가 건축의 필요조건 중 하나인 도로가 접해 있어야 하는데, 이 사례의 토지는 도로가 접해 있지 않다. 다른 조건은 둘째 치고, 도로가 없기 때문에 건축이 불가능하다.

또 하나의 문제점은 다운계약서

이 사례에서 특이한 점은 피해자가 묻지도, 따지지도 않고 8,000만 원이라는 돈을 투자하면서 현장도 돌아보지 않고, 계약서를 작성하는 장소에 참여하지도 않았으며, 가격을 낮추어 쓰는 다운계약서를 쓰는 것에도 후배의 말만 믿고 토지를 매입했다는 것이다. 그중에서도 가장 이해가 안 되는 부분이 다운계약서를 작성하는 부분이었다. 그 이유는 통상적으로 정상적인 매매계약을 쓰지만, 만약 변칙적인 계약서를 작성한다면 토지의 경우 다운계약서보다는 매매금액을 높여 쓰는 업계약서가 일반적이다. 파는 사람이 8년 이상 그 지역에 살면서 농사를 지은 경우, 양도세를 감면해주는 제도가 있어서 간혹 그러한 제도를 악용하는 사례가 있다.

하지만 이 사례와 같이 취득세를 줄이기 위해서 다운계약서를 쓰는 경우, 추후 팔 때 내야 하는 양도소득세를 많이 부담해야 하기 때문에 도저히 이해가 가지 않는 매매형태였다. 사실 이 때문에 피해자는 후배에게 투자금 전액을 돌려받기는 했지만, 애초부터 잘못된 거래 형태였다고 봐야 한다. 사례처럼 다운계약서를 쓰는 경우, 몇 년 후에 돈이 급해서 비용은 둘째 치고 실제 매입한 금액인 8,000만 원에 그대로 판다고 해도, 양도소득세를 계산할 때는 취득비용이 2,500만 원이므로 5,500만 원에 대한 양도소득세를 내야 한다. 이렇게 황당한 계약을 할 필요가 없다. 진실은 알 수 없으나 믿고 의지한 후배한테 완전히 속았다고 생각한다.

다운계약서는 이렇게 실체적인 세금문제도 문제지만, 처벌도 받는다. '부동산 거래신고 등에 관한 법률'에 따라 거래당사자는 부동산 또는 부동산 공급계약을 체결한 경우, 그 실제 거래가격을 거래계약의 체결일부터 30일 이내에 그 부동산의 소재지를 관할하는 시장·군수·

구청장에게 신고해야 한다(시행 2020년 2월 21일부터). 그런데 거짓으로 신고를 하는 경우 또는 자료를 제출하지 않거나 거짓으로 제출한 사람은 사안에 따라서 3,000만 원까지 과태료를 맞을 수 있으며, 별도로 당사자에게는 부동산 또는 공급계약서상 취득가액의 5%까지 과태료를 맞을 수 있다. 실제 매입금액과 계약서 금액이 1%~5% 차이가 났을 때 과태료를 내게 되는데, 20% 이상 차이는 5%, 10%~20% 차이는 4%, 10% 미만은 2% 과태료를 내야 한다.

분양권의 경우는 (분양가, 프리미엄, 확장비까지)에서 과태료를 물어야 한다. 10억 원 같으면 이 과태료만 5,000만 원이다. 따라서 다운계약서를 쓰지 않는 것이 가장 좋으나, 사례와 같은 일이 있는 경우에는 '리니언시' 제도를 활용하는 것도 한 가지 방법이다. '자진 신고자 처벌 감면제도'라고 말하기도 하는데, 이 제도는 사전적으로 '관대', '관용', '자비'라는 의미를 가진 말이다. 기업들이 공동행위, 즉 담합이나 카르텔을 형성해서 공정한 시장플레이를 방해하거나 침해를 가할 때 사용하는 방법이다. 불법행위를 당사자들의 내부고발 이외에는 적발하기가 힘들 때 사용을 하는데, '부동산 거래신고 등에 관한 법률'에 2018년 3월 27일부터 이 제도를 도입했다. 부동산 거래 신고를 하지 아니한 사람, 개업 공인중개사에게 거짓으로 신고하도록 요구한 사람, 거짓으로 행위를 조장하거나 방조한 사람, 거짓으로 신고한 사람 등이 스스로 위반사실을 자진 신고할 때에는 과태료를 경감 또는 면제받을 수 있다.

신고관청에 단독으로 최초 신고할 경우, 신고자는 과태료를 전액 면제 받고 관련 조사가 시작된 후 신고한 경우에는 과태료의 50%를 감경 받는다. 따라서 이 사례와 같이 매우 심한 다운계약서가 작성이 됐음에도 피해자 입장에서 전혀 구제 받을 길이 없는 경우에는 이러한 '자진 신고자 처벌 감면제도'를 활용해 사실관계를 확인해보는 것도 한 가지 방법이 될 수 있다. 가만히 앉아서 피해를 고스란히 감내하는 것보다는 최소한의 해결방법은 찾아본다는 의미에서는 분명히 효용성이 있다. 물론 최대한 해결방안에 대한 대화와 협조를 구해보고, 마지막 수단으로 사용을 하는 것이 바람직하다.

남북경제협력 미끼,
토지 사기 사례

　문재인 정부가 들어서면서 남북공동선언을 통한 남북평화 분위기가 조성됨에 따라 남북경제협력의 일환으로 접경지역의 개발 기대감이 한층 높아지고 있다. 아직은 계획 단계이나 남북철도와 도로 연결 및 현대화 사업의 착공식 등 실제 남북경제협력 사업도 가시화되는 분위기다. 하지만 실제로 이 분위기가 계속 이어질지는 모르겠다. 어찌 됐든 이러한 틈을 타 기획 부동산 회사가 또다시 접경지역에서 활동하고 있다. 이미 언론에도 많이 나왔지만 평창 올림픽, 여수 엑스포, 제주 국제영어도시 등 지역의 호재가 있는 경우, 기획 부동산 회사는 때를 놓치지 않고 나타난다.

　이번 사례는 기획 부동산 회사의 또 다른 이름 ○○ 경매 회사의 텔레마케터(이하, 이 책에서는 경매 회사 토지 판매 '상담사'로 표시)의 전화를 받고, 천금 같은 돈을 쓸모없는 토지에 넣어 버린 사연이다. 더욱 안타

토지 투자, 모르면 하지 마!

까운 것은 피해자가 질병 진단비로 보험금 받은 돈을 속여서 투자한 것이다. 부인은 돈을 벌어 남편에게 깜짝 선물을 하고 싶었다고 하는데, 그 말을 들으니 더 마음이 아프다. 이것 말고도 여러 사례가 있는데, 여기서 모든 사례를 소개할 수 없지만, 또 기억에 남는 사례가 북한에서 내려온 새터민이 기획 부동산 회사에 속아 쓰지 못하는 토지를 산 사례도 있었다. 공산체제를 피해서 한국에 왔는데, 희망의 땅으로 생각한 남쪽 나라가 북한보다 더 나쁜 나라라고 생각할까 봐 매우 가슴이 아프다. 혹시 기획 부동산 회사에 근무하는 사람이 이 책을 본다면, 그 회사에서 나와서 다른 일을 하시기 바란다. 남의 눈에 피눈물 내면 본인에게도 피해가 돌아온다. 그게 자연의 이치다.

[자료 16] ○○ 경매 회사 상담사와 피해자가 주고받은 카톡 내용인데, 남북경협에 관한 신문기사로 피해자에게 보여주면서 좋은 땅을 샀다고 한다.

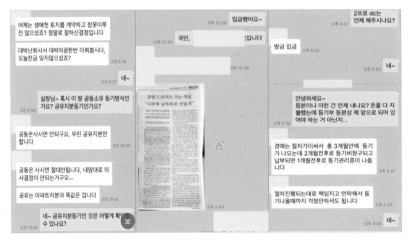

아무리 몰라도 그렇지. 어이없는 계약서 내용

　수강생들의 보유물건에 대한 질문을 받다 보면 잘못된 투자로 마음 고생을 하시는 분들이 무척 많다는 것을 느낀다. 투자 금액이 크고 적음을 떠나 자신이 피땀 흘려 번 돈을 이렇게 허망하게 날려버리는 사례를 보면, 당사자의 마음만큼은 아니겠지만 나도 마음이 편하지 않고 화가 난다. 세상에는 이렇게 남의 돈을 뜯어 먹으려고 하는 하이에나 들이 얼마나 많은지 탄식이 절로 나온다. 피해자들을 어떻게 도와주려고 해도 도와줄 방법이 없다. 이미 돈은 건너가버렸고 내용이 불공정하더라도 계약서에 도장을 찍었기 때문이다. 기획 부동산 회사에서는 추후 분쟁을 대비해서 자신들에게 유리하도록 계약서 내용을 적어 놓는다. 나중에 법적 분쟁이 생겼을 때 그 사람을 믿고 계약서를 제대로 읽지 않고, 도장을 찍었다고 해서 본인의 과실을 덮을 수는 없다. 기획 부동산 회사에서 작정을 하고 달려드는 이상 초보 투자자는 꼬드김에 넘어갈 수밖에 없는 구조다.

　본론으로 돌아가서 계약 내용을 살펴보자. 계약서 내용이 일반적으로 사용하는 계약서가 아니고, ○○ 경매 회사에서 토지 판매를 위해서 별도로 만든 계약서다. 계약서 내용이 아주 이상한 부분이 많은데, 초보 투자자 입장에서는 경험이 없으니 구별이 불가능하다. 일단 소재지와 토지의 지목, 면적, 평당 가격이 적혀 있고, 매매대금과 계약금, 중도금, 잔금순의 절차는 일반적인 계약서 내용과 다름이 없다.

토지매매계약서

No.

(매수고객용)

매도인과 매수인 쌍방은 아래 표시 부동산에 관하여 다음 내용과 같이 매매 계약을 체결한다.

1. 부동산의 표시

| 소 재 지 | 경기도 파주시 | | | 읍야 |
| 토 지 | 지목 | 임야 | 면 | 평당가격 |

2. 계약 내용

제1조 위 부동산의 매매에 있어 매수인은 매매대금을 아래와 같이 지불하기로 한다.

매매대금	금	일금 일십오억오천만	원정 (₩ 10,850,0)
계약금	금	삼십만	원정은 계약과 동시에 지불하고 영수함.
중도금	금		원정은 년 월 일에 지불하며,
잔 금	금	일금 일십오억삼천만	원정 한다.

제2조 매도회사는 잔금 수령 후 매수자에게 소유권 이전등기에 필요한 제반서류 일체를 이행하여 누구의 이름으로 명의를 변경하여도 관여하지 않기로 한다

제3조 위 표시의 면적이나 대금 착오가 있을 시에는 등기부상의 면적에 의하여 매매 당시의 평당가격으로 정산하기로 한다.

제4조 본 계약을 매도자가 위반할 시에는 계약금의 배액을 매수자에게 배상하기로 하고, 매수자가 위반했을 시 계약금은 교부된 단계에서는 계약은 무효로하며, 계약금 잔액을 반환청구 할 수 없으며 잔대금 완료 이후 계약이 파기되는 경우엔 계약금 몰취 및 마케팅 비용 등 추추료 상당액을 추가로 몰취하기로 한다.

또 등기까지 발행된 경우에는 계약이 종료된 것으로 계약해지는 되지 않는 것으로 한다.

제5조 매수자는 본 토지가 경매물건지일 경우 법원의 판단에 의해 변경 및 취소될 수 있음을 인지하고 본 계약을 체결하여 법원에 의해 경매사건 취소 시에는 매도인은 본 토지의 가치에 상응하는 다른 토지로 대토하여 주기로 한다.

제6조 매수자는 잔금 지불 후 소유권 이전에 필요한 서류(도장, 등본, 초본 등)를 매도회사에 위임한다.

제7조 매도회사는 본 토지를 매도 완료시 매수인의 의뢰시 성실히 권리분석, 자문, 관리를 한다.

제8조 본 계약은 매수인이 지분투자 및 토지매매를 통해 수익을 내기 위한 목적으로 토지를 매수하는 것이며 토지이용계획원 등의 제반서류를 충분히 검토하고 계약을 체결하는 것이므로 추후에 토지이용계획원 등의 변경이 있더라도 이러한 사정을 이유로 계약을 종료할 수 없다.

제9조 본 계약사항에 기재되지 않은 사항은 민법상 계약에 관한 규정과 일반관례에 따른다.

*상담사로부터 허위, 과장 광고로 의심되는 설명을 듣고 계약을 체결하셨나요? (예 / 아니오)
*상담사가 설명하면서 첨부한 자료 중 임의로 가공하거나 서류 출처가 의심되는 자료는 있었나요? (예 / 아니오)
*기타 설명한 내용이나 궁금한 사항에 관하여 충분히 검토하고 계약을 체결하셨나요? (예 / 아니오)

3. 특약사항

단, 개발행위나 분할시 도로사용을 허락한다.

분할시 번지수가 바뀔 수 있음을 인지함.

※ 단 2018. 5. 10 까지 잔금 납부 시 중간양도비용 21층 검인상호금액. (₩ 213,000)

본 계약을 증명하기 위하여 계약 당사자가 이의 없음을 확인하고 각자 서명, 날인한 후 각각 1통식 보관한다.

매도인	주 소	
	회 사 명	
매수인	주 소	
	주민등록번호	
대리인	주 소	
	주민등록번호	전 화	성 명	(인)

그런데 계약 내용 2조부터 이상하다. '제2조, 매도회사는 잔금 수령 후 매수자에게 소유권 이전등기에 필요한 제반서류 일체를 이행해 누구의 이름으로 명의를 변경해도 관여하지 않기로 한다'라고 기재되어 있는데, 일반적인 계약서에는 이러한 문구들은 없다. 매수인을 특정할 수 없을 때 특약사항으로 기재해 매수인을 변경하는 경우도 있지만, 엄밀히 말하면 미등기전매로서 불법이다(물론 다운계약서 등 최종매수자에게 매매금액이 변동되지 않으면 세금 포탈이 아니기 때문에 실제 처벌로 이어지는 경우는 아직 보지를 못했다). 그런데 이러한 미등기전매를 조장하는 내용이 버젓이 부동문자로 쓰여 있다. 마치 매수자의 편의를 봐주는 것처럼 쓰여 있다.

'제4조, 잔금 완료 이후 계약이 파기되는 경우에는 계약금 몰취 및 마케팅비용 등 수수료 상당액을 추가로 몰취하기로 한다'라고 되어 있다. 일반적인 계약서에서는 진짜 볼 수 없는 문구다. 잔금 완료 이후 계약이 파기되는 경우는 일반적인 거래에서는 잘 일어나지도 않거니와 설령 그러한 상황이 발생된다고 해도 매도인과 매수인의 귀책에 따라서 처리를 하면 된다. 일방적으로 매수인에게 불리한 내용이며, 매매금액을 몰취하는 것에 더해 마케팅 비용까지 추가로 몰취한다니 이렇게 과한 패널티를 부과하는 것은 역설적으로 잔금 완료 후에도 빈번하게 계약을 파기하고자 하는 사람들이 많다는 뜻이라고 볼 수 있다. 잔금 완료 후에는 아예 계약 파기를 원천적으로 막기 위한 속셈이다.

'제5조, 매수자는 본 토지가 경매 물건지일 경우, 법원의 판단에 의해 변경 및 취소될 수 있음을 인지하고, 본 계약을 체결해 법원에 의해 경매 사건 취소 시에는 매도인은 본 토지의 가치에 상응하는 다른 토지로 대토해주기로 한다'라는 내용이다. 이것은 ○○ 경매 회사에서 실제 토지를 소유하고 있지 않은 상태에서 낙찰 받는 것을 전제로 토지를 판매하고 있다는 의미다. 설령 낙찰을 받고 판매를 한다고 하더라도 경매 취소가 될 경우에 대비해 경매 취소 시에는 계약금 배액을 돌려주는 것이 아니라 다른 토지로 준다는 내용이다. 일반적으로 거래를 약속한 물건을 넘겨줄 수 없을 때는 계약금의 배액을 상환하는 것이 통상적인 거래 관행이다. 그럼에도 다른 토지의 가치가 어떠한지 아무런 정보가 없는 상황에서 매매 계약을 체결한 토지를 넘겨줄 수 없을 때는 그냥 다른 토지로 준다는 것인데, 참 장사를 편하게 하고 있다. 매수인에게는 일방적으로 불리한 계약 조항이다.

'제6조, 매수자는 잔금 지불 후 소유권 이전에 필요한 서류(도장, 등본, 초본 등)를 매도회사에 위임한다'라는 대목이다. 이것은 토지 잔금을 먼저 받기 위해서다. 잔금은 소유권이전 서류를 넘겨받을 때 동시에 지불을 해야 하는데, ○○ 경매 회사에서 토지 매매 잔금을 먼저 받고 소유권 이전 날짜는 자신들 마음대로 정하겠다는 내용이다. 다른 말로 하면 잔금일이 언제인지 자신들도 몰라서 그렇다. 무슨 대동강물 팔아먹는 것 같다.

'제8조, 본 계약은 매수인이 지분 투자 및 토지 매매를 통해 수익을 내기 위한 목적으로 토지를 매수하는 것이며, 토지이용계획확인서 등의 제반 서류를 충분히 검토하고 계약을 체결하는 것이므로, 추후에 토지이용계획확인서 등의 변경이 있더라도 이러한 사정을 이유로 계약을 종료할 수 없다'라는 부분이다. 이 조항은 정말 말도 안 되는 내용이다. 매수인이 지분 투자와 수익을 목적으로 한다는 내용을 못 박아서 매수인이 지분 투자임을 알고 계약을 했다는 명분을 만드는 수작이다. 아울러 토지이용계획확인서의 내용이 계약할 때와 달리 매수인에게 불리하게 변경되는 경우는 당연히 계약을 해제 또는 취소할 수 있어야 하는데, 계약취소를 할 수 없도록 되어 있다. 이 또한 불공정한 계약이다.

또한 ○○ 경매 회사는 매수인에게 모든 잘못을 떠넘기기 위해서 '상담사로부터 허위, 과장 광고로 의심되는 설명을 듣고 계약을 하는지, 첨부자료가 의심되는지, 충분히 검토하고 계약을 체결하는지, 체크리스트에 체크를 표시하라'고 되어 있다. 토지에 대해서 아무런 지식이 없는 사람들이 상담사의 종용에 일방적으로 체크를 하고 있는 모습이 눈에 선하다. 더불어 개발행위나 분할 시 도로사용에 허락한다는 것과 분할 시 번지수가 바뀔 수 있다고 되어 있다. 이 또한 도로로 편입이 되면 편입 면적에 따라서 토지의 단위가격이 하락할 수도 있는 상황인데 너무도 일방적이고 편파적이다. 아울러 잔금을 빨리 내면 매매금액에 2%를 깎아 준다고 한다. 전형적인 기획 부동산 회사의 매매형태다. 속전속결로 잔금을 받기 위한 수법이라고 보면 된다. 고민하고 생각할 시간의 여유를 주지 않기 위해서다.

세금만 내는 토지 소유자. 나는 애국자다

계약이란 서로 대등한 조건에서 이루어져야 한다. 아무리 계약이 당사자의 자유에 의하는 것이 원칙이라고 하지만, 계약서 내용이 사회 통념상 상식적이고 정당한 수준에서 체결되어야 한다. 무지에서 비롯되는 피해라고 하지만, 너무나 일방적이고 불합리한 계약이다. 그렇다면 계약 내용은 둘째 치고, ○○ 경매 회사 상담사가 판매한 토지는 정상적인 부동산인지 알아보자.

계약서에 있는 소재지의 토지는 '경기도 파주시' 어느 토지다. 그것도 지분이다. 이미 지분등기의 폐해는 언급했고, 이 사례에서는 지분등기 문제가 아니라 비상식적인 계약서 내용과 남북경제협력 호재를 틈타서 활동하는 기획 부동산 회사 이야기다. 다시 상담사가 판매한 토지를 분석해보자. 파주는 남북경제협력 호재 때문에 언론에도 자주 오르내리는 지역이다. 위성사진으로 보면 이 사례 물건은 산이다. 물론 임야니까 산이 맞는데, 문제는 이런 산을 사서 무엇에 쓸 것인가? 도로가 있지도 않은데, 경사도 역시 꽤 있어 보이고, 수목도 울창해 보인다. 한눈에 봐도 산지를 전용해서 건축물을 지을 수 있는 모양새가 아니다. 더군다나 지분등기를 해야 한다면, 사용, 수익은 못하고 처분도 사실상 불가능하다. 토지에 대해서 조금만 공부한 사람이라면 이런 토지를 사지 않는다.

[자료 18] 이 사례 토지의 위성사진

출처 : 네이버 지도

토지이용계획확인서를 확인해보자

토지이용계획확인서는 필지(서로 다른 지번을 가지고 있으며 다른 필지와 경계를 이루고 있는 토지의 기본 단위)별로 지역·지구 등의 지정 내용과 행위제한 내용 등의 토지 이용 관련 정보를 확인하는 서류를 말한다. 즉 해당 토지에 무엇을 할 수 있고, 무엇을 할 수 없는 정보들이들어 있다. 따라서 토지 투자를 공부하는 사람들이라면 토지이용계획확인서를 분석할 수 있어야 한다. 토지이용계획확인서를 분석하기 위해서는 토지이용계획확인서에 나오는 용어들을 알아야 하고, 이해할

106

토지 투자, 모르면 하지 마!

수 있어야 한다. 그러나 많은 내용을 한번에 공부하기도 힘들고, 용어 자체가 어려워 이해하기가 쉽지 않다. 공부하는 것을 하루아침에 모두 깨우칠 수 없는 법이다. 그때그때 나오는 용어들을 국토교통부 ≪토지이용 용어사전≫이나 서울특별시에서 발행한 ≪알기 쉬운 도시계획 용어집≫을 인터넷에서 찾아보면 된다. 한 개씩 알아가는 재미가 쏠쏠하다. 독자분들도 그런 재미를 느껴보시길 바란다.

다시 본론으로 돌아가서 이 사례 토지의 토지이용계획확인서를 보면, 면적은 46,800제곱미터이고, 지목은 임야다. 면적을 평으로 환산하면 14,157평이 되어 면적이 꽤 넓다. 그래서 지분 투자를 유도하는 이유도 된다. 지분 투자도 문제이지만, 그보다 이 사례의 토지는 '산지관리법'상 '임업용산지'다. 바로 이 '임업용산지'가 가장 문제가 되는데, '산지관리법'에서는 산림자원의 조성, 임업생산 기능 증진, 재해방지, 수자원보호, 자연생태계 보전, 자연경관 보전 등을 위해서 우리나라의 산지를 '보전산지'와 '준보전'산지로 구분해 관리하고 있다. 딱 용어에서도 느낌이 오듯이 '보전산지'는 산지의 보전을 목적으로 지정하며, 그 이외의 산지는 보전의 필요성이 떨어지므로 '준보전산지'로 관리한다. 보전을 목적으로 관리되는 '보전산지'는 '임업용산지'와 '공익용산지'로 다시 구분되어진다. 즉, '임업용산지'는 산지의 보전을 목적으로 정해진 '보전산지'에 속한다.

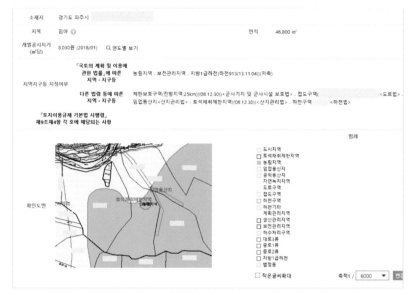

출처 : 토지이용규제정보서비스

뒤에 자세히 이야기하겠지만 간략하게 살펴보자. '보전산지'는 지정 목적에 따라서 '임업용산지'와 '공익용산지'로 나누어진다. '보전산지'는 국방·군사시설, 사방시설(흙·모래·자갈이 이동하는 것을 막아서 재해를 막거나 줄이려고 산림녹화 또는 각종 토목공사를 하는 일) 등 국토 보전시설의 설치, 도로 등 공익용 시설의 설치 등의 특별한 경우를 제외하고는 산지의 전용이 금지되고, '보전산지'로 지정·고시된 지역은 '국토의 계획 및 이용에 관한 법률'에 의한 농림지역 또는 자연환경보전지역으로 지정·고시된 것을 본다. '보전산지'로 지정·고시가 되면 다른 용도지역으로 표시가 되어 있어도, 농림지역이나 자연환경보전지역으로 지정된 것으로 보기 때문에 '산지관리법'의 적용을 받아 건축물의 건축, 공작물의 설치, 토지의 형질변경, 토지의 분할 등 각종 개발행위는 '산지관리법'에서 허용하는 사항 이외에는 할 수 없다. 임업용산지는 그야말로 임업을 위한 임업인의 주택이나 부대시설 정도의 개발만이 가능하다. 남북한이 통일이 되어도 달라질 것은 없다.

놀라게 해주려다 정말 놀라게 된다

이번 사례는 남북경제협력 호재를 미끼로 기획 부동산 회사의 또 다른 이름인 ○○ 경매 회사에 속아 개발이 불가능한 토지를 매입한 내용이다. 돈을 벌어 남편을 깜짝 놀라게 해주려고 산 토지인데, 남편이 속아서 산 토지라는 사실을 알게 된 순간 정말로 놀라버린 사건이다. 계약서 내용 또한 일반적인 상식을 벗어난 계약서 문구임에도 아무런 의심 없이 토지를 산 아내의 안타까움에 발만 구른다. 도로도 없고, 나무가 울창하며, 경사도가 있는 임야는 개발이 불가능한데, 그 또한 공유지분으로 매입을 하게 되면 되팔 수 있는 방법이 사실상 없다.

더욱이 '임업용산지'는 건축물의 건축, 공작물의 설치, 토지의 형질변경, 토지의 분할 등 각종 개발행위에 대해서는 '산지관리법'에서 허용하는 사항 이외에는 할 수 없다. 산림자원의 조성과 임업생산 기능의 증진을 위해 필요한 목적 이외에는 개인적으로 할 수 있는 개발행위는 '농림어업인'의 주택건축 정도다. 실제 본인이 사용하기 위한 것이 아닌, 투자 목적으로는 전혀 아니라는 결론이 나온다.

이외에도 토지 투자의 복병은 많이 있다. 토지이용계획확인서에 나타나지 않는 위험도 있다. 개발행위허가를 받기 위해서는 해당 용도의 건축물 건축이 가능한 용도지역도 적합해야 하지만, 입목축적(어느 개발 대상 토지의 수목 울창도를 그 지역이 속한 다른 지역과의 수평적으로 비교해 숲의 목재부피가 그 시·군의 평균치보다 많은지, 적은지를 보는 것이다. 지자체마다 다르나 통상 150%를 기준으로 그 이상은 개발을 불허한다)이나 입목본수도(개발 대상 토지 숲에서 현재 생육하고 있는 나무들이 정상적으로 자랐을 때와 비교해 어느 정도로 자라거나 분포되어 있느냐를 보는 것으로 지자체마다 다르나 대체로 50% 수준에서 결정하고 있다), 그리고 표고 및 경사도가 해당 시·군의 조례 규정에 맞아야 한다.

그뿐 아니다. 각 시도의 특성에 맞는 규제도 있는데, 서울특별시 도시계획조례의 비오톱(특정한 식물과 동물이 하나의 생활공동체를 이루는 생물서식지)과 제주특별자치도 도시계획조례의 중산간지역 지하수 오염 방지를 위한 오수관로 연결, 생태면적률의 확보 등 한두 가지가 아니다. 그래서 토지 투자는 어렵다. 어려운 토지 투자를 쉽게 생각하니 토지 사기를 당하는 사례가 빈번한 것이다. 공부를 하지 않고 하는 토지 투자는 기획 부동산 회사라는 하이에나들의 먹이가 되기 십상이다. 놀라운 일은 하지 않는 것이 정신건강에 좋다.

개발제한구역이 풀린다는 말에 속아 산 사례

기획 부동산 회사가 토지에 대해서 잘 모르는 일반 사람들을 현혹하는 방법은 여러 가지다. 그중에 흔히 사용하는 방법이 개발호재가 있는 지역 인근에 개발이 불가능한 토지를 헐값에 사들여서 지분으로 팔아먹는 방법이다. 개발제한구역과 같이 개발이 불가능한 토지를 가능하다고 속여서 판매하는 것이다. 개발제한구역은 개발을 제한하는 구역인데, 이렇듯 개발을 제한하는 구역이 개발이 된다고 설명을 해서 일반 사람들을 현혹한다. 거짓말이다.

개발제한구역이 해제되는 경우가 있기는 하지만, 설령 해제가 된다 하더라도 그 사유를 보면 공공주택지구, 산업단지, 도로, 철도, 기타 공공시설 등 공공의 이익을 목적으로 설치하는 시설에 필요한 부지만 해제가 된다. 아울러 더 이상 보전의 가치가 없는 자투리 토지에 대해서 해제를 하는 경우도 있지만, 이러한 경우는 매우 드물다. 이 사례와 같이 산 중턱에 있는 개발제한구역 토지들은 해제가 되지도 않지만 설령 해제가 된다고 하더라도 다른 규제로 인해 개발이 불가능하다. 이러한 토지가 개발이 가능하다고 속여 판 사례다. 우선 피해자가 내게 보낸 내용을 살펴보자.

피해자 : 안녕하세요. 교수님. 10월 스터디방 가입자 ○○○입니다. 교수님 덕분에 조금씩 부동산을 알아가는 초보라 정말 감사드려요. 그런데 제가 요즘 잘못된 투자로 시름에 빠져 있는데 어떻게 알아봐야 할지 몰라 많이 고민하다가 급한 마음에 교수님께 먼저 여쭈어 봅니다. 혹시 시간이 조금 나신다면 조언을 좀 부탁드리고 싶습니다.

기획 부동산 회사 소개로 ○○그린벨트 토지를 작년에 구입을 했습니다. 주소는 ○○○시 ○○○구 ○○동 산 ○○번지고요. 제가 구입한 땅은 그린벨트인데, 옆으로 국립 ○○○시설이 들어온다고 하고, 올해 5월 소유권이전등기가 날 것이라 해서 구입을 했는데, 여전히 근저당 설정등기만 남아 있는 상태입니다. 그런 이야기는 없었는데 이제야 공부를 하면서 보니 비오톱 토지라는 것을 알게 됐어요.

설명 당시에는 국립 ○○○시설이 종상향되어 그린벨트를 풀고 3종이라고 서류를 보여주었는데, 어제 확인해보니 2종이었고요. 지금이라도 되돌리고 싶은데 기획 부동산 회사에서는 구입할 사람이 있다고 해도 근저당권설정등기 말소는 불가능하다고 해요. 혹시 공동근저당권설정등기이기 때문에 저 한 사람만 해제가 진짜로 불가능한 걸까요? 근저당권설정등기 해제가 정말 불가능한 것인지 궁금하고요. 기획 부동산 회사와의 문제 해결은 어떤 방법으로 해야 최선일지 막막합니다.

내용을 보면 공부를 하지 않은 상태에서 토지를 매입했다가 그 후 토지 공부를 시작하고 피해자 본인이 매입한 토지가 뭔가 이상하다는 느낌을 받은 것이다. 그래서 내게 질문을 해온 것임을 알 수 있다. 피해자가 매입한 토지는 그린벨트, 즉 개발제한구역인데 사실 그린벨트라는 말은 정확한 용어가 아니다. 개발제한구역이 법령상 정확한 명칭이고, 엄밀하게 말하면 그린벨트는 개발제한구역과 다르다.

아무튼 개발제한구역을 매입했는데 투자 권유를 한 기획 부동산 회사에서는 피해자가 매입한 해당 토지 바로 옆에 국가에서 설치하는 ㅇㅇㅇ시설이 들어온다고 했다는 점과 매입할 당시에는 몰랐는데 해당 토지가 비오톱 토지라는 점, 이러한 사실을 인지하고 되팔고 싶어 기획 부동산 회사에 이야기했더니 다시 매입할 사람이 있다고 하더라도 근저당권설정등기는 말소가 불가능하다는 점을 이야기하면서 문제 해결방법이 없는지, 어떻게 하는 것이 최선인지를 질문했다. 읽어 보는 순간 직감적으로 '또 당했구나' 하는 생각이 들었다. 많은 사람들이 이렇게 기획 부동산 회사에 당한다. 도대체 기획 부동산 회사에 종사하는 사람들은 무슨 생각을 하면서 이런 짓을 하고 살아가는 것일까? 본인들은 이런 사실을 알고 이렇게 쓸모없는 토지를 파는 것일까? 아니면 그들도 속아서 그러는 것일까? 매번 이런 사례를 질문 받지만 그럴 때마다 매우 안타깝다.

다행히 이 사례의 경우 피해자는 돈을 돌려받았다. 그 과정은 힘들었지만, 그나마 해결이 될 수 있었던 이유는 소유권이전등기가 아직 넘어오지 않은 상태여서 피해자가 소유권이전등기를 거부하고, 근저당권이 아직 피해자의 명의로 되어 있었던 상황을 십분 활용한 것이다. 기획 부동산 회사에서 피해자와 계약을 체결했으나 당장은 소유권이전을 해주지 못하는 상황이어서 채권담보를 위해 피해자의 명의로 근저당권을 설정해준 상태였다. 즉 기획 부동산 회사에서 피해자에게 소유권을 넘겨주었으면 나 몰라라 했을 것인데, 돈을 빌릴 때 설정하는 근저당권을 설정해놓은 상태라 기획 부동산 회사 입장에서는 완벽하게 빠져나갈 수 있는 입장이 아니었다. 법적으로는 그냥 돈을 빌려준 것이지, 매입을 한 것이 아니기 때문이다.

피해자는 이러한 상황을 적극 활용해 기획 부동산 회사에서 브리핑 당시에 제대로 설명하지 않은 내용과 사실과 다른 내용을 부풀려서 설명한 것들을 모두 녹취해서 증거로 제시하고, 내용증명을 보내서 계약해제를 요구하며 소유권이전등기를 거부한 것이다. 아울러 민형사상의 문제제기 압박을 통해 투자금을 회수했다. 하지만 투자금을 회수했다고 해도 그간의 마음고생에 대한 피해보상은 어디서 받아야 하는가? 무지했던 자신의 탓으로 돌려야 할까? 어느 누구도 보상해주지 않는다. 그래도 정신적·물질적 피해보상금은 토지 공부에 대한 수업료라 생각하고, 투자금 회수에 의미를 두는 것이 옳다고 본다. 다음부터는 이런 토지 사기에 당하지 않을 테니 말이다.

[자료 20] 피해자와 주고받은 전체 보기 카톡 내용

안녕하세요?교수님
10월톡 가입자   입니다~~^^

교수님 덕분에 조금씩 부동산을 알아가는 초보라
정말 감사드려요.♡
그런데 제가 요즘 잘못된투자로 시름에
빠져있는데 어떻게 알아봐야야할지몰라 많이
고민하다가 급한마음에 교수님께 먼저
여쭈어봅니다.

혹시 조그마한 시간이 나신다면 조언 꼭꼭 좀
부탁드리고싶습니다. 꾸벅

■기획부동산 소개로   그린벨트 토지를 작년
구입을 했습니다.
■주소:

■   이
들어온다고 바로 옆 그린벨트라서 작년 11월
설정등기가 나고 올해 5월 등기가 날것이라해서
구입을 했는데 여전히 설정등기만 나있는
상태입니다.

그런이야기가 없었는데 이제야 제가 공부를
하면서보니 비오톱 토지라는것을 알게되었어요.
설명당시는   이 종상향되어
그린벨트를 풀고 3종이라 서류를 보여주었는데
어제 확인해보니 2종이었고요.

그런이야기가 없었는데 이제야 제가 공부를
하면서보니 비오톱 토지라는것을 알게되었어요.
설명당시는   이 종상향되어
그린벨트를 풀고 3종이라 서류를 보여주었는데
어제 확인해보니 2종이었고요.

지금이라도 되돌리고싶은데 기획부동산에서는
구입할 사람이 있다해도 설정등기해제는
불가능하다고 해요.

●혹시 공동근저당설정등기 이기 때문에 저
한사람만 해제가 진짜로 불가능한걸까요?
근저당설정등기 해제가 정말 불가능한것인지
궁금하고요.

●기획부동산과의 문제해결은 어떤 방법으로 해야
최선일지 막막합니다.

————————

막막하고 간절한 마음으로
교수님께 여쭙게 되옵는데 혹시 해결 방법을
주변에서라도 보신적이 있다면 조금만 알려주시면
감사드리겠습니다.

개발제한구역 해제가 가능할까?

이 사례의 토지에 대해서 무엇이 문제인지 살펴보도록 하자. 기획

부동산 회사에서는 이 사례의 토지를 투자 권유하면서 설명한 내용 중에서 개발제한구역이 해제될 것이라고 했다. 옆에 국가에서 설치하는 대규모 ○○○시설이 들어오니 여기 해당 토지의 개발제한구역 규제도 풀릴 것이라고 했다. 과연 그럴까? 개발제한구역은 국토교통부 장관이 도시의 무질서한 확산을 방지하고, 도시 주변의 자연환경을 보전해 도시민의 건전한 생활환경을 확보하기 위해 도시의 개발을 제한할 필요가 있거나, 국방부장관의 요청이 있어 보안상 도시의 개발을 제한할 필요가 있다고 인정되면 개발제한구역으로 지정할 수 있다.

아울러 개발제한구역은 지정 목적을 달성하기 위해 공간적으로 연속성을 가지도록 지정한다. 말을 뒤집으면 무질서한 확산이 방지되고 자연환경이 보전되며, 국방상 아무런 문제가 없을 때 해제를 할 수 있고, 공간적으로 연속성이 없어질 때 해제가 가능하다는 말이다. 국가 또는 지방자치단체는 개발제한구역을 해제하고자 하는 때에는 절차가 있다. 이미 정해진 도시계획에 따라 해제가 가능한 총량 범위가 있는데, 그 범위 내에서 지역적 개발수요 등을 감안해 필요한 시점에 해제 대상지를 선정하고, 단계적으로 해제를 할 수 있다. 해제할 면적의 총량 범위가 이미 정해져 있는데, 그 정해진 면적만큼 조정 또는 해제를 할 수 있다는 뜻이다. 해제를 하고 싶어도 마음대로 할 수 없다. 또한 정해진 해제 면적을 실제 해제할 때에도 공익 목적의 개발수요가 발생할 경우에만 추진할 수 있다.

이에 대해 살펴보면 개발제한구역 지정 이전부터 주민이 살고 있는 마을의 정비사업, 공공주택, 기업형 임대주택 등 공공주택사업, 교육, 문화, 관광, 노인복지 등 사회·복지사업, 당해 시·군의 실업해소를 위한 저공해 첨단산업, 수도권 이외의 지방 대도시권은 수도권에 있는 기업의 본사나 공장이 지방으로 이전해 지역경제 활성화를 도모할 수 있을 경우, 이를 수용하는 사업, 산업단지, 물류단지, 유통단지, 컨벤션센터, 자동차서비스 복합단지, 그 지역의 특화발전사업 등 개발제한구역이 해제될 수 있는 사업유형이다. 쉽게 이야기하면 개발제한구역은 이미 도시계획에서 각 시·도에 해제할 수 있는 범위가 정해져 있고, 그러한 범위 내에서 해제를 할 수 있는데 해제를 할 때는 다음의 사업들과 같이 공익적 목적을 가진 사업을 추진할 때만 개발제한구역 해제가 검토될 수 있다는 이야기다. 즉, 개인이나 민간업자가 필요하다고 해서 개발제한구역을 해제할 수 없다.

개발제한구역 해제대상지역 내 가능한 개발사업 유형

1. 취락의 계획적인 정비사업
2. 공공주택사업·사회복지사업·녹지확충사업 등
  ① 임대주택·분양주택 건설 등 서민용 공공주택사업, 기업형 임대주택사업
  ② 교육·문화·여가(관광)·노인복지 등 사회·복지사업
  ③ 당해 시·군의 실업해소를 위한 저공해 첨단산업을 유치하는 사업
  ④ ①~③의 사업을 복합화한 복합단지 개발사업

3. 수도권 이외의 지방 대도시권은 수도권에 있는 기업의 본사·공장이 지방으로 이전해 지역경제 활성화를 도모할 수 있을 경우 이를 수용하는 사업

4. 산업단지, 물류단지, 유통단지, 컨벤션센터, 자동차서비스복합단지 건설사업

5. 1~4의 규정에 따른 사업을 추진하는 해제가능지역 내 기존 공장을 이전하기 위한 산업단지 조성사업

6. 기타 도시의 자족기능 향상, 공간구조 개선, 도시민의 여가 선용, 지역특화발전을 위해 추진하는 사업

아울러 도로(원칙, 15미터 이상 예외적으로 8미터 이상), 철도, 하천(지방하천 이상)개수로(開水路)로 인해 단절되는 3만 제곱미터 미만의 토지 또는 개발제한구역 지정 당시 또는 해제 당시부터 면적이 1,000제곱미터 이하로써 개발제한구역 해당 토지를 가로질러 설정이 되어 있는 경우에는 해제대상이 될 수 있다. 물론 해제대상이 될 수 있다고 해서 무조건 해제가 되는 것은 아니고, 실제 해제기준이 되는 면적은 각 시·도의 조례에 정해진 면적 이내여야 한다. 설령 이러한 조건에 부합된다고 하더라도 환경평가 결과 보존가치가 낮거나 개발제한구역으로 유지할 필요가 없는 지역에 한해서 제한적으로 해제가 된다. 이러한 측면에서 볼 때 개발제한구역이 해제되기란 사실상 매우 어렵다. 이제이 사례 토지를 한번 보도록 하자.

출처 : 네이버 지도

　모르는 사람이 봐도 일단 산세가 험하고 토지의 형상이 매우 부정형함을 알 수 있다. 개발제한구역이 아니더라도 개발사업을 할 수 있는 형태가 아니다. 옆에 조그마한 시설을 해놓았지만 평지에 설치를 했고, 이 토지는 경사도가 있는 토지다. 따라서 산을 깎아서 개발을 한다는 것은 쉽지 않다. 또한 보존가치가 나쁠 정도의 환경평가 결과가 나올 것 같지도 않고, 지정 목적이 달성되어 개발제한구역으로 유지할 필요가 없게 된 모양새도 아니다. 또한 오른편에 고속도로가 있지만, 이 토지는 고속도로 기준으로 왼편에 위치해 단절된 소규모 토지도 아니며, 개발제한구역 지정 또는 해제 당시부터 개발제한구역 경계선이

가로지르는 1,000제곱미터 이하의 토지는 더욱 아니다. 이렇듯 사례 토지가 개발제한구역이 해제될 것이라는 기획 부동산 회사의 설명을 증명할 만한 증거가 어디에도 보이지 않는다. 아무리 봐도 해제할 수 있는 기준에 부합하지 않는다. 따라서 개발제한구역이 해제될 수 있다는 설명은 거짓일 가능성이 매우 높다. 그리고 개발제한구역이 해제될 가능성은 매우 낮아 보인다. 필자의 주관적인 견해도 그렇지만, 실제 위성사진으로 보이는 사실 또한 그렇다.

[자료 22] 이 사례 토지 개발제한구역 토지이용계획확인서

출처 : 토지이용규제정보서비스

첩첩산중 보전산지, 느낌이 싸하다

개발제한구역도 그렇지만 토지이용계획확인서를 통해서 토지 이용에 걸림돌이 되는 다른 규제는 없는지 살펴보자. 토지이용계획서를 보면 여러 가지 규제가 보인다. 앞서 살펴본 개발제한구역을 제외하고도 몇 개가 있지만 중요한 부분만 살펴보겠다. 우선 '산지관리법'에 따른 '보전산지'인데, 이번에는 '공익용산지'다. 앞의 사례에서 이야기했지만 '보전산지'는 지정 목적에 따라서 '임업용산지'와 '공익용산지'로 나누어진다. 이미 임업용산지에 대해서는 간략하게 보았고, 이번에는 공익용산지에 대해서 보겠다.

'공익용산지'는 '산지관리법'에서 임업생산과 함께 재해 방지, 수자원 보호, 자연생태계 보전, 산지경관 보전, 국민보건휴양 증진 등의 공익 기능을 위해 자연휴양림의 산지, 사찰림의 산지, 산지경관 및 산림 생태계의 보전을 위해 필요하다고 인정되는 산지, 역사적·문화적으로 보전할 가치가 있다고 인정되는 산지, 산사태 등 재해 발생이 특히 우려되는 산지, 야생생물 특별보호구역 및 야생생물 보호구역의 산지, 공원구역의 산지, 문화재보호구역의 산지, 상수원보호구역의 산지, 개발제한구역의 산지, 생태·경관보전지역의 산지, 습지보호지역의 산지, 특정도서의 산지, 백두대간보호지역의 산지, 산림보호구역의 산지 등 공익의 목적으로 산림청장이 지정하는 산지다. 대충 '공익용산지'로 지정되는 산지들의 리스트만 읽어 봐도 개발보다는 보전을 목적으로 한다는 느낌을 한 번에 알 수 있다(느낌이 싸하다). 그야말로 보전을 위해 농림어업인의 주택 이외에는 거의 대부분 개발행위를 할 수 없는 토지다. 농업인, 임업인, 어업인이 되어서 주택을 지으려는 것은 아닐 것인데, 설령 농림어업인이 된다 하더라도 다른 규제 때문에 안 된다. 결론은 보전산지로 지정된 땅은 아예 관심을 두지 않는 것이 최선의 방법이다.

야생생물 보호구역, 서울은 길고양이도 보호한다는데…

이 사례의 토지이용계획확인서에서 '다른 법령'에 따른 지역·지구 규제항목을 보면 '공익용산지' 다음에 '야생생물 보호구역'이 있다. 관련 법률은 '야생동·식물보호법'인데, 법률명이 변경되어 현재는 '야생생물 보호 및 관리에 관한 법률'이다. 이 법에서 '야생생물 보호구역'을 지정하는 이유는 시·도지사나 시장·군수·구청장에게 멸종위기 야생생물 등을 보호하게 하기 위함이다. 따라서 보호구역에서 개발행위를 하기 위해서는 소관 시·도지사나 시장·군수·구청장과 협의를 해야 한다. 개발이 쉽게 허용되지 않을 지역이라는 느낌을 바로 받는다. 야생생물을 보호할 정도라면 산세가 험하고 나무들이 우거진 지역이다. 이러한 곳이 '개발제한구역' 해제가 된다는 기획 부동산 회사의 말은 거짓이다. '개발제한구역'을 해제하려면 환경평가등급이 낮아야 하는데, 야생생물 보호를 해야 하는 지역이라면 환경평가는 높은 등급이 나올 수밖에 없기 때문이다. 눈 가리고 아웅 하는 격이다.

'야생생물 보호 및 관리에 관한 법률'

제33조(야생생물 보호구역의 지정 등) ① 시·도지사나 시장·군수·구청장은 멸종위기 야생생물 등을 보호하기 위하여 특별보호구역에 준하여 보호할 필요가 있는 지역을 야생생물 보호구역(이하 '보호구역'이라 한다)으로 지정할 수 있다.

② 시·도지사나 시장·군수·구청장은 보호구역을 지정·변경 또는 해제할 때에는 '토지이용규제 기본법' 제8조에 따라 미리 주민의 의견을 들어야 하며, 관계 행정기관의 장과 협의하여야 한다.

③ 시·도지사나 시장·군수·구청장은 보호구역을 지정·변경 또는 해제할 때에는 환경부령으로 정하는 바에 따라 보호구역의 위치, 면적, 지정일시, 그 밖에 해당 지방자치단체의 조례로 정하는 사항을 고시하여야 한다.

④ 시·도지사나 시장·군수·구청장은 제28조부터 제32조까지의 규정에 준하여 해당 지방자치단체의 조례로 정하는 바에 따라 출입 제한 등 보호구역의 보전에 필요한 조치를 할 수 있다.

⑤ 환경부장관이 정하여 고시하는 야생동물의 번식기에 보호구역에 들

어가려는 자는 환경부령으로 정하는 바에 따라 시·도지사나 시장·군수·구청장에게 신고하여야 한다. 다만, 다음 각 호의 어느 하나에 해당하는 경우에는 그러하지 아니하다.

1. 산불의 진화(鎭火) 및 '자연재해대책법'에 따른 재해의 예방·복구 등을 위한 경우
2. 군의 업무수행을 위한 경우
3. 그 밖에 자연환경조사 등 환경부령으로 정하는 경우

제34조(보호구역에서의 개발행위 등의 협의) 보호구역에서 다른 법령에 따라 국가나 지방자치단체가 이용·개발 등의 행위를 하거나 이용·개발 등에 관한 인가·허가 등을 하려면 소관 행정기관의 장은 보호구역을 관할하는 시·도지사 또는 시장·군수·구청장과 미리 협의하여야 한다.

아놔, 비오톱 1등급

다음은 '토지이용규제 기본법 시행령' 제9조제4항 각 호에 해당되는 사항이라는 항목에 보면 '비오톱 1등급'이라고 기재되어 있다. 비오톱을 설명하기 전에 우선 토지이용계획확인서에 나오는 '토지이용규

제 기본법 시행령' 제9조제4항이 어떠한 내용인지 먼저 알아보자. 어떤 사람이 토지를 매입하려고 할 때 해당 토지에 대한 부정적 정보를 모르고 매입을 하게 되면 나중에라도 큰 손실을 볼 수 있으며, 개발사업의 인허가를 받지 못해 행정적으로 시간 낭비가 될 수도 있다. 그래서 '토지이용규제 기본법 시행령' 제9조제4항에는 이러한 경고 의미를 나타내는 항목들이 열거되어 있다. 또한 지방자치단체에서 조례로 정하는 토지이용규제정보도 담겨져 있는데, 바로 이 사례에서 나오는 '비오톱 1등급'이다.

서울특별시 도시계획조례에서는 토지이용계획인서에 등재하는 대상을 정해놓았는데, 바로 '비오톱 1등급'이 그중 하나다. 비오톱이란 특정한 식물과 동물이 하나의 생활공동체를 이루어 살아가는 지표상에서 다른 곳과 명확하게 구분이 되는 생물서식지를 말한다. 비오톱 유형평가는 5개의 등급으로 구분해 서식지 기능, 생물서식의 잠재성, 식물의 층위구조, 면적 및 희귀도를 종합해 평가한다. 개별 비오톱 평가는 자연형 비오톱 유형과 근자연형 비오톱 유형을 대상으로 평가해 3개의 등급으로 구분해 자연성, 생물서식지기능, 면적, 위치 등을 평가항목으로 고려한다. 서울특별시 개발행위허가 공통기준은 도시생태현황 조사결과 비오톱 유형 평가 1등급이고, 개별 비오톱 평가 1등급으로 지정된 토지는 무조건 보전해야 하는 토지다. 따라서 사례의 토지는 개발행위허가를 받을 수 없다. 그냥 그대로 둬야 한다.

서울특별시 도시계획 조례

제68조의2(토지이용계획확인서 등재 대상) '토지이용규제 기본법 시행규칙' 제2조제2항제6호에 따른 지방자치단체가 도시계획조례로 정하는 토지 이용 관련 정보란 다음 각 호와 같다.

1. 제54조제3항에 따른 '학교이적지'

2. 별표 1 제1호라목(2)(마)에 따른 '사고지' (고의 또는 불법으로 임목이 훼손됐거나 지형이 변경되어 원상회복이 이루어지지 않은 토지)

3. 별표 1 제1호가목(4)에 따른 '비오톱 1등급 토지' (제4조제4항의 도시생태현황 조사결과 비오톱 유형 평가 1등급이고 개별 비오톱 평가 1등급인 토지)

4. 제54조제5항에 따른 '역사도심'

* 비오톱 유형 평가 등급 및 개별 비오톱 평가 등급

1. 비오톱 유형 평가 등급

　　가. 1등급 : 보전이 우선되어야 하는 비오톱 유형

　　나. 2등급 : 보전이 필요한 비오톱 유형

　　다. 3등급 : 대상지 일부에 대해 보전을 하고 잔여지역은 생태계 현황을 고려한 토지 이용이 요구되는 비오톱 유형

　　라. 4등급 : 생태계 현황을 고려한 토지 이용이 요구되는 비오톱 유형

　　마. 5등급 : 도시생태 측면에서 부분적으로 개선이 필요한 비오톱 유형

2. 개별 비오톱 평가 등급

가. 1등급 : 보호가치가 우선시 되는 비오톱(보전)

나. 2등급 : 보호할 가치가 있는 비오톱(보호 및 복원)

다. 3등급 : 현재로서는 한정적인 가치를 가지는 비오톱(복원)

금융기관의 대출기준을 믿었다가 손해 본 사례

필자는 한국공인중개사협회 공법 실무교육 강의를 하고 있다. 물론 필자가 하는 여러 업무 중 한 가지다. 한국공인중개사협회에서 주관하는 실무교육은 공인중개사 시험을 합격하고, 실제 공인중개사무소를 개업하려면 법령에 정해놓은 사전실무교육을 이수해야 한다. 이 교육을 수료해야 중개사무소 개업을 할 수 있기 때문이다.

이 사례는 2017년 연말 즈음에 개업 준비를 하는 공인중개사님이 공법 실무교육을 듣고 문의를 해온 사례다. 참 여러 가지로 안타까운 사연이 많은 내용인데, 그 어렵다는 공인중개사 시험에 합격을 해도 접근하기 힘든 분야가 바로 토지 투자다. 질문자는 편의상 교육생으로 하겠다. 이 사례 교육생의 질문 내용을 읽어보자.

교육생 : 오늘 교육 후 질문했던 ○○○입니다(질문 토지의 지번과

함께 간략한 지적도를 캡처해서 보냈다). 부동산 중개사무소에 문의했더니 맹지에 문화재보호구역이라고 했습니다. 제가 7,000만 원에 팔아 달라고 했는데 연락이 없어요. 매매가격 적정선이 어떤지도 잘 모르겠고, 부동산 중개사무소 소장님의 말을 다 믿어야 할지도 모르겠고, 답답한 마음에 문의 드립니다. 이걸 팔고 작은 부동산 중개사무소를 하려고 하는데 바쁘신 분이지만 염치불구하고 문의 드립니다. 평수는 770평 정도 됩니다.

[자료 23] 카톡으로 보내 준 질문내용

자격증 땄다고 모든 것을 알 수는 없다

교육생의 질문은 심플했지만 필자는 질문 내용에서 이해가 안 되는 부분이 많았다. 공인중개사 시험을 합격할 정도라면, 어느 정도의 토지 이용 관련 공법을 알고 있을 것이다. 그런데 맹지에 문화재보호구역의 물건을 보유하고 있다는 것, 설령 상속 같은 이유로 기존에 보유하고 있었던 물건이거나 공인중개사 시험 합격 전에 매입한 땅일 수도 있겠지만, 별도의 말이 없는 것으로 봐서 그것도 아닌 것 같았다. 또 매매가격이 7,000만 원이라는 기준이 어디에서 나온 것인지, 매매가격의 적정선이 궁금하다고 하면서도 매도를 의뢰한 부동산 중개사무소에서 하는 말은 신뢰할 수 없다는 것 등 여러 가지로 이해가 안 되는 상황이었다. 그래서 몇 가지 정보가 더 필요했다. 따라서 보충질문을 했다.

필자 : 이 물건은 어떻게 소유하고 계신 것인가요?

교육생 : 남편으로부터 받은 것입니다. 차후를 생각해서 아들 명의로 했고요. 그런데 자금이 필요해 처분하려고 합니다.

필자 : (헐, 괜히 물어봤나? 미안한 생각이 갑자기 든다) 아, 알겠습니다. 그런데 7,000만 원이라는 기준은 어떻게 잡으신 것인가요?

교육생 : 7년 전에 신협에서 2,500만 원 대출을 받았었습니다. 토지는 대출이 작게 나오니 지금 시세면 7,000만 원 정도 하지 않을까 생각했습니다.

필자 : 네, 그렇군요. 잘 알겠습니다.

[자료 24] 이 사례 등기사항전부증명서

순위번호	등 기 목 적	접 수	등 기 원 인	권 리 자 및 기 타 사 항
10	9번근저당권설정등기말소	2008년 8월 13일	2008년 7월 24일 해지	
11	근저당권설정	2010년 7월 9일	2010년 7월 9일 설정계약	채권최고액 금 32,500,000원 채무자 근저당권자 신용협동조합
12	지상권설정	2010년 7월 9일	2010년 7월 9일 설정계약	목적 철근콘크리트조 건물의 소유 범위 토지의 전부 존속기간 2010년 7월 9일부터 만 30년 지료 없음 지상권자 신용협동조합

보충질문에서 의문이 풀렸다. 사실 좋아서 받은 것이 아니라 피치 못할 사정으로 이 토지를 떠안은 것이라고 봐야 한다. 마땅하게 받을 것이 없는 상황에서 언젠가 써 먹을 수 있지 않을까 하는 생각에 받은 땅이다. 아들 명의로 해두고 추후에 필요하면 아들에게 물려줄 생각도 했으리라. 그렇게 생각하고 보유하고 있었지만, 형편상 팔아야 할 처지가 된 것이다. 그리고 부동산 중개사무소에 제시한 매도의뢰 금액 7,000만 원의 기준에 대한 교육생의 생각은 다음과 같다.

2010년 7월 9일에 모 신용협동조합에서 이 토지를 담보로 2,500만 원을 대출해주었다. [자료 24]의 등기부등본 사진에 나오는 3,250만 원은 채권최고액이다. 대출해주는 은행에서 혹시 못 받을 연체이자까지 담보하기 위해서 대출원금의 130%를 채권으로 잡는다. 통상 토지는 담보대출을 잘 해주지 않기도 하거니와 담보대출을 해주더라도 감정가 대비 대출비율이 낮은 것이 보통이다. 50%로 비율을 잡았다면 신용협동조합에서 대출을 해주기 위한 당시의 감정평가금액은 5,000만 원으로 생각했을 것이고(그래야 50% 대출을 해주면 2,500만 원이기 때문이다), 그리고 나서 7년이라는 세월이 흘렀으니 가격이 올랐을 것이고, 그렇다면 7,000만 원 정도는 무리가 없을 것이라 생각한 듯하다. 만약 이 계산이 맞는다면 7년 동안 50% 정도 오른 것이니 그리 많은 욕심을 부린 것이 아닐 수도 있다. 그런데 왜 팔리지 않는 것일까?

[자료 25] 이 사례 역사문화환경보호지구 토지이용계획확인서

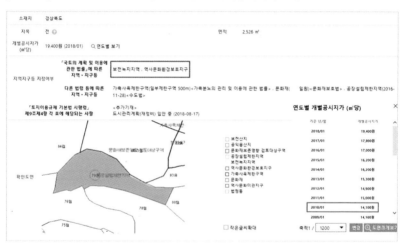

출처 : 토지이용규제정보서비스

보전녹지지역은 글자 그대로 보전이 우선이다

이 사례의 토지의 '토지이용계획확인서'를 보면 '국토의 계획 및 이용에 관한 법률'에 따른 용도지역은 보전녹지지역이다. 또한 용도지구는 역사문화환경보호지구다(뒤에서 자세히 이야기할 예정이니 겁먹지 마시라). 도대체 무슨 소리야? 아무튼 뭔지 모르지만 보전이라는 글이 나오고, 역사가 나오고, 문화, 환경 등을 보호해야 한다는 이야기가 나온다. 일단 나오는 단어들이 별로 달갑지 않다. 아울러 '다른 법령'에 법령에 따른 지역·지구는 가축사육제한구역, '문화재보호법'에 따른 문화재, '수도법'에 따른 공장설립제한지역이다.

우선 보전녹지지역에 대해서 알아보자. 보전녹지지역이라는 이름에서 벌써 '보전'이라는 말이 분위기를 싸하게 만든다. 우선 '녹지지역'이란 자연환경·농지 및 산림의 보호, 보건위생, 보안과 도시의 무질서한 확산을 방지하기 위해 녹지의 보전이 필요한 지역을 지칭한다. 여러 가지 이유로 푸른 나무나 숲의 보전이 필요한 지역이다. 이러한 녹지지역은 보전 필요성에 따라 세 가지로 구분이 되는데, '국토의 계획 및 이용에 관한 법률 시행령'에서는 '녹지지역'을 보전녹지지역, 생산녹지지역, 자연녹지지역으로 구분하고, 각각 다르게 규제를 한다. 그 규제란 대지 대비 건축면적 비율인 건폐율, 대지 대비 연면적 비율인 용적률, 용도지역별 지을 수 있는 건축물 종류다. 특히, 보전녹지지역은 도시의 자연환경·경관·산림 및 녹지공간을 보전하기 위해서 지정한다. 따라서 개발을 할 수 있는 범위가 매우 제한된다. 건폐율은 20% 이하로 규제가 된다. 용적률은 80% 이하로 낮게 지어져야 한다. 물론 각 지방자치단체조례로 이 범위 내에서 따로 정하기는 하지만 거의 대동소이하다.

그렇다면 보전녹지지역에는 어떠한 건축물이 들어갈 수 있을까? 우선 우리나라 전역에 효력을 미치는 법령에서 허용한 용도는 4층 이하의 초등학교, 농·림·수·축산업 관련 창고, 교정·국방시설이 가능하며, 해당 지방자치단체 조례로 허용되는 시설은 4층 이하의 단독주택, 제1종 근린생활시설, 종교집회장, 의료시설, 유치원, 중학교, 고등학교, 노유자시설, 위험물저장시설, 액화석유충전소, 고압가스충전소, 동식물 관련 시설, 하수처리시설, 묘지 관련 시설, 장례시설, 야영장시설 등이다. 말하자면 다른 조건이 맞는 경우, 건축물을 지을 수는 있지만 건폐율, 용적률이 낮고 상업적으로 이용할 수 있는 건축물의 용도는 매우 제한적이다. 경치가 좋은 곳이니 단독주택을 지어서 살면 좋겠다라는 생각도 가질 법하다. 그러나 그런 생각을 하는 사람들은 매우 제한적인 반면에 도심지 내 편리한 생활환경이 보장된 아파트에 살고 싶어 하는 사람들이 월등히 많다는 점은 부인할 수 없다. 따라서 향후 토지 가격의 상승은 크게 기대하기 힘든 지역으로 보는 것이 합리적이다.

역사, 문화, 환경을 보호하려면 건축물은 짓기 힘들다

역사문화환경보호지구는 '국토의 계획 및 이용에 관한 법률 시행령'에 따른 용도지구 중 하나다. 문화재·전통사찰 등 역사·문화적으로 보존가치가 큰 시설 및 지역의 보호와 보존을 위해 지정하는 용도지구다. 시·도지사는 지정문화재의 역사·문화·환경 보호를 위해 문화재청장과 협의해 조례로 역사·문화·환경 보존지역을 정해야 한다. 건설공사의 인가·허가 등을 담당하는 행정기관은 해당 공사에 관한 인가·허가 등을 하기 전에 해당 건설공사의 시행이 지정문화재의 보존에 영향을 미칠 우려가 있는 행위에 해당하는지 여부를 검토해야 한다. 이 경우 해당 행정기관은 관계 전문가의 의견을 들어야 한다. 간단하게 이야기하면 보존가치가 있는 지역을 보호하기 위해서 건축 등 개발행위에 제한을 두겠다는 것이다. 해당 시·군 조례에 규정하고 있다.

다음은 이 사례 토지가 있는 도시계획조례의 일부분이다(참고로 2018년 4월 19일 개정된 '국토의 계획 및 이용에 관한 법률 시행령'에 따라 역사문화환경보존지구가 역사문화환경보호지구로 변경지정된 것으로 이해하면 된다. 즉, 같은 말이다).

71조(보존지구 안에서의 건축 제한) ① 영 제76조에 따라 역사문화환경보존지구 안에서 건축할 수 있는 건축물은 다음 각 호에 해당하는 건축물을 말한다.

1. '건축법 시행령' 제2조제4호에 따른 재축 및 제3조의2에 따른 기존 건축물의 대수선인 경우(신축, 증축이 안 된다)

2. '문화재보호법'의 적용을 받는 문화재를 직접·관리하기 위한 건축물(문화재 관리건물)

3. 지구의 지정목적에 위배되지 않는 범위에서 시장이 필요하다고 인정하여 관계행정기관의 장과의 협의 및 ○○시도시계획위원회의 심의를 거친 경우

4. 지구단위계획이 수립된 지구 안에서 지구단위계획에 적합하게 건축하는 경우

역사문화환경보존지구 안에서는 재축(천재지변이나 기타 재해로 건축물이 멸실된 경우, 그 대지에 종전과 같은 규모의 범위에서 다시 짓는 것)이나 기존 건축물의 대수선(건축물의 기둥, 보, 내력벽, 주계단 등의 구조나 외부 형태를 수선·변경하거나 증설하는 것)만 가능하고, 신축이나 증축은 할 수 없다. 아울러 문화재를 직접 관리하기에 필요한 건축물만 건축이 가능하다. 그 외의 경우에는 해당 시·군의 도시계획위원회의 심의를 거치거나 그 지역을 구체적으로 관리하는 지구단위계획에 따라 적합한 건축물만 가능하다. 매우 강력한 건축제한, 행위제한이 가해지고 있는 토지다. 이러한 토지에서 건축행위는 아예 불가능하다고 보는 것이 맞다. 이러한 땅은 접근하지 않는 것이 답이다.

[자료 26] 문화재보호구역, 문화재보존영향검토대상구역

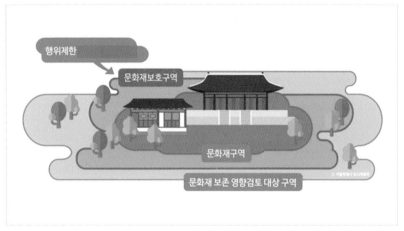

출처 : 서울특별시

한술 더 뜨는 문화재보호구역

　　토지 이용과 관련된 규제는 물, 공기, 토양, 식물, 동물 등 자연환경을 보호하는 목적이 주류를 이루고 있으나, 실제 우리나라에서 토지 이용과 관련한 강력한 규제에서 문화재보호를 빼놓을 수 없다. '문화재보호법'은 문화재를 보존해 민족문화를 계승하고, 이를 활용할 수 있도록 함으로써 국민의 문화적 향상을 도모함과 아울러 인류문화의 발전에 기여함을 목적으로 하고 있다. 응? 인류문화의 발전까지 나오는 것을 보니 딱 봐도 규제가 심할 것으로 예상이 된다. 문화재보호구

역은 지상에 고정되어 있는 유형물이나 일정한 지역이 문화재로 지정된 경우에 해당 지정문화재의 점유면적을 제외한 지역으로써 그 지정문화재를 보호하기 위해 지정된 구역을 말한다. 바로 이 사례의 토지가 '문화재보호법'상의 ○○일원 문화재다. 따라서 국가와 지방자치단체는 문화재, 문화재의 보호물, 문화재보호구역을 훼손되지 않도록 노력해야 할 의무가 있다.

아울러 벌칙규정도 있는데, 지정문화재, 보호구역, 가지정문화재의 현상(모양새)을 변경하거나 그 보존에 영향을 미칠 우려가 있는 행위를 한 사람에게는 5년 이하의 징역이나 5,000만 원 이하의 벌금에 처하도록 되어 있다. 여기서 현상변경이라 함은 공사, 수리 등의 행위로 인해 문화재의 현재 상태가 변경되는 것을 말하는데, 이러한 문화재청장이 정하는 규모의 신축, 개축, 증축하는 등의 문화재(보호구역 포함) 현상변경은 관할 행정기관에 신고 또는 허가를 받아야 한다. 이 사례 토지에 건축물을 건축하기 위해서는 관할기관에 허가를 받아야 한다. 허가를 받아야 한다는 말은 허가를 쉽게 받을 수 없다는 말과 같다. 사례의 토지는 개발행위가 불가능하다.

건축물을 지을 수 없는 맹지다

무엇보다 토지이용계획확인서에 보이는 지적도에는 도로가 없다. '건축법'에 따른 도로가 없으면 건축물을 지을 수 없는 맹지라고 이미 후배 뒤통수 사례에서 보았다. 물론, 우리 독자분들은 확실하게 잊어 버렸으리라 믿는다. 간단하게 반복해본다. 기억은 반복에서 되살아난 다. '건축법'상의 '도로'는 보행과 자동차 통행이 가능한 너비 4미터 이상의 도로 또는 예정도로를 말한다. 그런데 무조건 되는 것은 아니고, 관계법령에 고시가 된 도로 및 건축허가나 신고 시에 특·광·시·군·구 지자체장이 위치를 지정 공고한 도로 중에서 사람과 차량의 통행이 가능한 도로를 말한다. '건축법'상의 도로의 개념에서 기억해야 할 포인트는 사람의 보행과 자동차의 통행이 동시에 이루어질 수 있는 도로여야 한다는 점이다. 폭 4미터 이상의 사람의 보행과 자동차의 통행이 가능한 도로, 바로 건축법상의 도로다. 이 도로가 이 사례 토지에는 없다. 결국 주변의 토지에 대해서 토지 사용 승낙을 받아서 도로를 개설하거나 주변의 토지를 매입해 도로를 만들어야만 한다. 여기는 도로를 만들어도 앞에서 본 문화재 때문에 개발이 불가능하다. 건축물을 지을 수 없는 토지는 팔기가 어렵다. 살 사람이 없다는 말이다. 단독주택이라도 지어 보려고 해도 도로가 없단다. 설령 다른 규제가 없어도 '건축법'에 따른 도로가 없으면 주택도 지을 수 없는 당황스러운 토지다.

그러니까 믿을 놈 없다. 금융기관도 믿을 게 못 된다

살펴본 것과 같이 사례의 토지는 이렇게 여러 가지 규제가 있어서 그냥 농사나 짓는 용도로 사용해야 하는 토지다. 따라서 물가상승률 이상의 가격 상승은 기대할 수 없는 땅이다. 오히려 보유세만 나가는 애물단지가 되는 것이다. 그런데 이렇게 쓸모없는 토지에 신용협동조합은 왜 대출을 해주었을까? 교육생 입장에서는 금융기관에서 대출을 해주었을 때는 그래도 돈을 빌려줄 만한 가치가 있어서 빌려주었을 것이라 생각했을 것이다. 아울러 최소한 금융기관에서 평가한 감정가격이 있으니, 그 기준에 따라 적어도 대출을 해준 금액 이상으로 시장에서 팔릴 수 있다고 생각한 것이다. 충분히 그렇게 생각할 수 있다고 본다. 토지의 가치 평가에 대해서 잘 모르는 사람이라면, 등기부등본을 보고 금융기관에서 해당 토지에 대출을 해주었다는 내용을 볼 때 당연히 금융기관에서는 토지를 평가해서 돈을 빌려줄 만하니까 빌려주었을 것이라고 생각하지 않았겠느냐는 말이다. 그런데 보는 것과 같이 그렇지 못한 사례들도 많이 있다. 이미 앞 장에서 이야기한 것과 같이 토지이용계획확인서를 보면 이 토지는 국토의 계획 및 이용에 관한 법률상 역사문화환경보호지구이며, 이러한 토지들은 역사·문화적으로 보존가치가 큰 시설 및 지역의 보호와 보존을 위해서 지정하는 용도지구다. 건축물의 신축과 증축이 안 되며, 재축이나 기존 건축물의 대수선만 가능하다. 이 토지는 아무런 건축물이 없는 빈 땅이므로 리모델

링이나 수선도 해당되지 않는다. 앞으로의 건축행위 자체가 불가능한 토지다. 아울러 문화재보호법상 문화재 영향권이 이 토지에 포함이 되어 있으므로 문화재가 없어지지 않는 한 개발을 기대할 수도 없다.

사실상 사용하지 못하는 땅에 대출을 해준다는 것은 팔리지 않는 땅에 돈을 빌려준다는 말과 다르지 않다. 1금융권이 아닌 경우, 이자를 많이 받을 목적으로 다소 무리하게 대출을 진행하는 사례도 많은데, 바로 이 사례가 그렇다고 봐야 한다. 주변에 특별한 호재가 있는 것도 아니고, 호재가 있다고 해도 문화재보호법 적용을 받는 문화재가 있는 땅에 호재가 미칠 수는 없는 노릇이다. 금융기관이 자선사업을 하는 곳은 아닐 것인데, 팔리지 않을 땅에 돈을 빌려준다는 것 자체가 ○○ 신용협동조합의 심사 능력에 심각한 의문이 든다. 실제 1금융권에서는 이러한 토지는 대부분 대출을 해주지 않는다. 아무튼 이러한 사실을 믿고 교육생은 배우자에게 의심 없이 이 땅을 받았다. 너무 억울하지 않은가? 금융기관도 믿을 곳이 못 된다. 모르고 대출해주었다면 심사 능력이 부실한 것이고, 알고 대출해주었다면 이것은 범죄나 다름이 없다.

개발호재가 있어도
해당 토지가 개발이 안 되는 사례

　몇 년 동안 방학 때 중·고등학교 선생님들을 상대로 자산관리 관련 교사직무교육이 있었다. 선생님들께서도 자산관리에 많은 관심이 있으셨고, 특히나 퇴직을 앞둔 선생님들의 관심도는 매우 높았다. 이때 뵈었던 선생님들 중에서 아직도 친분을 이어오고 있는 선생님도 계신다. 자산관리에 꾸준한 관심과 투자를 통해서 안정된 미래의 자유를 확보하고자 하신다. 분명히 그렇게 될 것으로 생각한다. 국어를 맡고 계시는 선생님이신데, 역시나 엘리트 선생님답게 합리적이고, 욕심을 부리지 않는 투자를 하고 계시기 때문에 성공 투자가 이루어지리라 생각한다. 이 사례는 그 당시 교사직무 교육장에서 뵈었던 선생님으로부터 받은 질문이었는데, 직무교육 후에 필자의 토지 투자 강의에 참석을 하시고, 다음 날 질문을 주셨다. 본인의 이야기는 아니었고, 선생님의 부친께서 매입하셨던 토지에 대해서 궁금해하셨다. 질문 내용을 보자.

질문 주신 선생님 : 어제 토지 투자 기본원리 수업을 잘 들었습니다. 나중에 자금이 생기면 제값으로 토지에 투자할 수 있도록 안내해주셔서 감사합니다. 목이 쉬지 않을까 좀 걱정이 되기는 했습니다. 염치 불구하고 답답한 마음에 토지에 대해 문의를 드리겠습니다. 2012년경에 아버지가 땅을 1억 원 들여서 구매한 곳이 있습니다(1,500평을 3명이 나누어 구매했고, 아버지는 그중 400평을 구매함). 해양특구 거제도 ○○○ 일대 여러 가지 개발 호재에 속아서 주변시세보다 훨씬 비싼 가격에 토지를 매입한 것 같아요. 왜냐하면 옆 필지 5,000평이 감정가 5,000만 원 정도에 작년에 경매로 낙찰됐더라고요(산 ○○-○○번지). 교수님이 토지를 잘 보시니 향후 시간이 많이 걸리더라도 개발이 될 만한 곳인지 정도만 분석해주시면 감사하

[자료 27] 질문 내용 캡처

제목없음

어제 토지투자 기본원리 수업 잘 들었습니다. 나중에 자금이 생기면 제 값으로 토지에 투자할 수 있도록 안내해주셔서 감사합니다. 목이 쉬지 않을까 좀 걱정이 되긴 했습니다~^^ 염치 불구하고 답답한 마음에 토지에 대해 문의를 드리겠습니다. 2012년경에 아버지가 땅을 1억원을 들여 구매한 곳이 있습니다(1500평을 3사람이 나누어 구매하였고 아버지는 그 중 400평을 구매함) 해양특구 거제도　　　　일대 여러 가지 개발 호재에 속혀 주변시세보다 훨씬 비싼 가격에 토지를 매입한것 같아요. 왜냐하면 옆필지 5000평이 감정가 5000만원정도에 작년에 경매로 낙찰되었더라구요 교수님이 토지를 잘 보시니 향후 시간이 많이 걸리더라도 개발이 될 만한 곳인지 정도만 분석해주시면 감사하겠습니다. 여러 사업으로 많이 바쁘실테니 시간 나실때 한번만 봐주세요. 토지주소 -경상남도　　　　1500평중 400평 보유하고 있습니다) 혹시나 답변 내용이 길면 한메일　　　　　로 부탁드립니다. 감사합니다~

겠습니다. 여러 사업으로 많이 바쁘실 테니 시간이 나실 때 한번
봐주세요(토지 주소 : 경상남도 ○○시 ○○면 ○○리 산 ○○-○○).
혹시나 답변 내용이 길면 메일로 부탁드립니다.

선생님이라는 직업의 특성이 고스란히 배어 나온다(필자는 강의 때
마이크를 잘 쓰지 않는 편이라서 수강하시는 분들이 걱정을 많이 하신다. 그
래도 잘 버티는 편이다). 각설하고 선생님 질문 내용으로 들어가 보자.
선생님의 아버님께서 2012년에 1억 원이라는 큰돈을 들여서 해당 토
지를 매입하셨다. 그런데 400평이 1억 원이라면 평당 25만 원 수준이
다. 필지는 항상 개별공시지가를 기준으로 적정가격을 찾아보는데, 평
당 25만 원 정도의 토지라면 사실 애매하다. 개발이 가능하고 입지가
괜찮은 토지라면 25만 원으로는 어림없는 일이고, 그렇다고 개발이 불
가능한 임야라면 매우 비싼 가격이 된다. 아울러 이 사례 토지 옆에 필
지가 경매로 나와서 평당 1만 원 정도에 낙찰이 됐다는 이야기도 있고,
그래서인지 향후에 시간이 걸리더라도 개발 가능성이 있는지만 봐달
라는 부탁에 질문을 하신 선생님이나 아버님께서 이 사례 토지에 대한
미련을 많이 버렸다는 생각도 갑자기 들었다.

개발 가능성이 있는가?

이 사례 토지는 '국토의 계획 및 이용에 관한 법률'에 따른 용도지역은 자연녹지지역이다. 자연녹지지역은 시·군 조례에 따라 다를 수 있으나 기본적으로 건폐율 20% 이하, 용적률 100% 이하의 건축물 개발밀도로 4층 이하의 단독주택과 아파트를 제외한 공동주택, 제1종, 제2종 근린생활시설, 농림축수산업용 창고 등 상대적으로 다양한 건축물을 지을 수 있다. 가축사육제한구역의 표시는 이 사례 토지에 가축을 기르지 못한다는 뜻이니 긍정적인 표시다.

[자료 28] 이 사례 토지 자연녹지 토지이용계획확인서

소재지	경상남도 거제시		
지목	임야 ⓘ	면적	4,959 ㎡
개별공시지가 (㎡당)	2,440원 (2018/01) Q 연도별 보기		

지역지구등 지정여부	「국토의 계획 및 이용에 관한 법률」에 따른 지역·지구등	자연녹지지역
	다른 법령 등에 따른 지역·지구등	가축사육제한구역(닭 오리 메추리 돼지 개 제한)<가축분뇨의 관리 및 이용에 관한 법률>

「토지이용규제 기본법 시행령」 제9조제4항 각 호에 해당되는 사항

범례
☐ 자연녹지지역
☐ 임업용산지
☐ 법정동

확인도면

☐ 작은글씨확대   축적1/ 6000 ▼

출처 : 토지이용규제정보서비스

그런데 문제는 다른 곳에서 나타난다. 자연녹지지역이라 용도지역 상으로는 크게 문제가 없지만 이 사례의 토지처럼 임야를 개발하기 위해서는 개발행위허가를 받아야 하는데, 이러한 개발행위허가를 받기 위해서는 조건이 있다. 해당 시·군의 조례마다 경중은 다르지만, 대표적인 조건들이 바로 토지의 임상(숲의 생긴 모습), 경사도(경사진 기울기를 수평면에 대한 각도로 나타내거나 수평거리에 대한 수직높이의 비율을 백분율로 나타낸 것), 표고(바다의 면에서 어떤 지점을 정하고 수직으로 잰 높이) 등이다. 문제는 이러한 임상, 경사도, 표고는 일반적으로 토지를 매입할 때 보는 토지이용계획확인서에 나타나지 않는다는 것이다. 즉, 토지이용계획확인서만 가지고는 개발 여부를 파악할 수 없다는 이야기다.

[자료 29] 이 사례 토지 자연녹지 위성사진

출처 : 네이버 지도

다음은 경상남도 거제시 도시계획조례다. 제18조에 개발행위허가 기준이 기재되어 있다. 다른 시·군 도시계획조례와 큰 틀에서는 다르지 않고, 임상, 경사도, 표고 등의 기준이 조금씩 상이하다. 이러한 이유는 각 시·군의 형편에 따라 다를 수밖에 없는데, 예를 들어 인구유입이 지속되어 건축물들이 급속도로 증가하는 시·군 입장에서는 난개발을 막아야 하니 허가 조건을 강화한다. 이에 반해 인구유입이 없는 시·군에서는 일자리 유치와 인구유입을 권장하기 위해서 허가 조건을 완화한다. 필자의 경험으로는 거제시의 경우 개발행위허가 조건이 타시·군에 비해 까다로운 편에 속한다고 생각한다.

제18조(개발행위허가의 기준) ① 시장은 영 별표 1의2 제1호에 따라 다음 각 호의 요건을 모두 갖춘 토지에 한하여 개발행위를 허가할 수 있다.

1. 개발행위허가 대상 토지의 헥타르당 입목축적이 임업통계연보(산림청장이 통계청장의 승인을 얻어 작성하는 임업통계연보를 말한다. 이하 같다) 상의 헥타르당 입목축적의 100퍼센트 이하일 것(입목축적의 조사방법은 '산지관리법'에 따른다)
2. 개발행위허가 대상 토지의 평균경사도가 20도 이하이고, 20도 이상인 면적이 전체 면적의 100분의 40 이하인 토지(평균경사도의 산정방법은 '산지관리법'을 따르며, 거제시 주제도통합시스템에서 산출한 값을 기준으로 함).

3. 삭제.

4. 도시생태계 보전가치 I 등급(비오톱 현황조사에 따른 대상지 전체에 대하여 절대보전이 필요한 지역을 말한다) 및 II등급(비오톱 현황조사에 따른 대상지 전체에 생태계보전을 우선하여야 하는 지역을 말한다)이 아닌 토지.

② 제1항의 규정은 제25조의 규정에 의하여 개발행위를 허가하는 경우에는 적용하지 아니한다.

③ 영 별표 1의2제2호라목(1)(라)에 따라 법 또는 다른 법령에 따른 인허가 등을 받지 않거나 기반시설이 되어 있지 않아 토지의 개발이 불가능한 토지에 대한 토지 분할허가 기준은 다음 각 호와 같다.

1. 하나의 필지에 대한 토지 분할 가능 필지는 1년 내 총 5필지 이하일 것. 다만, 상속토지를 법적비율에 따라 토지 분할하는 경우와 묘지가 설치된 토지에 대한 토지 분할은 제외한다.

2. 이미 분할된 토지의 재분할은 소유권 이전한 날부터 1년 이상 지나야 할 것.

3. 인허가를 받지 아니하고 도로형태를 갖추어 그 필지에 다수의 필지가 접하는 택지식 분할 및 도로의 형태 없이 다수의 필지로 분할하는 바둑판식 분할이 아닐 것.

4. 이전에 택지식 또는 바둑판식 분할된 토지의 반복식으로 분할하는 토지가 아닐 것.

5. 토지 분할허가 기준을 기피하고자 공유지분을 분할하는 경우에도 제
   1호부터 제4호까지를 적용할 것.

입목축적과 입목본수도 허용기준

경상남도 거제시 도시계획조례에서 규정하고 있는 여러 가지 개발
행위허가 조건 중에서 임상(숲의 생긴 모양)을 나타내는 입목축적에 대
해서 알아보자. 시·군에 따라 입목축적과 또 하나의 기준으로 입목본
수도를 사용하는데, 입목축적에 대해서 우선 알아보도록 한다. 입목축
적이라 함은 어느 개발 대상 토지의 수목의 울창도를 그 지역이 속한
다른 지역과 수평적으로 비교하는 것으로, 어느 숲의 목재부피가 그
시·군의 평균치보다 많고 적음을 따지는 것이다. 나무의 울창함이 평
균치에 비해서 어느 정도인가를 따져보고 개발행위 허가 여부를 판단
한다.

경상남도 거제시의 경우 헥타르(ha=10,000제곱미터)당 입목축적이
임업통계연보상의 헥타르당 입목축적의 100% 이하여야 허가를 내어
준다고 조례에 되어 있다. 거제의 경우 2018년 임업통계연보를 보면
헥타르당 입목축적이 157.72제곱미터다. 그런데 이것은 2015년에 발
표한 자료다. 2018년 임업통계연보에 실려 있지만, 입목축적 자료는 5

년마다 조사 발표하기 때문에 그렇다. 현재는 2019년이므로 산림청에서 고시하는 입목 재적의 시·도별 평균생장률을 적용해 현재의 입목축적을 구하면 된다. 경상남도의 평균생장률은 3.3%다. 적용해서 계산해보면 거제시는 2019년의 경우, 약 173.85제곱미터 정도의 헥타르당 입목축적임을 알 수 있다.

이 기준을 이 사례 토지에서 조사한 입목축적과 비교해 산지전용허가 여부를 결정할 수 있다. 이러한 입목축적 조사는 산림기술자의 영역이므로, 실제 허가 신청 과정에서는 산림기술자의 힘을 빌려야 한다. 여기서는 숲의 생긴 모습, 즉 입목축적 또는 입목본수도가 임야를 개발할 때 허가 여부를 가늠하는 중요한 요인이라는 사실을 말하고자 한다. 간단하게 이야기하면 거제시의 경우, 임야를 개발하기 위해서 허가를 받으려면 나무의 울창도가 거제시의 평균치를 넘어서면 개발이 불허된다. 이 사례 토지의 위성사진을 보면 굳이 조사를 하지 않더라도 평균치 이상임을 알 수 있다. 이미 앞에서 여러 차례 언급이 됐지만, 건축물을 짓기 위한 절대적 필요 요소인 '건축법'상의 도로도 없다. 설령 있다고 해도 나무가 너무 울창해서 개발이 안 된다는 말을 이렇게 길게 써 놓았다. 하지만 토지 투자 공부를 하는 사람이라면 반드시 알아야 하는 중요한 항목이다.

제48호

2018 임업통계연보

STATISTICAL YEARBOOK OF FORESTRY

🇰🇷 산림청

2015 Forest Growing Stock and Growing Stock per Hectare
by Ownership(Cont'd)

임목 재적의 시 · 도 별 평균생장률 적용기준

산림청 고시 제2016-106호.

「산지관리법 시행령」제7조 제2항 관련 [별표2] 제11호, 제20조 제4항 관련 [별표8] 제2호 가지의 구성에 따라 산림기본통계의 발표 다음 연도부터 다시 새로운 산림기본통계가 발표되기 전까지 적용하는 임목의 시 · 도 별 평균생장률 적용기준을 아래와 같이 고시합니다.

2016년 11월 23일

산 림 청 장

시 · 도 별 평균생장률

구 분	생장률(%)	비고
전 국	3.1	
경기도	2.5	서울 인천
강원도	2.7	
충청북도	3.2	
충청남도	3.8	대전 세종
전라북도	3.1	
전라남도	2.8	광주
경상북도	3.6	대구
경상남도	3.3	부산 울산
제주도	4.3	

주) 1. 특별시 · 광역시는 인접 시도에 포함
2. 제6차 국가산림자원조사(2011~'15)의 조사자료를 기반
3. 2021년에 발표될 2020년 산림기본통계 공표시까지 활용

① 이 고시는 고시한 날로부터 시행한다.
② 산림청 고시 2012-85호(2012. 12. 7)는 폐지한다.

어차피 토지 투자 공부를 하려고 읽고 있는 책이니, 참고사항으로 입목본수도에 대해서도 알아보자. 입목본수도는 숲에서 현재 생육하고 있는 나무들이 정상적으로 자랐을 때 비교해 어느 정도로 자라거나 분포되어 있는가를 판단하는 것으로, 각 시·군 도시계획조례에서 정하고 있으며, 개발행위허가 기준으로 활용되고 있다. 입목본수도는 개발행위허가 기준으로 활용하는 시·군마다 다르지만, 대체적으로 50% 미만의 수준으로 결정하고 있다. 구하는 순서는 다음과 같은데, 머리 아프신 분들은 이 페이지를 넘어가도 좋다. 이러한 기준이 있다는 정도로만 이해를 하고 나무가 울창하면 개발행위허가를 받기 어렵겠구나 정도로 생각하자. 어차피 산림기술자가 해야 할 일이다.

① 일반적으로 입목본수도는 조사대상 토지의 나무를 전부 조사하고, 가슴높이 정도인 지상 1.2미터 높이에서 측정한다.
② 가슴높이 직경 5센티미터 이상의 각 수종별 직경의 소계를 구하고, 그러한 수종별 소계를 합산한 직경 총계를 구한다.
③ 직경 총계를 전체 조사 나무 숫자로 나누어 평균 가슴높이 직경을 구한다.
④ 이미 발표되어 있는 정상입목본수(충분히 자랐을 때의 나무 개수) 기준표에 따라 대상지 나무의 평균 가슴높이 직경을 대입해 헥타르당 나무가 정상적으로 자랐을 때의 나무 개수를 찾은 후 제곱미터당 나무 개수로 환산한다.

⑤ 환산되어 구해진 제곱미터당 나무 개수를 조사대상구역 면적을 곱해서 개발행위허가 대상지에 충분히 자랐을 때의 나무 개수를 구한다.

⑥ 개발행위허가 대상지의 현재 자라고 있는 나무의 개수를 충분히 자랐을 때의 나무 개수로 나누어 현재의 입목본수도를 구한다. 이 사례 토지는 입목축적이나 입목본수도 모두 개발행위허가가 허용기준 이상이다. 이러한 토지는 개발행위허가를 받을 수 없다. 즉, 민간개발이 불가능하다.

1) 임목본수도 조사서 서식

조사일자 :
조사위치 :
조 사 자 : (자)   (성명)   (인)

가슴높이직경 (단위 : cm)	총계		수종		수종		비고
	측정본수	계	측정본수	계	측정본수	계	

2) 조 건

3) 기재요령

가. 조사구 1필에 측정표 1~2매으로 1조사를 완성함을 원칙으로 한다.

나. 가슴높이의경은 임목본수기준표의 기준에 따라 기재한다.

다. 수종이 2개 이상일 때에는 예시와 같이 수종별로 구분한다.

라. 측정본수는 수종별로 합계한 후 합계를 계산한다.

4) 가슴높이직경 측정

가. 가슴높이직경의 측정 시 조사대에서 위쪽으로 배치하는 것으로 한다.

나. 가슴높이 1.2미터의 위치에서 전체 어느 부분이든 가능 미터 조사
하여야 한다.

다. 가슴높이의 경은 하부에서 수간이 오지면 조사되어 있으면 자각의 본으로
측정하여 따로 측정하고, 가슴높이보다 상부 조사되어 있으면 가슴
면 1본으로 간주한다.

라. 가슴높이의 경에 측 또는 높이 있을 때에는 이 한 상태의 가슴
높이의 경을 측정하여 평균값을 사용한다.

나. 수목이 많아 측정대상 수목에 대해 혼동이 우려가 있을 경우에는
오차가 발생하지 않도록 측정한 수목을 분필, 노끈 등을 이용하여
표시하여야 한다.

5) 산출방법

가. 측정이 끝나면 가슴높이직경 3센티미터 이상의 각 직경별 본수에
평균값을 산출하여 직경 소계를 구하고 직경 소계별 평균 본수에 따른
총 계를 구한다.

나. 임목본수도 대상목의 전체 본수와 나무의 평균 가슴높이직경을 구한다.

다. 평균 정상 임목본수율 × 임목본수도를 산정한다.

라. 대상지 정상 임목본수율 = 대상지면적(㎡)×정상본수(본수/본)

마. 임목본수도(%) = (대상지 실제 본수 / 대상지 정상 본수) × 100

다. 본번으로 임목본수 조사는 개별화하여 대상지 전체 동으로 산림의 제산된 면적
의 제 임목본수 조사는 정상임목본수를 적용한다. 다만, 개별화하는 대상지 전체가
담는 정상임목본수를 적용하고, 개별화하는 대상지 전체에
제순된 경우의 임목본수도 100㎡단위를 적용한다.

4. 정상임목본수 기준표

가슴높이직경 (cm)	1ha당 정상 임목본수 (본)	가슴높이직경 (cm)	1ha당 정상 임목본수 (본)	가슴높이직경 (cm)	1ha당 정상 임목본수 (본)
5 이상 7 미만	2,040	19 이상 21 미만	630	33 이상 35 미만	330
7 이상 9 미만	1,740	21 이상 23 미만	570	35 이상 37 미만	300
9 이상 11 미만	1,400	23 이상 25 미만	510	37 이상 39 미만	280
11 이상 13 미만	1,150	25 이상 27 미만	470	39 이상 41 미만	260
13 이상 15 미만	980	27 이상 29 미만	430	41 이상 미만	240
15 이상 17 미만	820	29 이상 31 미만	380	그 이상	
17 이상 19 미만	730	31 이상 33 미만	360		

[예 시]

임목본수조사서

조사일자 :
조사위치 :
조 사 자 : (자)   (성별)   (인)

가슴높이직경 (단위 : cm)	총계		소나무		참나무		비고
			측정본수	계	측정본수	계	
7이상 9미만	25		25				
9이상 11미만	21		21				
11이상 13미만	15		10		5	5	
13이상 15미만	6		1		5	5	
15이상 17미만	1				1	1	
17이상 19미만	1				1	1	
계	69		57		12	12	

□ 임목본수도 산출

	가슴높이직경 소계	총계	8cm	10cm	12cm	14cm	16cm	18cm
소나무	본수	57	25	21	10	1		
	직경소계	544	200	210	120	14		
참나무	본수	12			5	5	1	1
	직경소계	164			60	70	16	18
총계	본수	69	25	21	15	6	1	1
	직경소계	708	200	210	180	84	16	18

○ 대상지 면적 : 1,000㎡

○ 평균 가슴높이직경 : 708본 ÷ 69본 = 10.3㎝

○ 10㎝, 1ha당 정상 임목본수 : 1,400본 (㎡당 0.14본)

○ 대상지 정상 임목본수 : 1,000㎡ × 0.14본/㎡ = 140본

○ 임목본수도 : (69본 ÷ 140본) × 100 = 49.3%

또 하나의 복병 경사도, 반드시 체크해봐야 한다

경사도란 어떤 지형을 이루는 지면의 기울기를 각도 또는 %로 표현한 것이다. 경사도는 임야에 있어서 산지전용의 심사기준으로 중요한 항목이며, 평균경사도가 높은 산지(임야)는 개발행위허가가 나지 않는다. 산지뿐만 아니라 농지도 마찬가지로 경사도가 높은 경우에는 허가가 나지 않는다. 다만 농지의 경우에는 농업생산성이 떨어지는 농지는 한계농지로 분류해 개발행위허가 조건을 완화시켜준다. '산지관리법'에서는 개발 가능한 임야의 평균경사도가 최대 25도로 되어 있다. 그러나 이 규정은 법령에서 정한 최고한도라는 의미이고, 지방자치단체별로 조례에 따라 위임되어 있다. 25도 이상으로 완화 적용할 수는 없으며, 강화만이 가능하다. 즉 산지의 경사도 25도 이상을 개발할 수 있도록 조례에서 허용할 수 없다는 말이다.

강화만 할 수 있는데, 경기도 용인시의 경우 구별로 다르다. 처인구는 25도(20도 이상 도시계획위원회 심의), 기흥구는 21도(17.5도 이상 도시계획위원회 심의), 수지구는 17.5도의 평균경사도 이하이어야 한다. 같은 용인시임에도 구별로 경사도 기준이 다른 것은 각 지역별 개발현황에 따라 컨디션이 다르기 때문이다. 이미 살펴본 것과 같이 거제도 조례에 따르면 개발행위허가를 받고자 하는 토지의 경사도가 평균적으로 20도 이하여야 한다. 그리고 전체 면적 중에서 경사도가 20도를 넘어가는 것은 40% 이하여야 한다. 그렇다면 이 사례의 토지는 거제도에 위치하고 있기 때문에 평균적으로 경사도가 20도를 초과하게 되면 개발이 불가능하다. 그런데 이러한 경사도 규정을 안다고 해도 실제 경사도를 측정하기 위해서는 일반인들의 지식으로는 불가능하다. 이럴 때 사용할 수 있는 사이트가 있는데, 완벽하게 정확하지는 않아도 개략적인 경사도를 파악할 수 있기 때문에 투자 전 사전 검토단계 또는 본인이 소유하고 있는 임야의 경사도가 어느 정도인지 알고 싶을 때 유용하게 사용할 수 있다.

[자료 32] 산림정보 다드림 홈페이지

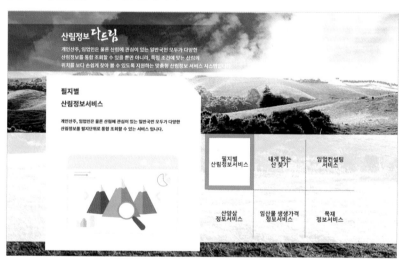

산림정보 다드림 홈페이지(https://gis.kofpi.or.kr/gis/main.do)에서 필지별 산림정보서비스를 들어가면 위성지도가 나오고, 좌측면 주소 검색을 하면 다음과 같이 결과가 나온다. 해당 토지의 적정재배품목,

산림청정도, 적정조림수종, 임지생산능력, 지형정보(표고, 방위, 경사도) 나무정보(수종, 나무지름, 나무나이, 울폐도), 토양정보(토양깊이, 토성), 산사태정보(위험등급), 기후정보(연평균기온, 연평균강수량), 산림사업분석(숲 가꾸기, 수확벌채) 등의 정보가 나온다. 그중에서 개발행위허가에 필요한 정보는 바로 표고와 경사도인데, 개략적인 부분을 확인할 수 있다. 인허가 용도의 서류로 사용할 수 없지만, 해당 토지의 표고나 경사도를 확인해서 개발행위허가 가능 여부와 투자 가능 여부를 판단하는 데 도움이 될 수 있다.

표고 허용기준. 먹는 표고가 아니다

표고는 산자락 하단부를 기준으로 한 산정부의 높이를 말한다. 토지의 형질변경 또는 토석채취를 하기 위한 개발행위허가 기준에는 해당 지자체의 도시계획조례가 정하는 기준에 적합해야 한다. 그러나 통상적으로는 각 지자체의 도시·군기본계획의 개발가능지 분석에 따른다. 가용토지자원 분석이라고 하는데, 개발가능지, 개발억제지, 개발불가능지로 구분한다. 2020거제도시기본계획에 따르면, 개발가능지는 기개발지와 미개발지로 나누고, 기개발지는 주거지역, 상업지역, 공업지역 내 기존 개발지로 하며, 미개발지는 주거지역, 상업지역, 공업지역 내 미개발지와 녹지지역 및 대규모 개발사업예정지역으로 한다. 개발억제지는 수산자원보호구역, 생산녹지지역, 보존지구, 농업진흥지역, 보전임지, 군사시설보호구역 등이다. 개발불가능지는 표고 100미터 이상 경사도 30% 이상, 공원, 하천, 저수지, 생태자연도 1, 2등급지로 개발을 할 수 없도록 규정하고 있는데, 이 사례 토지는 표고가 200~300미터로 나와 있다. 따라서 개발이 불가능하다.

[자료 33] 이 사례 토지의 표고 및 경사도 지형정보

적정재배품목	구분	임산물	
	최적	황칠나무	
	가능	구기자, 황칠나무, 초피나무, 골담초, 원추리, 곤드레, 하수오, 작약, 잔대	
산림청정도	청정도분포		
	IV등급(높음)		
적정조림수종	대표수종		추가수종
	환경보전림		-
임지생산능력	급지분포		
	IV급지(하), II급지(상)		
지형정보	표고(m)	방위	경사도
	200~300	남	30~35
나무정보	수종	나무지름(cm)	나무나이(년)	울폐도(%)
	기타활엽수	6~18	21~30	71 이상
토양정보	토양깊이(cm)		토성
	심(61 이상)		미사질양토
산사태정보	위험등급		
	2, 3, 4, 5		
기후정보	연평균기온(°C)		연평균강수량(mm)
	14-15		1800-1900
산림사업분석	숲가꾸기		수확벌채

출처 : 산림정보 다드림

그렇다면 25만 원짜리인가? 32,500원짜리인가?

질문을 주신 선생님의 아버님께서는 이 사례 토지를 400평에 1억 원을 주고 매입하셨다. 평당 25만 원인데, 질문 내용을 보면 바로 옆 필지의 토지 5,000평이 경매로 5,000만 원에 낙찰됐다고 한다. 실제 사실을 확인하기 위해서 관련 정보를 탐색하던 중 비슷한 시기에 해당 토지에 경매가 있었고, 낙찰이 됐다는 사실을 알게 됐다. 1,500평을 3명이서 사셨다고 했는데, 공유지분으로 투자를 하신 것으로 보인다. 이러한 공유지분으로 추정되는 약 400평이 낙찰가 1,300만 원에 소유권이 넘어갔는데, 평당 단가를 보니 32,500원 수준이었다. 이럴 경우 이 사례 토지는 평당 25만 원짜리인가? 32,500원짜리인가? 이렇듯 토지의 본질 가치를 판단할 수 없는 일반 사람들이 주변에 개발호재가 있다는 사실만으로 투자를 감행하는 것은 절대 있어서는 안 될 것이다. 그런데 이것을 또 낙찰 받아간 사람은 무엇에 쓰려고 가져갔을까? 참으로 이해가 안 된다. 버섯을 키운다면 괜찮다.

[자료 34] 이 사례 토지 공유지분 경매 진행상태

입찰일	10:00 진행상태 : 낙찰 [부동산임의경매]			창원지방법원 통영지원 1계 ☎ 055-640-	
소 재 지	경상남도 거제시				
사건번호	201	물건번호	1	물건용도	토지(임야)
감정평가액	12,695,520원	채 권 자	박OO	사건접수일	2015.06.02
최저입찰가	(100%) 12,695,520원	채 무 자	심OO	개시결정일	2015.06.02
입찰보증금	(10%) 1,269,552원	소 유 자	심OO	배당종기일	
경매청구금	30,000,000원	경매방법	기일입찰	유찰횟수	1회
경매대상	토지지분매각	건물면적		토지면적	1,322.45㎡(400.04평)

감정평가를 요약한 내용입니다.

목록	주소	구조/용도/대지권	비고	진행 법원기일내역	
토지		임야	1322.45㎡ (400.04평) 7	2015-09-03 유찰	(100%) 12,695,520원
				2015-10-01 낙찰	(80%) 10,156,000원
				2015-10-08 변경	
				2015-10-29 불허	
				2016-01-07 낙찰	(100%) 12,695,520원
				└→ 낙찰가 13,000,000원 (102.40%)	

[위치/주위환경] 본건은 경상남도 거제시   재하는   북측 근거리에 위치하며, 부근은 순수 산림지대로 형성되어 있으
며, 주변환경은 보통시됨.
[교통상황] 본건까지 차량의 접근이 가능하며, 제반 교통사정은 보통시됨.
[형태/이용상태] 본건 토지는 급경사지내 부정형유사토지로서, 자연림상태임.
[도로상태] 맹지임.
[토지이용계획] 자연녹지지역.
[제시외 물건] 없 음.
[공부와의 차이] 없 음.
[참고사항] (1)임대관계 본건의 임대관계는 미상임.
(2)기타 본건 지상에 육안으로 명확히 확인되는 분묘는 없으나, 분묘가 소재할 가능성이 있는바, 경매업무진행시 참고 하시기 바람. 본건은 공유
토지 일부지분(㎡)만의 감정평가로서 평가 대상 부분의 위치확인이 곤란하며,공유토지전체를 기준으로 단가를 산정하였고 면적사정은
지분비율에 의하였으니,업무진행시 참고하시기 바람.

출처 : 대한민국법원 법원경매정보

도대체 이 땅을 가지고
뭘 하라는 이야기인지?

어느 날 주변의 지인이 토지 투자를 권유한다. 대규모 산업단지가 조성되고 인근 지역은 계속적인 개발이 이루어질 지역인데, 큰돈 들이지 않고 투자가 가능하다면서 투자를 하라고 한다. 농업진흥구역이지만 도로가 만들어지고 지역이 개발되면, 농업진흥구역이 풀릴 수도 있으니 미리 투자해놓으면 좋다고 한다. 아울러 맹지가 이제 도로가 붙은 땅이 되면 가치도 상승한다고 한다. 통상적으로 이런 경우 대규모의 지역개발은 둘째 치더라도 도로가 없었던 땅에 도로가 생긴다면, 당연히 그 땅의 가치가 상승할 것이라는 생각은 누구나 할 수 있다. 그래서 계약을 해야만 할 것 같은 생각이 든다.

하지만 도로라고 해서 모든 도로가 토지 가치 상승에 도움이 되는 것은 아니라는 것을 이미 여러분은 알고 있다. 이미 독자분들은 '건축법'상의 도로가 없으면, 건축물을 건축하지 못한다는 사실을 다른 사례에서 배웠다. 이러한 사실을 이해하지 못하고 단순히 도로가 생기면 좋다는 말만 믿고, 토지를 매입하는 경우 낭패를 당할 수 있다. 아울러 농업진흥구역의 농지를 개발하기 위해서는 개발행위허가를 받아야 하는데, 쉽지 않은 과정을 거쳐야 한다. 개인이 개발할 수 있는 토지로 규제가 풀어질 수 있다는 말이 사실인지 확인을 해볼 필요가 있다.

[자료 35] 이 사례 토지 접도구역 위성사진

출처 : 네이버 지도

이 사례 토지의 위성사진을 보면 위로 도로가 만들어지고 있으며, 그렇기 때문에 도로가 이 토지에 붙게 되는 모양새다. 실제로 맹지에서 탈출(?)하는 현상을 보이고 있다. 아울러 이 사례 토지는 삼각형 토지로 면적이 넓지 않아서 매입비용도 많지 않을 것으로 예상된다. 토

토지 투자, 모르면 하지 마!

지 투자를 권하는 사람 말대로 도로도 생기고, 맹지도 탈출하며, 투자 비용도 많이 들지 않는다. 일반 초보 투자자들이 보면 달려들 수도 있겠다는 생각이 든다. 그런데 우리는 이미 '건축법'상의 도로를 이해하고 있다. 또한 농지를 개발할 수 있는 방법이 있는지 알아보도록 하자.

[자료 36] 이 사례 접도구역 토지이용계획확인서

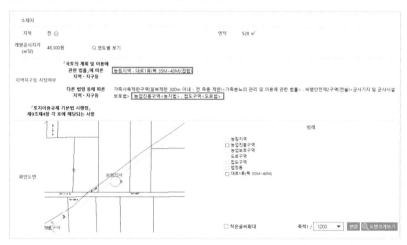

출처 : 토지이용규제서비스

이 사례 토지는 새로 만들어지는 도로로 인해 신설도로에 편입되는 토지는 수용이 되고 남게 된 잔여분 토지다. 이 토지가 매물로 나온 것이다.

가방 크다고 공부 잘하는 것은 아니다

토지이용계획확인서를 보면 대로1류(폭 35M~40M)(접합)라고 되어 있다. 풀어 보면 큰 도로인데 1류라는 명칭을 사용하고, 그 넓이가 35미터에서 40미터 사이라는 뜻이다. 이러한 도로 규정을 이해하기 위해서는 우선 차로와 차선을 이해해야 하는데, 차로는 차량이 한 줄로 주행하도록 차선으로 구분한 부분을 '차로'라고 한다. '차선'은 차로와 차로의 경계지점을 표시한 선이다. 또한 '도로교통법 시행규칙'에서는 차로의 너비는 3미터 이상으로 규정되어 있다. 차선은 10~15센터미터가 기준이 되며, 차로의 너비는 차선의 중심선에서 인접한 차선의 중심선으로 한다. 이렇게 차로 및 차선, 보행자가 다닐 수 있는 공간이 설치되어 있다면 그 공간까지 포함해 너비가 35미터 이상 40미터 미만의 공간을 가지는 도로라는 의미다. 단순한 계산으로 3미터가 1개의 차로라면, 너비가 35미터의 도로에는 상당한 수 이상의 차로를 설치할 수 있다는 계산이 나온다. 물론 차선과 인도 등을 설치한다면 차로의 개수는 줄어든다. 그렇다 해도 이 정도 너비의 도로라면 대부분 고속도로 또는 자동차전용도로다.

35미터의 고속도로라면 과연 몇 차로일까? '도로의 구조·시설 기준에 관한 규칙' 고속도로의 경우 차로 너비는 3.5미터 이상으로 해야 한다. 그런데 차로는 여러 개 이상이기 때문에 차후에 계산하기로 한다. 일단 우선적으로 설치해야만 하는 요소들을 살펴본다. 중앙분리대는

3미터 이상, 왼쪽의 길 어깨 1미터 이상, 오른쪽 길 어깨 3미터 이상인데 하나씩 따져 본다. 중앙분리대 3미터+상행 오른쪽 길 어깨 3미터+상행 왼쪽 길 어깨 1미터+하행 오른쪽 길 어깨 3미터+하행 왼쪽 길 어깨 1미터=도합 11미터다. 총 35미터에서 11미터를 빼면 24미터인데, 차로 1개소당 너비가 3.5미터 이상이라 했으니 6차로 이상의 고속도로라는 것을 예상할 수 있다. 아니나 다를까 이 사례 토지의 로드뷰 사진을 보니 왕복 6차선의 고속도로가 떡 하니 만들어져 있다. 이 사례 토지에 대해서 질문을 받은 것은 오래전의 이야기로, 도로가 건설 중이어서 그 당시에는 로드뷰가 보이지 않았다. 앞의 위성사진에도 공사가 한창이다. 그 당시 위성사진과 토지지용계획확인서를 보면서 고속도로 또는 자동차전용도로일 것으로 예상할 수 있었다. '건축법'상의 도로가 아니면 해당 토지에 도로가 붙어 있어도 건축물 건축이 불가능하다. 토지이용계획확인서에 너비 35미터 이상의 도로가 설치 예정인 경우에는 고속도로의 경우가 대부분이므로 매입을 하면 난감한 상황이 발생할 수도 있다. 아울러 고속도로 및 자동차전용도로는 법면(도로나 철도를 설치하기 위해 밑바닥부터 도로나 철도 이용부분까지 흙 등으로 쌓은 경사면 부분)을 설치하기 때문에 해당 토지의 활용도는 매우 떨어지게 된다.

출처 : 네이버 지도

엎친 데 덮친 접도구역

아울러 현재의 토지는 법면이 설치되어 있다. 이렇게 법면을 만드는 이유는 경사면을 만들어서 도로의 붕괴를 막기 위한 것이다. 붕괴를 막기 위해서 만들어 놓은 경사면이니 당연히 도로와 접근성은 관계가 없다. 사례 토지에 아무런 도움이 되지 않는다. 극단적이기는 하나 자동차가 추락할 경우, 예측이 불가능한 위험만 도사리고 있다. 아울러 '도로법'상 접도구역이다. 접도구역은 도로 구조에 대한 부서지고 망가짐을 방지, 미관 보존 또는 교통에 대한 위험을 방지하기 위해 도로경계선으로부터 일정 거리를 초과하지 아니하는 범위에서 '도로법'

에 따라 지정·고시된 구역을 말한다. 이러한 접도구역에서는 토지의 형질을 변경하는 행위, 건축물이나 공작물의 신축, 개축, 증축하는 행위가 금지된다. 접도구역에서 토지의 형질을 변경하는 자는 2년 이하의 징역이나 2,000만 원 이하의 벌금에 처한다. 접도구역으로 지정이 되어 있어서 건축물의 건축이 불가능한 토지다. 그냥 농사만 지어야 한다. 투자로서는 적합하지 않다는 이야기다.

[자료 38] 법면

농업진흥구역은 농사가 우선순위다

실제 토지 투자라고 하면 농지와 임야에 투자를 하는 경우가 많다.

도시지역의 대지는 절대가격이 비싸기 때문에 상대적으로 저렴한 농지나 임야에 투자하는 것이다. 임야에서 문제가 되는 규제는 보전산지인데 임업용산지와 공익용산지로 나누어지고, 이러한 보전산지는 사적인 개발을 하기가 힘들다고 이미 배운 적 있다. 이번 챕터에서는 농지를 다루어 보는데, 농지 역시 임야인 산지와 마찬가지로 초보자가 접근을 해서는 안 되는 토지가 있다. 직업적으로 농사를 지어 보겠다고 하시는 분은 상관없지만, 단순히 토지 투자용으로 생각해서는 곤란하다는 뜻이다. 우선 농지란 전·답·과수원 등 지목과 상관없이 농작물을 경작하는 토지를 농지라고 한다. 아울러 농사를 짓는 데 지원하는 시설인 유지, 수로, 농로, 제방, 온실, 재배사, 비닐하우스, 축사, 곤충사육사, 간이퇴비장, 농막, 간이저장고 등이 설치되어 있는 토지를 모두 농지라 칭한다. 그런데 농지를 본연의 목적인 생산성의 제고와 보다 효율적으로 이용하고 보전하기 위해 농업진흥지역으로 지정한다. 이러한 농업진흥지역도 개발행위에 대해서 강력한 규제를 하는 농업진흥구역과 상대적으로 개발이 쉬운 농업보호구역으로 구분해 지정한다.

농업진흥구역 : 농업의 진흥을 도모하여야 하는 다음 각 목의 어느 하나에 해당하는 지역으로서 농림축산식품부장관이 정하는 규모로 농지가 집단화되어 농업 목적으로 이용할 필요가 있는 지역
가. 농지조성사업 또는 농업기반정비사업이 시행됐거나 시행 중인 지역

으로서 농업용으로 이용하고 있거나 이용할 토지가 집단화되어 있는 지역

나. 가목에 해당하는 지역 외의 지역으로서 농업용으로 이용하고 있는 토지가 집단화되어 있는 지역

[자료 39] 농업진흥지역은 농업진흥구역과 농업보호구역으로 구분 지정된다.

출처 : 국토교통부 토지이용용어사전

바둑판처럼 깔끔하게 경지정리된 토지가 바로 농업진흥구역이다. 농업 생산성을 위해 농지로만 사용해야 하기 때문에 농업진흥구역에서 할 수 있는 개발행위는 생각보다 많지 않다. 농업진흥구역에서는 농업 생산 또는 농지의 개량과 직접적으로 관련되지 않은 토지 이용은 할 수 없다. 다음은 농업진흥구역에서 할 수 있는 개발행위들이다.

(1) 농수산물 가공·처리 시설

(2) 농수산업 관련 시험·연구시설

(3) 어린이놀이터, 마을회관, 농업인 공동생활에 필요한 시설

(4) 농업인 주택, 어업인 주택

(5) 농업용 시설, 축산업용 시설, 어업용 시설의 설치

(6) 국방·군사 시설의 설치

(7) 하천·제방 등 국토 보존 시설의 설치

(8) 문화재의 보수, 매장 문화재의 발굴, 비석이나 기념탑, 이와 비슷한 공작물의 설치

(9) 도로, 철도 등 공공시설의 설치

(10) 지하자원 개발을 위한 탐사, 채광, 적치를 위한 장소로 사용

(11) 농어촌 소득원 개발 등 농어촌 발전에 필요한 시설

역시나 일반 개인이 쓸 수 있는 것은 농어업인 주택뿐이다. 일반 개인이라고 하지만 이 또한 관련 법령에 따른 농업인 또는 어업인으로

인정을 받아야 한다. 농어업인 주택을 짓기 위해서는 글자 그대로 '농지법'에 따른 '농업인'이 되거나 '수산업법'에 의한 '어업인'이 되어야 한다. 집 한 채 짓겠다고 농업인, 어업인이 될 수는 없지 않은가?(그래도 농업인 만들려고 하는 사람도 있긴 있더라) 귀농귀촌이 아니라 토지 투자가 아니었던가? 애초에 농촌 생활을 동경하고 누리고 싶은 생각이 아니라면 번지수를 잘못 찾았다.

'농지법'상 농업보호구역

참고로 농업보호구역에서 할 수 있는 개발

② 농업보호구역에서는 다음 각 호 외의 토지이용행위를 할 수 없다.

1. 제1항 각 호에 따른 토지이용행위

2. 농업인 소득 증대에 필요한 시설로서 대통령령으로 정하는 건축물·공작물, 그 밖의 시설의 설치

3. 농업인의 생활 여건을 개선하기 위하여 필요한 시설로서 대통령령으로 정하는 건축물·공작물, 그 밖의 시설의 설치

③ 농업진흥지역 지정 당시 관계 법령에 따라 인가·허가 또는 승인 등을 받거나 신고하고 설치한 기존의 건축물·공작물과 그 밖의 시설에 대하여는 제1항과 제2항의 행위 제한 규정을 적용하지 아니한다.

④ 농업진흥지역 지정 당시 관계 법령에 따라 다음 각 호의 행위에

대하여 인가·허가·승인 등을 받거나 신고하고 공사 또는 사업을 시행 중인 자(관계 법령에 따라 인가·허가·승인 등을 받거나 신고할 필요가 없는 경우에는 시행 중인 공사 또는 사업에 착수한 자를 말한다)는 그 공사 또는 사업에 대하여만 제1항과 제2항의 행위 제한 규정을 적용하지 아니한다.

1. 건축물의 건축
2. 공작물이나 그 밖의 시설의 설치
3. 토지의 형질변경
4. 그 밖에 제1호부터 제3호까지의 행위에 준하는 행위

이 땅을 사면 무조건
(돈)벼락 맞습니다

눈치가 있으면 절에서도 새우젓을 얻어먹는다고 했던가? 요즘은 인터넷 유튜브의 영상 파급력이 실로 대단하다. 우리나라의 최대 포털 사이트인 네이버보다 유튜브에 머무는 시간이 많다고 한다. 필자 역시 유튜브 방송도 하고, 유튜브에서 여러 강의를 듣는다. 유료강의보다 더 훌륭한 강의도 많이 있다. 물론 사기꾼들도 많이 있다. 좋기도 하지만 걸러서 들을 수 있는 능력이 없다면 사기 당하기 딱 좋은 공간이 유튜브이기도 하다. 이번 사례의 물건은 필자의 유튜브 방송을 듣고 토지 투자 공부를 하고 있던 시청자가 자신의 판단에 대해서 옳은지, 틀린지를 확인 받고자 질문을 한 사례다.

확인 받고 싶은 시청자 : 안녕하세요. 교수님 강의를 유튜브에서 듣고 있습니다. 강의를 시원시원하게 해주셔서 감사드려요. 토지

경매 물건 모르면 하지 말라고 하셨죠. 이렇게 말씀을 들어서 알고 있기는 한데, ○○ 경매 토지 회사에 오늘 방문하게 됐는데요. 설명을 워낙 잘 하시더라고요. 파주에 있는 땅인데요. 주소는 경기도 파주시 적성면 마지리 산 ○○-○○번지입니다. (제대로 된 토지가) 아닌 것 맞죠? 확증 받고 싶어서요. 평당 5만 9,000원이라고 하시네요.

[자료 40] 카톡 질문내용

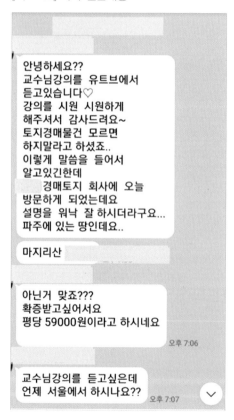

안녕하세요??
교수님강의를 유트브에서
듣고있습니다♡
강의를 시원 시원하게
해주셔서 감사드려요~
토지경매물건 모르면
하지말라고 하셨죠..
이렇게 말씀을 들어서
알고있긴한데
___ 경매토지 회사에 오늘
방문하게 되었는데요
설명을 워낙 잘 하시더라구요...
파주에 있는 땅인데요..

마지리산

아닌거 맞죠???
확증받고싶어서요
평당 59000원이라고 하시네요
오후 7:06

교수님강의를 듣고싶은데
언제 서울에서 하시나요??
오후 7:07

돈벼락 한번 맞아보자

공부 내용과 비슷해 경계심리가 발동한 것 같은데, 사실 토지 경매 회사를 방문했다는 것은 실제 매입을 하기 위해서 방문했을 수도 있다는 이야기다. 다행스럽게도 매입을 하지 않고 질문을 해서 손해를 입지 않은 경우다. 그런데 경기도 파주 적성면 마지리는 이미 기획 부동산 회사의 활동지로 유명한 지역이다. 2018년 11월 23일 방송된 KBS 〈추적 60분〉 '제2의 강남땅을 팝니다. 기획 부동산의 덫' 편에서 나왔던 지역이다. 방송에서 기획 부동산 회사 임원은 직원들에게 다음과 같은 설명을 하고 있다.

> B기획 부동산 임원 : 지금은 파주입니다. 파주. 남북경협으로 지금 파주가 어떻게 되어가고 있어요? 남북 2번 축하고 딱 맞닥뜨리는 곳에 동네 이름은? 마지리. (돈)벼락 마지리. 아시겠어요? 이 땅은 사면 무조건 (돈)벼락 마지리 땅이에요. (돈)벼락 맞을 땅이라고. 이걸 얼마에 주느냐? 최고의 자리예요. 6만 9,000원. 6만 9,000원.

[자료 41] KBS 〈추적 60분〉 '제2의 강남땅을 팝니다. 기획 부동산의 덫' 영상

출처 : KBS

　[자료 41]에서 보는 것과 같이 마지리 ○○○번지 땅에 대해서 해당 기획 부동산 회사 임원이 설명을 하고 있는데, 남북경제협력을 이유로 사두면 무조건 (돈)벼락을 맞을 땅이라고 이야기하고 있다. 이에 대해서 〈추적 60분〉 담당 PD는 다음과 같이 내레이션을 한다.

　〈추적 60분〉 PD : 경매 회사에서 돈벼락 맞을 땅이라 추천한 파주시 적성면 마지리 산 ○○○번지. 직접 등기부등본을 확인해보았습니다. 그런데 한 지번의 땅을 무려 9개의 경매 회사가 사들였다는 사실을 확인할 수 있었습니다. 이렇게 많은 경매 회사들이 이 땅을 산 이유는 무엇일까? 우리는 마지리 산 ○○○번지의 정확한 위치를 확인해보기로 했습니다. 주소지를 찾아 따라간 곳은 군부대 인근의 한 야산. 여기서 해당 지번까지 가려면 등산로도

없는 가파른 산길을 올라가야 합니다. "여기 보면 이렇게 군부대 훈련 같은 것을 이 근처에서 하는 것 같아서 군사시설도 있고, 군부대가 있는 땅인 데다가 돌이랑 이러한 것들이 많아서 개발하기가 힘든 땅인 것 같습니다." 얼마 전까지 군인들이 훈련한 흔적은 물론, 곳곳에 군사시설들도 들어서 있습니다. 남북화해가 무르익고 통일이 가까워진다면 정말 개발이 가능한 것일까? 그러나 인근 부동산 중개사무소에서는 이 땅에 대해 다른 문제점을 지적합니다.

파주 C 부동산 공인중개사 : 어차피 집을 짓는다든가 뭐를 하려면 그 산들을 깎아 내야 하는데, '토석채취제한'을 해놓으면 깎을 수가 없다는 이야기죠. 지금 적성 일반산업단지 여기가 지금 다 조성이 되고 70%가 분양되어서 공장들이 (생산)하고 있거든요. 그런데 여기는 산업단지하고 그다지 관련이 없는 동네예요. 거기 마지리는….

〈추적 60분〉 PD : 개발가치가 낮은 땅을 속여서 팔았다는 것. 이런 회사를 일명 기획 부동산 회사라고 부릅니다. 대부분의 기획 부동산 회사는 경매 회사 등의 이름을 사용합니다. 각종 규제로 개발이 어려운 넓은 땅을 싼값에 사들인 후 주변의 개발계획을 도면과 사진을 이용해 포장합니다. 그런 다음 전화 영업사원을 고용해 판매 조직을 구축합니다. 시가보다 땅을 비싸게 팔면서 계약금 입금 전까지 정확한 지번도 알려주지 않는 기획 부동산 회사들. 그렇게 모든 판매가 끝나면 돈만 챙기고 폐업해버리는 것입니다. 기획 부동산 회사의 피해자들은 대부분 평범한 서민들입니다.

이렇듯 〈추적 60분〉에서도 마지리 ○○○번지 땅에 대한 문제점에 대해서 취재를 하고 방송을 했다. 통상적으로 토지의 번지수까지 완벽하게 공개하는 경우는 잘 없는데, 사안이 심각한 만큼 필터링 없이 방송을 내보낸 것이다.

군사기지와 산림생태계를 보호하기 위한 토석채취제한지역

해당 토지의 토지이용계획확인서를 보자. 확인서에는 지목은 임야이며, 2019년도 개별공시지가는 5,010원이다. '국토의 계획 및 이용에 관한 법률'에 따른 지역·지구는 농림지역과 보전관리지역이 혼재되어 있다. 면적이 넓기 때문에 용도지역이 한 필지에 두 종류의 용도지역이 지정되어 있다. 용도지역이 두 종류에 걸친 토지는 각각의 용도지역을 적용 받아서 개발을 하면 되므로 한 필지에 두 종류의 용도지역이 지정된 것 자체는 문제가 될 것이 없다.

문제가 되는 것은 '다른 법령' 등에 따른 지역지구 등이다. 제한보호구역은 '군사기지 및 군사시설 보호법'에서 정하고 있는 규제사항으로, 통제보호구역과 함께 군사작전의 원활한 수행을 위해 필요한 지역과 군사기지 및 군사시설의 보호 또는 지역주민의 안정이 요구되는 구역이다. 이러한 통제보호구역과 제한보호구역은 보호구역으로 통칭하는데, 군사작전에 장애가 되는 경우에는 건축물의 건축, 공작물, 매설물 등의 설치를 제한 당할 수 있다. 아울러 '산지관리법'상의 보전산지 및 임업용산지 그리고 토석채취제한지역으로 지정되어 있다. 이미 다른 사례에서 보전산지와 임업용산지, '공익용산지'에 대해서 살펴보았는데, 간략하게 다시 한번 보도록 한다.

　보전산지는 지정 목적에 따라서 임업용산지와 공익용산지로 나누어진다. 보전산지는 국방·군사시설, 사방시설(흙·모래·자갈이 이동하는 것을 막아서 재해를 막거나 줄이려고 산림녹화 또는 각종 토목공사를 하는 일) 등 국토의 보전시설의 설치, 도로 등 공익용 시설의 설치 등의 특별한 경우를 제외하고는 산지의 전용이 금지되고, 보전산지로 지정·고시된 지역은 '국토의 계획 및 이용에 관한 법률'에 의한 농림지역 또는 자연환경보전지역으로 지정·고시된 것을 본다. 보전산지로 지정·고시가 되면 다른 용도지역으로 표시가 되어 있어도 농림지역이나 자연환경보전지역으로 지정된 것으로 보기 때문에 '산지관리법'의 적용을 받아 건축물의 건축, 공작물의 설치, 토지의 형질변경, 토지의 분할 등 각종 개발행위는 '산지관리법'이 허용하는 사항 이외에는 할 수 없다. 그리고 토석채취제한지역은 공공의 이익증진을 위해 보전이 필요하다고 인정되는 경우에 지정한다. 글자 그대로 토석채취제한지역에서는 토석채취가 제한된다. 토지의 개발을 위해서는 토목공사가 반드시 병행이 되어야 하는데, 토석채취가 제한이 된다는 뜻은 개발이 불가능하다는 이야기와 같은 말이다. 땅을 파야 하는데, 땅을 못 파게 하면 개발을 어떻게 하는가? 이 토지의 여건으로 볼 때 공공시설의 보호와 산림생태계의 보호를 위해 토석채취제한지역으로 지정한 것으로 판단된다. 간단하게 이야기해서 개발이 불가능하다. 개발이 불가능한 토지를 돈벼락 맞을 것이라면서 팔고 있고, 또한 그 토지를 속아서 사고 있다. 이제는 모른다고 해서 피해갈 수 없는 것이다. 주변에 나의 주머니를 털어 먹으려 하는 하이에나들이 너무 많다.

[자료 42] 〈추적 60분〉 사건 토지의 토지이용계획확인서

출처 : 토지이용규제정보서비스

'산지관리법' 토석채취제한지역의 지정

제25조의3(토석채취제한지역의 지정 등) ① 공공의 이익증진을 위하여 보전이 특히 필요하다고 인정되는 다음 각 호의 산지는 토석채취가 제한되는 지역(이하 '토석채취제한지역'이라 한다)으로 한다.

1. '정부조직법' 제2조 및 제3조에 따른 중앙행정기관 및 특별지방행정기관과 '도로법' 제10조에 따른 도로 등 대통령령으로 정하는 공공시설을 보호하기 위하여 그 행정기관 및 공공시설 경계로부터 대통령령으로 정하는 거리 이내의 산지.
2. '철도산업발전 기본법' 제3조제1호에 따른 철도 등 대통령령으로 정하는 시설의 연변가시지역(沿邊可視地域)을 보호하기 위하여 그 시설의 경계로부터 대통령령으로 정하는 거리 이내의 산지.
3. '국유림의 경영 및 관리에 관한 법률' 제16조에 따른 보전국유림(준보전국유림 중 보전국유림으로 보는 경우를 포함한다)의 산지.
4. 제9조에 따른 산지전용·일시사용제한지역 및 그 밖에 대통령령으로 정하는 지역의 산지.
5. 산림생태계의 보호, 산지경관의 보전 및 역사적·문화적 가치가 있어 보호할 필요가 있는 산지로서 산림청장이 지정하여 고시한 지역의 산지.
   ② 제1항제5호에 따른 토석채취제한지역의 지정절차에 관하여는 제9조제2항 및 제3항을 준용한다.

제25조의4(토석채취제한지역에서의 행위제한) 토석채취제한지역에서는 토석채취를 할 수 없다. 다만, 다음 각 호의 어느 하나에 해당하는 경우에는 토석채취를 할 수 있다.

1. 천재지변이나 그 밖에 이에 준하는 재해를 복구하기 위하여 토석채취가 필요한 경우.
2. 도로의 설치 등 대통령령으로 정하는 사업을 위하여 터널이나 갱도를 파 들어가는 과정에서 부수적으로 토석을 채취하여 그 사업에 사용하는 경우.
3. 공용·공공용 사업을 위하여 필요한 경우 등 대통령령으로 정하는 경우.
4. 공공시설 등의 관리자 또는 소유자의 동의를 받은 경우 등 대통령령으로 정하는 경우.
5. 제25조제2항에 따라 토사를 채취하는 경우.

PART 3

당신의 재산을 지켜주는
토지 투자의 기술

하늘이 두 쪽 나도 반드시 알아야 할 토지이용계획확인서

지금까지 여러 사례를 통해서 토지 투자 피해유형을 살펴보았다. 매우 다양한 사례가 있었으며, 이러한 사례는 우리 주변에서 흔히 당할 수 있는 사례 중 일부분이다. 믿고 싶지 않지만 사실이다. 이렇듯 자의든, 타의든 우리는 하이에나들이 들끓는 사회에서 살아가고 있다. 이쯤 되면 토지 투자를 아예 생각도 하지 말고, 부동산 투자는 그냥 아파트나 하는 것이 바람직하겠다는 생각을 하는 독자도 계시겠다. 어쩌면 항상 필자가 말해왔던 토지 투자는 위험하니 아파트 투자나 하시라는 의견이 제대로 먹혔다면 나름 소기의 성과를 이룬 것도 같다. 하지만 토지 투자가 농경사회 유전자를 가진 우리들에게 근본적인 당김이 있는 것도 사실이고, 은퇴 후 휴식을 할 수 있는 전원주택지라도 갖고 싶어 하는 것 역시 인지상정이다. 그러면서도 꼭 투자가 아니더라도 텃밭이라도 사용하면서 언제든지 내가 팔고 싶을 때 팔 수 있는 토지가 있다면 사고 싶은 것도 우리의 소망이다.

부동산은 주식에 비해서 환금성이 매우 떨어진다. 부동산 중에서도 토지는 아파트나 상가에 비해서 현금으로 만들기가 어렵다. 쉽게 팔리는 토지는 생각보다 그렇게 많지 않기 때문이다. 그렇다면 상대적으로 쉽게 팔리는 토지는 어떻게 골라야 할까? 이제까지 사례에서 나왔던 토지들은 아닐 것이다. 이렇게 팔리지 않고 세금만 내면서 보유해야 하는 골칫덩이가 아니라 언제든 팔고 싶을 때 팔 수 있는 토지를 사기 위해서는 해당 토지가 법적, 물리적으로 문제가 없는 토지라야 할 것이다. 즉 해당 토지를 개발하는 데 있어 제한사항이 없어야 하면서 적은 비용을 투입하고 수익은 많이 보면서 매도까지 잘 마무리되어야 한다는 뜻이기도 하다. 욕심이라고 해도 좋다. 이 또한 너무나도 사실적인 표현이다.

이렇게 팔기 쉬운 토지를 골라내기 위해서는 우선 법령에 의한 규제 사항이 없는지를 조사해봐야 하는데, 가장 많이 활용하는 서류가 바로 토지이용계획확인서다. 투자를 권유 받은 토지에 대한 분석을 위해서 제일 처음 하는 작업은 네이버 또는 다음 위성지도를 통해서 개략적인 토지의 위치를 보면서 지형, 지세를 확인한 다음에 곧바로 법적규제 검토에 들어간다. 앞서 여러 피해 사례를 분석할 때에도 항상 토지이용계획확인서를 통해서 분석을 하는데, 해당 토지에 대한 대부분의 정보를 구할 수 있기 때문이다. 백 마디 말보다는 직접 해보는 것이 낫다고 했다. 해당 토지의 토지이용계획확인서를 구하기 위해서는 인터넷 포털에 접속해 검색창에 토지이용규제정보서비스를 클릭한다.
그러면 다음과 같은 사이트에 접속이 된다.

[자료 43] 토지이용규제정보서비스 홈페이지

토지이용규제정보서비스 홈페이지(http://luris.molit.go.kr/web/
index.jsp) 화면에서 분석해보고자 하는 해당 토지의 주소를 입력한다.
주소는 지번주소, 도로명주소, 지도로 찾을 수도 있다. 이렇게 주소를
입력하면 해당 토지의 토지이용계획에 대한 정보가 나타난다. 이것을
우리는 '토지이용계획확인서'라고 칭한다.

[자료 44] 토지이용계획확인서

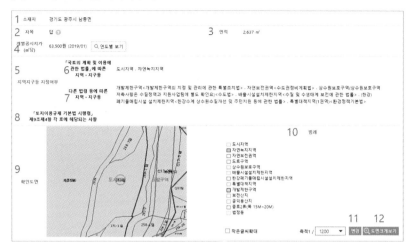

출처 : 토지이용규제정보서비스

우선 기본적인 내용만 살펴보고 각 챕터에서 자세하게 공부해보자. 1번은 소재지로서 부동산의 주소를 표시한다. 2번은 지목이다. 28개 지목 중 현재 상황을 나타내도록 되어 있지만, 현황에 따른 지목 변경이 이루어지지 않은 경우에는 실제의 지목과 다를 수 있다. 3번은 면적이다. 제곱미터로 표시한다. 4번은 제곱미터당 개별공시지가이며 오른쪽에 연도별 보기를 클릭하면 새 창에 연도별 공시지가가 나타난다. 5번은 지역·지구 등 지정 여부를 나타내는데, 6번은 '국토의 계획 및 이용에 관한 법률'에 따른 지역·지구를 표시하며, 7번은 '다른 법령' 등에 따른 지역·지구를 표시한다(지역·지구와 관련해서는 뒤에서 자세히 이야기하기로 한다). 8번은 '토지이용규제 기본법 시행령' 제9조제4항 각 호에 해당되는 사항, 9번은 해당 필지의 지적도면, 10번은 해당 필지 주변의 지역·지구 및 도시계획시설과 법정동 경계 등이 표시된다. 11번은 지적도면의 축적을 변경할 때 사용하며, 12번은 새 창으로 지적도면을 크게 볼 때 사용한다.

이와 같이 토지이용계획확인서가 구성되어 있는데, 성공적인 토지투자를 위해서 반드시 알고 있어야 할 지역·지구와 지목 등을 공부해보도록 한다. 물론 '토지이용계획확인서' 순서에는 지목이 2번으로 먼저 표시되지만, 실전에서 토지를 분석할 때는 지역·지구가 무엇보다 중요하기 때문에 6번, 7번의 지역·지구와 8번의 표시사항에 대해서 공부하고, 그다음 2번 지목을 공부하며, 그다음에 4번 개별공시지가를 공부하도록 한다. 그리고 읽어보면 알 수 있는 내용들은 설명에서 제외한다. 즉 토지이용계획확인서의 순서와 상관없이 중요도에 따라 우선순위를 두어 설명하도록 하겠다.

토지이용계획확인서 5번 -
지역·지구 등 지정 여부

　성공적인 투자가 되기 위해서는 투자를 검토하는 토지에 대해서 현황을 분석하고, 향후 법적 물리적으로 개발 가능성이 있는지 판단해야 한다. 이러한 투자 가능성의 정확한 판단을 위해서는 무엇보다 지역·지구라는 개념을 이해할 필요가 있다. 지역·지구라고 하면 흔히들 알고 있는 '국토의 계획 및 이용에 관한 법률'에 따른 도시지역(주거지역, 상업지역, 공업지역, 녹지지역), 관리지역(보전관리지역, 생산관리지역, 계획관리지역), 농림지역, 자연환경보전지역이라고 하는 용도지역을 생각하는데, 토지 이용 관련 법령에서의 지역·지구는 독자분들이 생각하는 것보다 훨씬 광범위하다. 지역·지구라 함은 지역·지구·구역·권역·단지·도시·군계획시설 등 명칭에 관계없이 개발행위를 제한하거나 토지이용과 관련된 인가·허가 등을 받도록 하는 등 토지의 이용 및 보전에 관한 제한을 하는 일단의 토지를 말한다('토지이용규제기본법' 제2조

(정의 참조). 즉 명칭과 상관없이 토지를 이용하는 데 있어 규제를 하기 위해서 지정한다면 모두 지역·지구라 한다. 앞서 말한 '국토의 계획 및 이용에 관한 법률'에 따른 용도지역도 포함한다. 물론 이 지역·지구는 규제만을 위한 것이 대부분이기는 하지만, 토지 이용규제를 완화하는 경우도 있다. 이러한 경우는 토지 이용에 도움이 되고, 가치가 상승하므로 토지 주인에게는 오히려 좋은 경우다. 그러나 이러한 경우는 그리 많지 않다.

또한 이렇게 좋든, 나쁘든 지역·지구는 '토지이용규제기본법'에 따라 2019년 6월 12일 기준, 총 234개에 달한다. 각 시·도 조례에 포함된 지역·지구까지 포함한다면 더욱 많다. 따라서 이러한 토지이용규제 사항을 모두 외울 필요도, 외울 수도 없다. 다만 토지이용규제를 하는 도구인 지역·지구가 많다는 것을 알아야 하고, 이 지역·지구가 '토지이용계획확인서'에 기재되어 있으므로 확인하는 절차가 필요하다는 점은 이번 기회에 확실하게 머릿속에 기억해두기 바란다.

많은 지역·지구를 모두 기억할 필요는 없지만, 그래도 토지 투자를 위해서는 최소한 '국토의 계획 및 이용에 관한 법률'의 지역·지구는 알아야 한다. 흔히들 용도지역이라고 하는데, 현장에서 용도지역이 무엇이냐고 묻는 것은 바로 '국토의 계획 및 이용에 관한 법률'에 따른 용도지역을 말한다. 토지이용계획확인서에 지역·지구 등 지정 여부란에 표시된다. 그리고 '국토의 계획 및 이용에 관한 법률'에 따른 지역·지구 이외의 모든 법령을 뜻하는 '다른 법령'에 따른 지역·지구도 표시된다.

[자료 45] 토지이용계획서에 표시되는 지역·지구 등 지정 여부

출처 : 토지이용규제정보서비스

　　다음은 2019년 6월 12일 기준, 우리나라 모든 토지의 이용을 규제
하는 지역·지구의 근거법률과 명칭이다. 알면 좋지만 몰라도 상관없
다. 필요할 때 찾아보면 된다.

[자료 46] 2019년 6월 12일 기준, 우리나라 토지의 이용을 규제하는 각종 지역·지구 등이다. 총 234가지의 지역·지구가 있다. 여기에 각 지방자치단체의 조례에서 규정하고 있는 지역·지구까지 포함하면 상당한 숫자의 지역·지구가 존재한다. 이렇 듯 토지의 개발을 제한하는 지역·지구가 많이 있다.

토지이용규제를 하는 지역·지구·구역 등 (제5조제1호 관련)
(2019. 6. 12. 기준) 234개 지정 중

연번	근거 법률	지역·지구 등 명칭
1	'2018 평창 동계올림픽대회 및 동계패럴림픽대회 지원 등에 관한 특별법' 제32조	대회 관련 시설 설치·이용지역
2	'2018 평창 동계올림픽대회 및 동계패럴림픽대회 지원 등에 관한 특별법' 제40조	동계올림픽 특별구역
3	'가축분뇨의 관리 및 이용에 관한 법률' 제8조	가축사육제한구역
4	'간척지의 농어업적 이용 및 관리에 관한 법률' 제8조	간척지활용사업구역
5	'개발제한구역의 지정 및 관리에 관한 특별조치법' 제3조	개발제한구역
6	'건축법' 제18조	건축허가·착공 제한지역
7	'건축법' 제60조	가로구역별 최고 높이 제한지역
8	'경제자유구역의 지정 및 운영에 관한 특별법' 제4조	경제자유구역
9	'고도 보존 및 육성에 관한 특별법' 제10조제1항제1호	역사문화환경 보존육성지구
10	'고도 보존 및 육성에 관한 특별법' 제10조제1항제2호	역사문화환경 특별보존지구
11	'골재채취법' 제34조	골재채취단지
12	'공공주택 특별법' 제6조	공공주택지구
13	'공공주택 특별법' 제6조의2	특별관리지역
14	'공항소음 방지 및 소음대책지역 지원에 관한 법률' 제5조	소음대책지역
15	'공항소음 방지 및 소음대책지역 지원에 관한 법률' 제5조	제1종 구역
16	'공항소음 방지 및 소음대책지역 지원에 관한 법률' 제5조	제2종 구역
17	'공항소음 방지 및 소음대책지역 지원에 관한 법률' 제5조	제3종 구역
18	'공항시설법' 제2조	공항·비행장개발예정지역
19	'공항시설법' 제2조	장애물 제한표면
20	'관광진흥법' 제52조	관광지
21	'관광진흥법' 제52조	관광단지
22	'교육환경 보호에 관한 법률' 제8조	교육환경보호구역
23	'교육환경 보호에 관한 법률' 제8조제1항제1호	절대보호구역
24	'교육환경 보호에 관한 법률' 제8조제1항제2호	상대보호구역
25	'국제경기대회 지원법' 제26조	대회 관련 시설 설치·이용지역
26	'국토의 계획 및 이용에 관한 법률' 제2조제7호	도시·군계획시설의 부지
27	'국토의 계획 및 이용에 관한 법률' 제36조제1항제1호	도시지역
28	'국토의 계획 및 이용에 관한 법률' 제36조제1항제1호가목	주거지역
29	'국토의 계획 및 이용에 관한 법률' 제36조제1항제1호나목	상업지역
30	'국토의 계획 및 이용에 관한 법률' 제36조제1항제1호다목	공업지역
31	'국토의 계획 및 이용에 관한 법률' 제36조제1항제1호라목	녹지지역

32	'국토의 계획 및 이용에 관한 법률' 제36조제1항제2호	관리지역
33	'국토의 계획 및 이용에 관한 법률' 제36조제1항제2호가목	보전관리지역
34	'국토의 계획 및 이용에 관한 법률' 제36조제1항제2호나목	생산관리지역
35	'국토의 계획 및 이용에 관한 법률' 제36조제1항제2호다목	계획관리지역
36	'국토의 계획 및 이용에 관한 법률' 제36조제1항제3호	농림지역
37	'국토의 계획 및 이용에 관한 법률' 제36조제1항제4호	자연환경보전지역
38	'국토의 계획 및 이용에 관한 법률' 제37조제1항제1호	경관지구
39	'국토의 계획 및 이용에 관한 법률' 제37조제1항제2호	고도지구
40	'국토의 계획 및 이용에 관한 법률' 제37조제1항제3호	방화지구
41	'국토의 계획 및 이용에 관한 법률' 제37조제1항제4호	방재지구
42	'국토의 계획 및 이용에 관한 법률' 제37조제1항제5호	보호지구
43	'국토의 계획 및 이용에 관한 법률' 제37조제1항제6호	취락지구
44	'국토의 계획 및 이용에 관한 법률' 제37조제1항제7호	개발진흥지구
45	'국토의 계획 및 이용에 관한 법률' 제37조제1항제8호	특정용도제한지구
46	'국토의 계획 및 이용에 관한 법률' 제37조제1항제9호	복합용도지구
47	'국토의 계획 및 이용에 관한 법률' 제38조의2	도시자연공원구역
48	'국토의 계획 및 이용에 관한 법률' 제39조	시가화조정구역
49	'국토의 계획 및 이용에 관한 법률' 제40조	수산자원보호구역
50	'국토의 계획 및 이용에 관한 법률' 제40조의2	입지규제최소구역
51	'국토의 계획 및 이용에 관한 법률' 제50조	지구단위계획구역
52	'국토의 계획 및 이용에 관한 법률' 제58조	성장관리방안수립지역
53	'국토의 계획 및 이용에 관한 법률' 제63조	개발행위허가제한지역
54	'군사기지 및 군사시설 보호법' 제4조 및 제5조	통제보호구역
55	'군사기지 및 군사시설 보호법' 제4조 및 제5조	제한보호구역
56	'군사기지 및 군사시설 보호법' 제4조 및 제5조	군사기지 및 군사시설 보호구역
57	'군사기지 및 군사시설 보호법' 제4조 및 제6조	비행안전구역
58	'군사기지 및 군사시설 보호법' 제4조 및 제6조	비행안전 제1구역
59	'군사기지 및 군사시설 보호법' 제4조 및 제6조	비행안전 제2구역
60	'군사기지 및 군사시설 보호법' 제4조 및 제6조	비행안전 제3구역
61	'군사기지 및 군사시설 보호법' 제4조 및 제6조	비행안전 제4구역
62	'군사기지 및 군사시설 보호법' 제4조 및 제6조	비행안전 제5구역
63	'군사기지 및 군사시설 보호법' 제4조 및 제6조	비행안전 제6구역
64	'군사기지 및 군사시설 보호법' 제4조 및 제7조	대공방어협조구역
65	'금강수계 물관리 및 주민지원 등에 관한 법률' 제4조	수변구역
66	'금강수계 물관리 및 주민지원 등에 관한 법률' 제15조	건축 등 허가제한지역
67	'금강수계 물관리 및 주민지원 등에 관한 법률' 제16조	폐수배출시설 설치제한지역
68	'금강수계 물관리 및 주민지원 등에 관한 법률' 제20조	폐기물매립시설 설치제한지역
69	'급경사지 재해예방에 관한 법률' 제6조	붕괴위험지역
70	'기업도시개발 특별법' 제5조	기업도시개발구역
71	'낙동강수계 물관리 및 주민지원 등에 관한 법률' 제4조	수변구역
72	'낙동강수계 물관리 및 주민지원 등에 관한 법률' 제15조	건축 등 허가제한지역

73	'낙동강수계 물관리 및 주민지원 등에 관한 법률' 제16조	폐수배출시설 설치제한지역
74	'낙동강수계 물관리 및 주민지원 등에 관한 법률' 제21조	폐기물매립시설 설치제한지역
75	'농어촌마을 주거환경 개선 및 리모델링 촉진을 위한 특별법' 제6조	정비구역
76	'농어촌정비법' 제9조	농업생산기반 정비사업지역
77	'농어촌정비법' 제82조	농어촌 관광휴양단지
78	'농어촌정비법' 제94조 및 제95조	한계농지 등 정비지구
79	'농어촌정비법' 제101조	마을정비구역
80	'농업생산기반시설 및 주변지역 활용에 관한 특별법' 제7조	농업생산기반시설 및 주변지역 활용구역
81	'농지법' 제28조제1항	농업진흥지역
82	'농지법' 제28조제2항제1호	농업진흥구역
83	'농지법' 제28조제2항제2호	농업보호구역
84	'도로법' 제25조	도로구역
85	'도로법' 제28조	입체적 도로구역
86	'도로법' 제40조	접도구역
87	'도로법' 제45조	도로보전입체구역
88	'도시개발법' 제3조	도시개발구역
89	'도시 및 주거환경정비법' 제8조	정비구역
90	'도시 및 주거환경정비법' 제19조제7항	도시·주거환경정비기본계획을 공람 중인 정비예정구역 및 정비계획을 수립 중인 지역
91	'도시재정비 촉진을 위한 특별법' 제5조	재정비촉진지구
92	'도청이전을 위한 도시건설 및 지원에 관한 특별법' 제6조	도청이전신도시 개발예정지구
93	'독도 등 도서지역의 생태계 보전에 관한 특별법' 제4조	특정도서
94	'동·서·남해안 및 내륙권 발전 특별법' 제7조	해안권 및 내륙권 개발구역
95	'마리나항만의 조성 및 관리 등에 관한 법률' 제10조	마리나항만구역
96	'무인도서의 보전 및 관리에 관한 법률' 제10조제1항제1호	절대보전무인도서
97	'무인도서의 보전 및 관리에 관한 법률' 제10조제1항제2호	준보전무인도서
98	'무인도서의 보전 및 관리에 관한 법률' 제10조제1항제3호	이용가능무인도서
99	'문화산업진흥 기본법' 제24조	문화산업단지
100	'문화재보호법' 제2조제2항	지정문화재
101	'문화재보호법' 제13조	역사문화환경 보존지역
102	'문화재보호법' 제27조 및 제74조	보호구역
103	'문화재보호법' 제32조 및 제74조	가지정문화재
104	'문화재보호법' 제53조	등록문화재
105	'물류시설의 개발 및 운영에 관한 법률' 제22조	일반물류단지
106	'물환경보전법' 제33조제5항	배출시설설치 제한지역
107	'민간임대주택에 관한 특별법' 제22조	기업형 임대주택 공급촉진지구
108	'백두대간 보호에 관한 법률' 제6조제2항	백두대간보호지역
109	'백두대간 보호에 관한 법률' 제6조제2항제1호	핵심구역
110	'백두대간 보호에 관한 법률' 제6조제2항제2호	완충구역

111	'사방사업법' 제4조	사방지
112	'산림문화·휴양에 관한 법률' 제13조	자연휴양림
113	'산림보호법' 제7조	산림보호구역
114	'산림자원의 조성 및 관리에 관한 법률' 제19조	채종림 등
115	'산림자원의 조성 및 관리에 관한 법률' 제47조	시험림
116	'산업기술단지 지원에 관한 특례법' 제2조제1호	산업기술단지
117	'산업입지 및 개발에 관한 법률' 제6조	국가산업단지
118	'산업입지 및 개발에 관한 법률' 제7조	일반산업단지
119	'산업입지 및 개발에 관한 법률' 제7조의2	도시첨단산업단지
120	'산업입지 및 개발에 관한 법률' 제8조	농공단지
121	'산업입지 및 개발에 관한 법률' 제8조의3	준산업단지
122	'산업입지 및 개발에 관한 법률' 제39조	특수지역
123	'산업입지 및 개발에 관한 법률' 제40조의2	공장입지 유도지구
124	'산업집적활성화 및 공장설립에 관한 법률' 제33조	공공시설구역
125	'산업집적활성화 및 공장설립에 관한 법률' 제33조	녹지구역
126	'산업집적활성화 및 공장설립에 관한 법률' 제33조	복합구역
127	'산업집적활성화 및 공장설립에 관한 법률' 제33조	산업시설구역
128	'산업집적활성화 및 공장설립에 관한 법률' 제33조	지원시설구역
129	'산지관리법' 제4조제1항제1호	보전산지
130	'산지관리법' 제4조제1항제1호가목	임업용산지
131	'산지관리법' 제4조제1항제1호나목	공익용산지
132	'산지관리법' 제9조	산지전용·일시사용제한지역
133	'산지관리법' 제25조의3	토석채취제한지역
134	'새만금사업 추진 및 지원에 관한 특별법' 제2조제1호	새만금사업지역
135	'소하천정비법' 제2조제2호	소하천구역
136	'소하천정비법' 제4조	소하천 예정지
137	'수도권정비계획법' 제6조제1항제1호	과밀억제권역
138	'수도권정비계획법' 제6조제1항제2호	성장관리권역
139	'수도권정비계획법' 제6조제1항제3호	자연보전권역
140	'수도법' 제7조	상수원보호구역
141	'수목원·정원의 조성 및 진흥에 관한 법률' 제6조의2	수목원조성예정지
142	'수목원·정원의 조성 및 진흥에 관한 법률' 제19조	국립수목원 완충지역
143	'습지보전법' 제8조제1항	습지보호지역
144	'습지보전법' 제8조제1항	습지주변관리지역
145	'습지보전법' 제8조제2항	습지개선지역
146	'신항만건설 촉진법' 제5조	신항만건설 예정지역
147	'신행정수도 후속대책을 위한 연기·공주지역 행정중심복합도시 건설을 위한 특별법' 제11조	예정지역
148	'야생생물 보호 및 관리에 관한 법률' 제27조	야생생물 특별보호구역
149	'야생생물 보호 및 관리에 관한 법률' 제33조	야생생물 보호구역
150	'어촌·어항법' 제17조	어항구역
151	'어촌특화발전 지원 특별법' 제9조	어촌특화발전계획 구역

152	'여수세계박람회 기념 및 사후활용에 관한 특별법' 제15조	해양박람회특구
153	'역세권의 개발 및 이용에 관한 법률' 제4조제1항	역세권개발구역
154	'연구개발특구의 육성에 관한 특별법' 제4조	연구개발특구
155	'연구개발특구의 육성에 관한 특별법' 제35조제1항제1호	주거구역
156	'연구개발특구의 육성에 관한 특별법' 제35조제1항제2호	상업구역
157	'연구개발특구의 육성에 관한 특별법' 제35조제1항제3호	녹지구역
158	'연구개발특구의 육성에 관한 특별법' 제35조제1항제4호	교육·연구 및 사업화 시설구역
159	'연구개발특구의 육성에 관한 특별법' 제35조제1항제5호	산업시설구역
160	'연안관리법' 제20조의2제2항제1호	핵심관리구역
161	'연안관리법' 제20조의2제2항제2호	완충관리구역
162	'영산강·섬진강수계 물관리 및 주민지원 등에 관한 법률' 제4조	수변구역
163	'영산강·섬진강수계 물관리 및 주민지원 등에 관한 법률' 제15조	건축 등 허가제한지역
164	'영산강·섬진강수계 물관리 및 주민지원 등에 관한 법률' 제16조	폐수배출시설 설치제한지역
165	'영산강·섬진강수계 물관리 및 주민지원 등에 관한 법률' 제20조	폐기물매립시설 설치제한지역
166	'온천법' 제5조	온천공보호구역
167	'온천법' 제10조의2	온천원보호지구
168	'자연공원법' 제4조	자연공원
169	'자연공원법' 제4조	국립공원
170	'자연공원법' 제4조	도립공원
171	'자연공원법' 제4조	군립공원
172	'자연공원법' 제18조제1항제1호	공원자연보존지구
173	'자연공원법' 제18조제1항제2호	공원자연환경지구
174	'자연공원법' 제18조제1항제3호	공원마을지구
175	'자연공원법' 제18조제1항제6호	공원문화유산지구
176	'자연재해대책법' 제12조	자연재해위험개선지구
177	'자연환경보전법' 제12조제1항	생태·경관보전지역
178	'자연환경보전법' 제12조제2항제1호	생태·경관핵심보전구역
179	'자연환경보전법' 제12조제2항제2호	생태·경관완충보전구역
180	'자연환경보전법' 제12조제2항제3호	생태·경관전이보전구역
181	'자연환경보전법' 제22조	자연유보지역
182	'자연환경보전법' 제23조	시·도 생태·경관보전지역
183	'자연환경보전법' 제39조	자연휴식지
184	'장사 등에 관한 법률' 제17조	묘지 등 설치 제한지역
185	'재해위험 개선사업 및 이주대책에 관한 특별법' 제6조	재해위험 개선사업지구
186	'저수지·댐의 안전관리 및 재해예방에 관한 법률' 제12조	위험저수지·댐 정비지구
187	'전원개발촉진법' 제5조	전원개발사업구역
188	'전원개발촉진법' 제11조	전원개발사업 예정구역
189	'전통사찰의 보존 및 지원에 관한 법률' 제6조	전통사찰보존구역
190	'전통사찰의 보존 및 지원에 관한 법률' 제10조	전통사찰 역사문화보존구역

191	'전통시장 및 상점가 육성을 위한 특별법' 제37조	시장정비구역
192	'전파법' 제52조제1항	무선방위측정장치보호구역
193	'제주특별자치도 설치 및 국제자유도시 조성을 위한 특별법' 제355조	절대보전지역
194	'제주특별자치도 설치 및 국제자유도시 조성을 위한 특별법' 제356조	상대보전지역
195	'제주특별자치도 설치 및 국제자유도시 조성을 위한 특별법' 제357조	관리보전지역
196	'제주특별자치도 설치 및 국제자유도시 조성을 위한 특별법' 제357조	지하수자원보전지구
197	'제주특별자치도 설치 및 국제자유도시 조성을 위한 특별법' 제357조	생태계보전지구
198	'제주특별자치도 설치 및 국제자유도시 조성을 위한 특별법' 제357조	경관보전지구
199	'제주특별자치도 설치 및 국제자유도시 조성을 위한 특별법' 제355조	지하수자원 특별관리구역
200	'주차장법' 제12조제6항	노외주차장 설치제한지역
201	'지역 개발 및 지원에 관한 법률' 제11조	지역개발사업구역
202	'지역문화진흥법' 제18조	문화지구
203	'지하수법' 제12조	지하수보전구역
204	'철도안전법' 제45조	철도보호지구
205	'청소년활동 진흥법' 제47조	청소년수련지구
206	'초지법' 제5조	초지
207	'친수구역 활용에 관한 특별법' 제4조	친수구역
208	'택지개발촉진법' 제3조	택지개발지구
209	'토양환경보전법' 제17조	토양보전대책지역
210	'폐기물처리시설 설치촉진 및 주변지역지원 등에 관한 법률' 제10조	폐기물처리시설 입지
211	'하천법' 제10조	하천구역
212	'하천법' 제12조	홍수관리구역
213	'한강수계 상수원수질개선 및 주민지원 등에 관한 법률' 제4조	수변구역
214	'한강수계 상수원수질개선 및 주민지원 등에 관한 법률' 제6조	오염행위 제한지역
215	'한강수계 상수원수질개선 및 주민지원 등에 관한 법률' 제8조의7	건축 등 허가제한지역
216	'한강수계 상수원수질개선 및 주민지원 등에 관한 법률' 제8조의8	폐수배출시설 설치제한지역
217	'한강수계 상수원수질개선 및 주민지원 등에 관한 법률' 제15조의4	폐기물매립시설 설치제한지역
218	'항만법' 제2조제4호	항만구역
219	'항만법' 제42조	항만배후단지
220	'항만법' 제56조	항만재개발사업구역
221	'해양산업클러스터의 지정 및 육성 등에 관한 특별법' 제9조	해양산업클러스터
222	'해양생태계의 보전 및 관리에 관한 법률' 제25조	해양보호구역

223	'해양생태계의 보전 및 관리에 관한 법률' 제25조	해양생물보호구역
224	'해양생태계의 보전 및 관리에 관한 법률' 제25조	해양생태계보호구역
225	'해양생태계의 보전 및 관리에 관한 법률' 제25조	해양경관보호구역
226	'해양생태계의 보전 및 관리에 관한 법률' 제36조	시·도해양보호구역
227	'해양생태계의 보전 및 관리에 관한 법률' 제36조	시·도해양생물보호구역
228	'해양생태계의 보전 및 관리에 관한 법률' 제36조	시·도해양생태계보호구역
229	'해양생태계의 보전 및 관리에 관한 법률' 제36조	시·도해양경관보호구역
230	'해양환경관리법' 제15조	환경보전해역
231	'해양환경관리법' 제15조	특별관리해역
232	'혁신도시 조성 및 발전에 관한 특별법' 제6조	혁신도시개발예정지구
233	'환경정책기본법' 제38조	특별대책지역
234	'댐 주변지역 친환경 보전 및 활용에 관한 특별법'제7조	댐 및 주변지역 친환경 활용 구역

출처 : 토지이용규제기본법

토지이용계획확인서 6번 – '국토의 계획 및 이용에 관한 법률'에 따른 지역·지구 등

　　이미 언급했지만 토지를 이용하지 못하게 하는 규제도구로 쓰이는 지역·지구를 모두 외울 수는 없다(물론, 몇 개 안 되지만 토지이용규제를 완화하는 지역·지구도 있다). 몇 백 개나 되기 때문이다. 필요할 때 찾아보면 된다. 찾아보고 개발에 악영향을 주는 지역·지구가 있다면 매입하지 말고 패스해버리면 될 일이다. 그런데 다른 법령에 따른 지역·지구는 필요할 때 찾아본다고 하더라도 이미 언급했다시피 '국토의 계획 및 이용에 관한 법률'에 따른 용도지역은 기억해야 한다. 이러한 이유는 우리나라 모든 국토(약 3,353만 필지) 전부에 여러 가지 지역·지구가 겹쳐지면서(지정하지 않는 경우도 있는데 극소수라 이 장 설명에서는 제외한다) 해당 토지의 이용을 규제하는데 '다른 법령'에 따른 지역·지구는 필요한 경우에 지정을 한다. 하지만 '국토의 계획 및 이용에 관한 법률'에 따른 용도지역은 중복되지 않게 반드시 한 가지의 용도지역은 지정되어 있기 때문에 매우 중요하다. 즉, 내가 매입에 관심을 가지는 어느 토지라도 반드시 '국토의 계획 및 이용에 관한 법률'에 따른 용도지역이 지정되어 있다는 뜻이다. 그래서 다른 것은 몰라도 토지 투자를 위해서는 최소한 '국토의 계획 및 이용에 관한 법률'에 따른 용도지역은 알아야 한다. 그래야 토지를 볼 수 있는 눈이 생기게 되고 사기꾼들에게 속지 않는다. 성공 투자를 위한 핵심 포인트다.

[자료 47] 토지이용계획확인서 6번 – '국토의 계획 및 이용에 관한 법률'에 따른 지역·지구 등

5		'국토의 계획 및 이용에 관한 법률'에 따른 지역·지구 등	도시지역, 자연녹지지역
지역지구 등 지정여부	6		
	7	다른 법령 등에 따른 지역·지구 등	개발제한구역<개발제한구역의 지정 및 관리에 관한 특별조치법>,자연보전권역<수도권정비계획법>, 상수원보호구역(상수원보호구역 저촉사항은 수질정책과 지원사업팀에 별도 확인요)<수도법>, 배출시설설치제한지역<수질 및 수생태계 보전에 관한 법률>,(한강)폐기물매립시설 설치제한지역 <한강수계 상수원수질개선 및 주민지원 등에 관한 법률>,특별대책지역(1권역)<환경정책기본법>
8		'토지이용규제 기본법 시행령' 제9조제4항 각 호에 해당되는 사항	

출처 : 토지이용규제정보서비스

'국토의 계획 및 이용에 관한 법률' 용도지역을 알게 되면, 그다음 '국토의 계획 및 이용에 관한 법률' 용도지구를 공부하고, '다른 법령'에 따른 지역·지구도 공부하면서 지식을 확장해나가면 된다. 자칭, 타칭 토지 전문가도 이러한 공부 절차를 모두 거치면서 전문가가 된다. 당연히 여러분도 토지 전문가가 될 수 있다. 어떤가? 이 장을 가만히 읽어 보면 '국토의 계획 및 이용에 관한 법률'에 따른 용도지역이라는 단어를 계속 반복해서 쓰고 있다. 독자분들도 모르게 자연스럽게 여러분들의 기억 속에 입력시키기 위해서다. 그만큼 '국토의 계획 및 이용

에 관한 법률'에 따른 용도지역이 중요하다. 그 외에 토지이용을 규제하는 지역·지구는 모두 '다른 법령'에 의한 지역·지구이므로 구분하기가 쉽다. 한 번 더 반복한다. 우리나라 모든 국토 약 3,353만 필지에 중복되지 않게 모두 지정되어 있는 용도지역은 '국토의 계획 및 이용에 관한 법률'에 따른 용도지역이고, 나머지 지역·지구는 '다른 법령'에 따른 지역·지구다. 간단하지 않은가? '다른 법령'의 지역·지구는 토지이용계획확인서에 보이면 그때그때 찾아보면 된다. 물론 '국토의 계획 및 이용에 관한 법률'에는 용도지역과 용도지구, 용도구역이 있다. 하지만 '국토의 계획 및 이용에 관한 법률'에 따른 용도지구, 용도구역은 용도지역처럼 국토 전체에 무조건 지정하는 것이 아니라, 필요할 때 필요한 범위만큼 그때그때 지정한다. 따라서 각종의 지역·지구를 구분하는 것은 크게 우리나라 국토에 중복되지 않게 전체 필지에 지정하는 '국토의 계획 및 이용에 관한 법률'에 따른 용도지역과 필요에 따라 국지적으로 지정하는 '국토의 계획 및 이용에 관한 법률'에 따른 용도지구, 용도구역, 그리고 '다른 법률'에 따른 지역·지구로 구분하면 된다. 이것이 바로 토지 공부의 기초 중에 기초다. 글자가 비슷비슷해서 처음 읽는 사람들은 헷갈릴 수도 있다. 하지만 반복하다 보면 구분이 된다.

[자료 48] 각종 지역·지구를 구분하는 이유

명칭	구분하는 이유
'국토의 계획 및 이용에 관한 법률'에 따른 용도지역	우리나라 국토 전체 토지에 중복되지 않게 하나씩 지정한다. 그래서 중요하다. 간척지 등 미지정되는 필지도 있으나 매우 비율이 작기 때문에 크게 의미는 없다.
'국토의 계획 및 이용에 관한 법률'에 따른 용도지구, 용도구역 그리고 '다른 법령'에 따른 지역·지구	국토 전체가 아닌 필요에 따라 국지적으로 지정한다. 그래서 외울 필요도, 외울 수도 없다. 토지이용계획확인서에 보이면 그때그때 검색해서 확인하면 된다.

'국토의 계획 및 이용에 관한 법률'에 따른 용도지역의 역할

그렇다면 '국토의 계획 및 이용에 관한 법률'에 따른 용도지역의 역할은 무엇인지 공부해보자. 만약 우리나라 국토를 아무런 규제 없이 토지 주인이 마음대로 사용을 하게 한다면 어떻게 될까? 질서 없이 뒤죽박죽될 것이다. 토지 주인들은 자신의 이익을 극대화하기 위해서 넓고 높게 지을 것이고, 건축물의 용도 역시 자기 마음대로 정해서 사용할 것이다. 아울러 농사를 짓고 싶으면 토지를 그대로 농지로 유지할 것이다. 이렇게 되면 논과 밭, 공장과 주택, 상업시설, 유해시설 등이 뒤죽박죽될 것이다. 사람들이 주거를 하는 지역과 생산활동, 상업활동을 하는 지역이 구분되어지지 못하고 엉켜 있으면 정말 지옥이 된다. 사람들이 살아가는 공간이 되지 못하는 것이다. 그래서 국가의 행정력으로 주거지역과 생산활동지역, 상업활동지역, 농사를 짓는 지역, 자연보호를 위해 개발을 막는 지역 등을 구분해 사람이 살아갈 수 있는 환경을 만드는 것이다. 바로 이러한 역할을 하는 도구가 '국토의 계획 및 이용에 관한 법률'에 따른 용도지역이다.

그래서 '국토의 계획 및 이용에 관한 법률'에 따른 용도지역은 우리나라 국토 전체에 중복되지 않게 무조건 지정이 된다고 했다. 국토의 효율적인 관리와 사람들이 건강하게 살아갈 수 있는 건강한 공간을 만들기 위해서다. '국토의 계획 및 이용에 관한 법률'에 따른 용도지역 기능은 크게 3가지다.

첫 번째는 내 토지에 얼마만큼의 건축물을 지어서 덮을 수 있는지, 즉 건축면적 비율을 규정한다. 이 비율을 건폐율이라 한다. 만약 100평의 토지에 50평의 건축면적이라면, 건폐율은 (건축면적 50평/대지면적 100평)×100을 해서 50%가 된다. 두 번째는 내 토지에 얼마만큼의 건축연면적(건축물 바닥면적의 합계)을 지을 수 있는지를 규정한다. 이 비율을 용적률이라 한다. 용적률은 대지면적 대비 건축연면적의 비율이다. 만약 100평의 토지에 건축연면적이 200평이라면 (건축연면적 200평/토지 면적 100평)×100을 해서 200%가 된다.

[자료 49] 용도별 건축물의 종류(건축법 시행령 제3조의 5)

구분	건축물의 용도	구분	건축물의 용도	구분	건축물의 용도
1	단독주택	11	노유자시설	21	동물 및 식물 관련 시설
2	공동주택	12	수련시설	22	자원순환 관련 시설
3	제1종근린생활시설	13	운동시설	23	교정 및 군사시설
4	제2종근린생활시설	14	업무시설	24	방송통신시설
5	문화 및 집회시설	15	숙박시설	25	발전시설
6	종교시설	16	위락시설	26	묘지 관련 시설
7	판매시설	17	공장	27	관광 휴게시설
8	운수시설	18	창고시설	28	장례식장
9	의료시설	19	위험물저장 및 처리시설	29	야영장 시설
10	교육연구시설	20	자동차 관련 시설		

    세 번째는 건축물의 용도다. 건축물의 용도는 '건축법시행령'에 나와 있는데, 단독주택부터 야영장시설까지 대분류를 해 총 29가지로 구분되어져 있다. 어떤 '국토의 계획 및 이용에 관한 법률'에 따른 용도지역은 공동주택이 들어갈 수 없고, 어떤 '국토의 계획 및 이용에 관한 법률'에 따른 용도지역에는 공장이 들어갈 수 없다는 식이다. 이렇게 '국토의 계획 및 이용에 관한 법률'에 따른 용도지역별로 건폐율, 용적률, 건축물의 용도를 규정하는 것은 토지를 활용할 수 있는 범위를 규정하고 제한하는 것이기 때문에 토지의 가격에 막대한 영향을 미친다.

    따라서 토지의 가격 형성에 영향을 미치는 '국토의 계획 및 이용에 관한 법률'에 따른 용도지역을 모르고, 토지 투자를 한다는 것은 피땀 흘려 모아서 생명과도 같은 돈을 카지노판에 던지는 것과 다름이 없다. 투자를 운에 맡기는 행동이다. 이러한 이유 때문에 성공적인 토지

투자를 위해서는 '국토의 계획 및 이용에 관한 법률'에 따른 용도지역
은 반드시 알아야 한다. 부동산 재테크 관련 강사들 중에서 토지 이용
에 관한 공법을 몰라도 토지 투자를 할 수 있다고 한다. 아마도 어려운
공법에 접근할 수 있도록 배려하는 차원에서 에둘러 표현하는 말일 것
이다. 하지만 매우 위험한 발언이다. 아는 만큼 보이고, 보이는 만큼 실
패 확률이 적다. 모든 결과는 여러분의 선택에 달려 있다.

토지 투자, 모르면 하지 마!

'국토의 계획 및 이용에 관한 법률'에 따른 용도지역은 어떤 것이 있나?

'국토의 계획 및 이용에 관한 법률'에 따른 용도지역은 <u>우리나라 국토 전체 토지에 중복되지 않게 하나씩 지정한다. 즉, 어느 토지든 무조건 하나씩은 정해져 있기 때문에 중요하다.</u> 그리고 이 용도지역은 건폐율, 용적률, 건축물의 용도 등을 정해준다. 내 땅에 지을 수 있는 건축면적의 비율을 건폐율, 건축연면적의 비율을 용적률이라고 했다. 이두 가지를 합해서 개발밀도라고 한다. 이렇게 지어진 건축물에 실제사용할 수 있는 용도를 법적으로 구분한 것이 용도지역별 건축물의 용도라고 했다.

그렇다면 이렇게 용도지역별 개발밀도와 건축물의 용도를 규정하는 '국토의 계획 및 이용에 관한 법률'에 따른 용도지역은 어떠한 것들이 있을까? 총 21가지 용도지역이 있다. 이렇게 21가지는 대분류, 중분류, 소분류해서 같은 성격의 용도지역을 묶는다. 우선 크게 대분류로 도시지역, 관리지역, 농림지역, 자연환경보전지역으로 구분한다(실제로 현장에서는 관리지역, 농림지역, 자연환경보전지역은 도시지역과 대별된다고 해서 비도시지역이라 칭한다. 하지만 비도시지역은 법적 용어는 아니다). 다음은 중분류인데 도시지역을 다시 주거지역, 상업지역, 공업지역, 녹지지역으로 구분하며, 관리지역은 보전관리지역, 생산관리지역, 계획관리지역으로 구분한다. 농림지역과 자연환경보전지역은 중분류가 없고, 대분류 카테고리만 있다. 다음은 소분류다. 도시지역 중 주거지역은 제1종전용주거지역, 제2종전용주거지역, 제1종일반주거지역, 제2종일반주거지역, 제3종일반주거지역으로 소분류된다. 도시지역 중 상업지역은 중심상업지역, 일반상업지역, 근린상업지역, 유통상업지역으로 소분류된다. 도시지역 중 공업지역은 전용공업지역, 일반공업지역, 준공업지역으로 소분류된다. 도시지역 중 녹지지역은 보전녹지지역, 생산녹지지역, 자연녹지지역으로 소분류된다. 정리하면 대분류, 중분류, 소분류 모두 구분해야할 정도로 세분화된 구역은 도시지역뿐이다. 그만큼 도시지역이 개발밀도나 건축물의 용도를 컨트롤 해야 할 범위가 많다는 반증이다.

이에 반해 관리지역은 중분류밖에 없다. 이유는 도시지역에 비해서 개발밀도나 건축물의 용도를 구분해야 할 범위가 상대적으로 적다는 말이고, 농림지역이나 자연환경보전지역은 대분류만 있고 중분류나 소분류가 없다는 것은 그만큼 개발밀도나 건축물의 용도를 구분해야 할 범위가 매우 좁다는 것을 알 수 있다. 도시지역→관리지역→농림지역→자연환경보전지역순으로 활용할 범위가 좁다는 말과 같다. 반대로 도시지역←관리지역←농림지역←자연환경보전지역순으로 활용할 범위가 넓어서 중분류, 소분류까지 해야 할 정도로 도시계획에 필요한 내용들이 많은 상황이라는 뜻이다. 그만큼 도시지역의 토지가 사용가치가 높다는 말이기도 하다. 그러니 시골 논, 밭, 임야보다는 도시지역(주거지역, 상업지역, 공업지역, 자연녹지지역)이나 도시지역 경계부(계획관리지역)에 관심을 가지는 것이 좋다. 도시지역의 경계부는 대개 관리지역으로 지정되어 있다고 보면 된다. 곧 다시 이야기하겠지만 녹지지역과 관리지역 중에서도 보전이라는 단어가 들어간 보전녹지지역, 보전관리지역은 접근금지다. 보전을 목적으로 지정했기 때문에 개발이 매우 제한되어 있으므로 토지 투자에 베테랑이 아니라면 접근하지 않는 것이 좋다.

[자료 50] '국토의 계획 및 이용에 관한 법률'에 따른 용도지역의 분류와 지정목적이다. 붉은색으로 표시한 보전녹지지역, 생산녹지지역, 보전관리지역, 생산관리지역, 농림지역, 자연환경보전지역은 경험이 풍부한 전문 투자자가 아니라면 패스하는 것이 좋다.

도시지역	도시지역		• 인구와 산업이 밀집되어 있거나 밀집이 예상되어 그 지역에 대하여 체계적인 개발·정비·관리·보전 등이 필요한 지역
		주거지역	• 거주의 안녕과 건전한 생활환경의 보호를 위하여 필요한 지역
		전용주거지역	• 양호한 주거환경을 보호하기 위하여 필요한 지역
		제1종전용주거지역	- 단독주택 중심의 양호한 주거환경을 보호하기 위하여 필요한 지역
		제2종전용주거지역	- 공동주택 중심의 양호한 주거환경을 보호하기 위하여 필요한 지역
		일반주거지역	• 편리한 주거환경을 조성하기 위하여 필요한 지역
		제1종일반주거지역	- 저층주택을 중심으로 편리한 주거환경을 조성하기 위하여 필요한 지역
		제2종일반주거지역	- 중층주택을 중심으로 편리한 주거환경을 조성하기 위하여 필요한 지역
		제3종일반주거지역	- 중고층주택을 중심으로 편리한 주거환경을 조성하기 위하여 필요한 지역
		준주거지역	• 주거기능을 위주로 하되 일부 상업 및 업무기능의 보완이 필요한 지역
		상업지역	• 상업이나 그 밖의 업무의 편익을 증진하기 위하여 필요한 지역
		중심상업지역	- 도심·부도심의 상업기능 및 업무기능의 확충을 위하여 필요한 지역
		일반상업지역	- 일반적인 상업기능 및 업무기능을 담당하게 하기 위하여 필요한 지역
		근린상업지역	- 근린지역에서의 일용품 및 서비스의 공급을 위하여 필요한 지역
		유통상업지역	- 도시 내 및 지역 간 유통기능의 증진을 위하여 필요한 지역
		공업지역	• 공업의 편익을 증진하기 위하여 필요한 지역
		전용공업지역	- 주로 중화학공업, 공해성공업 등을 수용하기 위하여 필요한 지역
		일반공업지역	- 환경을 저해하지 아니하는 공업의 배치를 위하여 필요한 지역
		준공업지역	- 경공업 및 기타 공업을 수용하되, 주거·상업·업무기능 보완이 필요한 지역
		녹지지역	• 자연환경·농지 및 산림의 보호, 보건위생, 보안과 도시의 무질서한 확산을 방지하기 위하여 녹지의 보전이 필요한 지역
		보전녹지지역	- 도시의 자연환경·경관·산림 및 녹지공간을 보전할 필요가 있는 지역
		생산녹지지역	- 주로 농업적 생산을 위하여 개발을 유보할 필요가 있는 지역
		자연녹지지역	- 도시 녹지공간 확보 등을 위해 보전할 필요가 있는 지역으로서 불가피한 경우에 한하여 제한적인 개발이 허용되는 지역

비도시지역	관리지역	• 도시지역의 인구와 산업을 수용하기 위하여 도시지역에 준하여 체계적으로 관리하거나 농림업의 진흥, 자연환경 또는 산림의 보전을 위하여 농림지역 또는 자연환경보전지역에 준하여 관리할 필요가 있는 지역
	보전관리지역	- 자연환경 보호, 산림 보호, 수질오염 방지, 녹지공간 확보 및 생태계 보전 등을 위하여 보전이 필요하나, 주변 용도지역과의 관계 등을 고려할 때 자연환경보전지역으로 지정하여 관리하기가 곤란한 지역
	생산관리지역	- 농업·임업·어업생산 등을 위하여 관리가 필요하나 주변 용도지역과의 관계 등을 고려할 때 농림지역으로 지정하여 관리하기가 곤란한 지역
	계획관리지역	- 도시지역으로의 편입이 예상되는 지역 또는 자연환경을 고려하여 제한적인 이용·개발을 하려는 지역으로서 계획적·체계적인 관리가 필요한 지역
	농림지역	• 도시지역에 속하지 아니하는 「농지법」에 따른 농업진흥지역 또는 「산지관리법」에 따른 보전산지 등으로서 농림업을 진흥시키고 산림을 보전하기 위하여 필요한 지역
	자연환경보전지역	• 자연환경·수자원·해안·생태계·상수원 및 문화재의 보전과 수산자원의 보호·육성 등을 위하여 필요한 지역

출처 : 국토의 계획 및 이용에 관한 법률

토지 투자, 모르면 하지 마!

중요한 것은 '국토의 계획 및 이용에 관한 법률'에 따른 용도지역 21개 중에서 초보 투자자가 접근을 하지 말아야 하는 용도지역이 있는데, 바로 보전녹지지역, 생산녹지지역, 보전관리지역, 생산관리지역, 농림지역, 자연환경보전지역이다. 국가나 지방자치단체에서 우리나라 전 국토를 개발이 가능한 토지와 보전을 할 토지로 구분지어 놓았다. 그중에서 보전을 목적으로 현 토지 상태에서 개발을 하지 못하게 하려는 토지가 있는데, 바로 '보전'이라는 단어가 들어간 보전녹지지역, 보전관리지역, 자연환경보전지역과 '농지를 효율적으로 이용·보전하기 위해 우량농지로 지정된' 농림지역, 그리고 '산림자원의 조성, 임업경영기반의 구축 등 임업생산 기능의 증진과 재해방지, 수원보호, 자연생태계 보전, 자연경관 보전, 국민보건휴양 증진 등의 공익 기능을 위해 필요한 산지'를 보호하고 보전할 목적으로 정해놓은 농림지역이 있다. 이를 실사용이 아닌, 토지 투자 목적으로 접근하는 것은 매우 위험하다. 이러한 용도지역에 투자하는 것은 전문 투자자의 몫이다. 물론, 토지 공부를 많이 해서 전문가의 반열에 오르게 되면 그때는 관심을 가져도 되겠지만, 독자분 스스로 토지 투자에 대해서 초보자라고 생각한다면 보전녹지지역, 생산녹지지역, 보전관리지역, 생산관리지역, 농림지역, 자연환경보전지역은 아예 쳐다보지 않는 것이 정신건강 측면이나 자산관리 측면에서 바람직하다.

많은 질문자들 중에서는 "그래도 오래 보유하고 있으면 개발이 되지 않을까요?"라고 물어보는 분들이 많은데, 필자는 이렇게 대답한다.

"투자는 확률게임인데, 어째서 확률이 없는 곳에 투자를 하려고 하는지 모르겠습니다. 확률이 높은 게임이나 이미 이기면서 시작하는 게임을 하세요."

개발 가능성은 희박하고 아무리 오래 들고 있어도 세금만 내야 하는 토지에 투자를 하는 실수는 하지 말길 바란다. 실수가 실수로 끝나는 것이 아니라 당신의 자산이 허공에 날아가고 기회비용 손실이 너무 크다.

토지이용계획확인서 7번 –
'다른 법령'에 따른 지역·지구 등

　'국토의 계획 및 이용에 관한 법률'에 따른 용도지역은 <u>우리나라 국토 전체 토지에 중복되지 않게 하나씩 무조건 지정이 되어 있어서 중요하다고</u> 했는데, 그렇다면 필요에 따라 국지적으로 지정을 하는 '국토의 계획 및 이용에 관한 법률'에 따른 용도지구, 용도구역, 그리고 '다른 법령'에 따른 지역·지구는 어떠한 역할을 하는가? 토지 이용 관련 공법이 어려운 이유가 사용하는 단어가 비슷비슷하기 때문에 어렵다. 단어를 구별하고 이해하기 쉽지가 않다. 그러나 이제 독자분들은 구별을 할 수 있다. 이 책에서 무한히 반복하고 있기 때문이다. 한 번만 더 기억해보자.

　<u>우리나라에는 토지이용을 규제하는 도구로 쓰이는 지역·지구가 무수히 많은데, 이러한 지역·지구 중에서 국토에 전부 지정된 것이 바로 '국토의 계획 및 이용에 관한 법률'에 따른 용도지역이고, 필요에 따라</u>

국지적으로 지정이 되는 지역·지구가 바로 '국토의 계획 및 이용에 관한 법률'에 따른 용도지구, 용도구역, 그리고 '다른 법령'에 따른 지역·지구다. 이마저도 헷갈린다면 그냥 이렇게 기억하자. 우리나라에는 건폐율과 용적률, 그리고 건축물의 용도를 규정하는 많은 지역·지구가 있는데, 전 국토에 하나씩 지정을 하는 것은 '국토의 계획 및 이용에 관한 법률'에 따른 용도지역이고, 나머지는 그 외의 지역·지구다'라고 기억하면 된다. 그 외의 지역·지구는 필요할 때 국지적으로 지정하고, 그 개수도 많기 때문에 외울 수 없으니 토지이용계획확인서에 나타나면 그때그때 찾아보면 된다고 했다. 그렇다면 실제로 한번 찾아보도록 하자.

[자료 51] '토지이용계획확인서'에 방화지구라는 용도지구, 도시계획시설인 광장과 일반도로가 표시되어 있다.

5 지역지구 등 지정여부	6	「국토의 계획 및 이용에 관한 법률」에 따른 지역·지구 등	일반상업지역, 방화지구, 광장, 일반도로
	7	다른 법령 등에 따른 지역·지구 등	가축사육제한구역(2011.03.29.) <가축분뇨의 관리 및 이용에 관한 법률>
8		「토지이용규제 기본법 시행령」 제9조제4항 각 호에 해당되는 사항	

출처 : 토지이용규제정보서비스

[자료 51]은 어느 토지의 토지이용계획확인서다. 우선 '국토의 계획 및 이용에 관한 법률'에 따른 지역·지구를 살펴보자. [자료 51]의 6번 칸에 있다. 용도지역은 일반상업지역이다. 토지 활용을 많이 할 수 있는 용도지역이다. 일반상업지역의 지정목적은 '일반적인 상업기능 및 업무기능을 담당하게 하기 위해 필요한 지역'이므로 활용도가 많은 용

도지역이다. 여기까지만 보면 활용도가 높으니 토지 가격도 높겠다는 생각이 든다. 그리고 방화지구라는 표시가 있다. 방화지구의 지정목적은 '화재의 위험을 예방하기 위해 필요한 지구'이므로, 방화지구에서 건축물을 건축하려면 내화구조나 불연재료를 사용하거나 방화문, 방화설비를 설치해야 한다. 건축 자체를 못하게 하는 것은 아니지만, 건축물 공사비용이 증가한다. 또 '광장'과 '일반도로'라는 용어가 보인다. 도시계획시설이다. 지역·지구는 명칭과 관계없이 토지 이용을 규제하는 모든 것이라고 했으니, 명칭은 도시계획시설이지만, 도시계획시설 역시 광의의 지역·지구다.

이렇게 도시계획시설로 지정이 된 토지는 지정된 용도 이외에는 사용할 수 없다. 즉, 일반상업지역이라는 용도지역만 보면 건축물을 넓고 높게 지을 수 있지만, 도시계획시설이라는 지역·지구 때문에 이 토지는 '광장'과 '일반도로'로 밖에 사용할 수 없다. 이렇게 상업지역이라고 다 좋은 것은 아니다. 뒤에 따라 붙은 '광장'과 '일반도로' 때문에 '광장'과 '일반도로' 이외에 상업용도로 건축물을 지을 수 없고, 사용할 수도 없다. 따라서 방화지구라는 용도지구 역시 건축물을 짓지 못하니 자동적으로 의미가 없어지게 된다. 이렇듯 '국토의 계획 및 이용에 관한 법률'에 따른 용도지역이 중요하지만 뒤에 따라 붙는 지역·지구도 매우 중요하다. 그래서 토지 투자가 어렵다고 하는 것이다. 그래도 이정도까지는 어떻게 헤쳐 나간다고 해도 다음의 토지이용계획확인서를 보면 그냥 욕이 절로 나온다.

[자료 52] 토지이용계획확인서에 개발제한구역을 비롯해서 '다른 법령'에 따른 지역·지구가 어마무시하게 많다. 이런 토지는 그냥 패스하는 것이 정신건강에 좋다.

5 지역지구 등 지정여부	6	「국토의 계획 및 이용에 관한 법률」에 따른 지역·지구 등	도시지역, 자연녹지지역
	7	다른 법령 등에 따른 지역·지구 등	개발제한구역〈개발제한구역의 지정 및 관리에 관한 특별조치법〉, 상대보호구역(조안초등학교, 〈학교환경위생정화구역은 구리남양주교육청에 재확인〉)〈교육환경 보호에 관한 법률〉, 보전산지〈산지관리법〉, 자연보전권역〈수도권정비계획법〉, 상수원보호구역〈수도법〉, 배출시설설치제한지역〈수질 및 수생태계 보전에 관한 법률〉, (한강)폐기물매립시설 설치제한지역〈한강수계 상수원수질개선 및 주민지원 등에 관한 법률〉, (한강)상수원보호구역〈한강수계 상수원수질개선 및 주민지원 등에 관한 법률〉, 수질보전특별대책지역(1권역)〈환경정책기본법〉
8		「토지이용규제 기본법 시행령」 제9조제4항 각 호에 해당되는 사항	

출처 : 토지이용규제정보서비스

[자료 52]의 7번 칸을 보라. '다른 법령'에 따른 지역·지구가 왜 이렇게 많은가? '개발제한구역의 지정 및 관리에 관한 특별조치법'에 따른 개발제한구역, '교육환경 보호에 관한 법률'에 따른 상대보호구역, '산지관리법'에 따른 보전산지, '수도권정비계획법'에 따른 자연보전권역, '수도법'에 따른 상수원보호구역, '수질 및 수생태계 보전에 관한 법률'에 따른 배출시설설치제한지역, '한강수계 상수원수질개선 및 주민지원 등에 관한 법률'에 따른 (한강)폐기물매립시설 설치제한지역, '한강수계 상수원수질개선 및 주민지원에 관한 법률'에 따른 (한강)상수원보호구역, '환경정책기본법'에 따른 수질보전대책지역(1권역) 등 그야말로 옴짝달싹 못 하게 촘촘히 토지이용규제를 해놓았다.

하나씩 따져보자. 개발제한구역은 공익적 목적을 제외한 개발은 거의 불가능하다. 상대보호구역은 학교경계로부터 직선거리 200미터 내 지역으로 절대보호구역을 제외한 구역이다. 상대보호구역에서는 학습과 교육환경에 나쁜 영향을 주는 시설 설치가 제한된다. 상대보호구역 내에 상가를 건축하고 임대를 하려면, 청소년 위해시설이 입점할 수 없는 경우가 있으므로 임차업종에 제한을 받을 수밖에 없다. 보전산지는 피해 사례에서도 여러 번 이야기했지만, 버섯이나 장뇌삼 키우는 것 이외의 사용은 어렵다. 자연보전권역은 일정 규모 이상의 대규모 개발사업을 할 수 없고, 인구집중유발시설을 신설 또는 증설할 수 없다.

상수원보호구역은 공장이나 건축물의 신축, 증축, 개축, 재축이 어렵다. (한강)폐기물매립시설 설치제한지역은 한강본류에서 1킬로미터, 지류에서 500미터 내에서는 폐기물처리시설 중 매립시설을 설치할 수 없다. (한강)상수원보호구역은 수질을 오염시킬 만한 행위는 제한된다. 수질보전특별대책지역은 환경기준을 초과한 토지 이용과 시설설치를 할 수 없다. 이렇게 여러 가지 법령으로 토지 이용을 제한하고 있다. 이러한 토지에서는 건축물의 건축 등 개발행위를 하겠다는 생각은 하지 않는 것이 정신건강에 좋다. 그냥 원래 있던 토지 상태로 농업용, 임업용으로 사용하는 수밖에 없다. 대부분 기획 부동산 회사에 속아서 사는 토지들이 이런 법령에 묶여 있는 토지들이 많다. 누가 독자분들에게 이렇게 규제가 있는 토지를 사라고 한다면 그냥 깔끔하게 인간관계를 끊어라. 당신 인생에 도움이 안 되는 인간이다. 이런 토지가 아니더라도 투자하기 좋은 토지는 얼마든지 많다.

토지이용계획확인서 8번 – '토지이용규제 기본법 시행령' 제9조 4항 각 호에 해당하는 사항

다른 법령에 따른 지역·지구란 밑으로 내려오면 '토지이용규제 기본법 시행령' 제9조 4항 각 호에 해당하는 사항이라는 항목이 나온다. 이 항목을 알기 위해서는 당연히 '토지이용규제 기본법 시행령' 제9조 4항 각 호를 봐야 한다. 내용을 보면 국민들이 토지를 매입할 때 '국토의 계획 및 이용에 관한 법률'에 따른 지역·지구나 '다른 법령' 등에 따른 지역·지구 등 해당 토지를 개발 또는 이용하기 위해서 반드시 알아야 할 규제 사항 이외에 매매 시 주의해야 할 경고 메시지를 담고 있다.

대표적인 것이 '토지거래계약에 관한 허가구역'이다. 물론 '토지거래계약에 관한 허가구역'이 무조건 나쁘다는 의미는 아니다. 오히려 '토지거래계약에 관한 허가구역'은 토지 가격이 급등할 가능성이 있는 지역에 지정한다. 토지의 투기적인 거래가 성행하거나 토지 가격이 급격히 상승하는 지역과 그러한 우려가 있는 지역을 5년 이내의 기간을 정해 허가를 받고 토지거래를 하도록 설정한 구역을 말한다. 그래서 어쩌면 토지 투자를 하기에 좋은 물건이다. 그런데 토지 이용 목적이 실제 사용을 위한 경우가 아니면 허가를 받기가 까다롭다. 아울러 허가를 받더라도 신고한 사용목적대로 사용해야 하는 조건이 따라 붙는다. 토지거래허가를 받지 아니하고 토지거래계약을 체결하거나, 속임수나 그 밖의 부정한 방법으로 토지거래계약 허가를 받은 자는 2년 이하의 징역 또는 계약 체결 당시의 개별공시지가에 따른 해당 토지 가격의 100분의 30에 해당하는 금액 이하의 벌금에 처해질 수 있으므로 조심해야 한다. 그중에서 또한 각종개발사업 지구지정에 따른 열람기간(개발사업지에 포함되니 수용될 수 있다. 그러니 조심하라는 뜻이다), 영농여건불리농지(경우에 따라서는 좋은 것이다. 평균경사율이 15% 이상인 농지에 대해 소유 제한을 완화함으로써 농지의 효율적 이용을 증대하고자 도입한 제도다. 직접 경작을 하지 않아도 소유가 가능하고, 농업경영계획서 없이도 농지취득자격증명 신청이 가능하며, 건축 등 타 용도로 전용하기가 쉽다), 우리가 토지를 매매할 때 토지거래허가의 유무, 수용가능성에 대한 자산 보호, 건축허가의 가능성, 도시계획의 변경사항, 농지전용, 매립의 용도변경, 산지의 사용허가, 경관심의, 비오톱 등 계약 후 일어날 수 있는 예측불가의 손해를 사전에 막아주는 보충적인 정보를 제공함으로써 국민의 재산권 보호에 기여를 한다. 이렇듯 토지이용계확인서에 있는 '토지이용규제 기본법 시행령' 제9조 4항 각 호에 해당하는 사항의 기재 내용은 투자자 입장에서 매우 유용하다.

[자료 53] 토지거래허가구역과 비오톱 1등급 규제의 토지다. 비오톱은 피하는 것이 상책이다.

| 8 | 「토지이용규제 기본법 시행령」 제9조제4항 각 호에 해당되는 사항 | 토지거래계약에관한허가구역,비오톱1등급(2015-06-18)(저촉),비오톱1등급(2016-06-09)(저촉) |

출처 : 토지이용규제정보서비스

토지이용규제기본법 시행령 제9조(토지이용계획확인서의 발급)

④ 법 제10조제1항제3호에서 '대통령령으로 정하는 사항'이란 다음 각 호의 사항을 말한다. 〈개정 2013. 3. 23.〉

1. '국토의 계획 및 이용에 관한 법률' 제117조에 따라 지정된 토지거래계약에 관한 허가구역.

2. 그 밖에 일반 국민에게 그 지정내용을 알릴 필요가 있는 사항으로서 국토교통부령으로 정하는 사항.

토지이용규제 기본법 시행규칙

제2조(토지이용계획확인서 등) ① 영 제9조제1항에 따른 토지이용계획확인신청서는 별지 제1호 서식에 따르며, 같은 조 제3항에 따른 토지이용계획확인서는 별지 제2호 서식에 따른다.

② 영 제9조제4항제2호에서 '국토교통부령으로 정하는 사항'이란 다음 각 호의 사항을 말한다.

1. '택지개발촉진법 시행령' 제5조제2항 후단에 따른 열람기간.

2. '공공주택건설 등에 관한 특별법 시행령' 제8조제2항에 따른 열람

기간.

3. '건축법' 제2조제1항제11호나목에 따른 도로.

4. '국토의 계획 및 이용에 관한 법률' 제25조에 따른 도시·군관리계획 입안사항.

5. '농지법 시행령' 제5조의2제1항에 따른 영농여건불리농지.

6. '공유수면 관리 및 매립에 관한 법률' 제48조에 따른 매립목적 변경 제한.

7. '산지관리법' 제21조제1항에 따른 용도변경 승인 기간.

8. '경관법' 제9조제1항제4호에 따른 중점경관관리구역.

9. 지방자치단체가 도시·군계획조례로 정하는 토지 이용 관련 정보.

[전문개정 2009. 8. 13]

토지이용계획확인서 2번 - 지목

앞서 기술한 대로 '토지이용계획확인서' 순서에는 지목이 2번으로 먼저 표시되지만, 실전에서 토지를 분석할 때는 지역·지구가 무엇보다 중요하기 때문에 토지이용계획확인서 예시의 순서와 상관없이 중요도에 따라 6번, 7번의 지역·지구와 8번의 표시사항에 대해서 공부하고, 그다음 2번 지목을 공부하기로 했다. 따라서 앞서 이야기한 순서대로 2번 지목에 대해서 공부하기로 한다.

'지목'이란 '공간정보의 구축 및 관리 등에 관한 법률'에 근거해 토지의 주된 용도에 따라 토지의 종류를 구분해 지적공부에 등록한 것을 말한다. 여기에서 토지의 종류라 함은 현재 해당 토지의 사용 현황을 구분해놓은 것을 말하고, 지적공부라 함은 토지대장, 임야대장, 공유지연명부, 대지권등록부, 지적도, 임야도 및 경계점좌표등록부 등 지적측량 등을 통해 조사된 토지의 표시와 해당 토지의 소유자 등을 기록한 대장 및 도면(정보처리시스템을 통해 기록·저장된 것을 포함한다)을 말한다. 지목은 28개의 종류가 있다. 우선 지목이 무엇인지 알아보자.

전		물을 상시적으로 이용하지 않고 곡물·원예작물(과수류는 제외한다)·약초·뽕나무·닥나무·묘목·관상수 등의 식물을 주로 재배하는 토지와 식용(食用)으로 죽순을 재배하는 토지.
답		물을 상시적으로 직접 이용해 벼·연(蓮)·미나리·왕골 등의 식물을 주로 재배하는 토지.
과수원		사과·배·밤·호두·귤나무 등 과수류를 집단적으로 재배하는 토지와 이에 접속된 저장고 등 부속시설물의 부지. 다만, 주거용 건축물의 부지는 '대'로 한다.
목장용지		다음 각 목의 토지. 다만, 주거용 건축물의 부지는 '대'로 한다. 가. 축산업 및 낙농업을 하기 위해 초지를 조성한 토지. 나. '축산법' 제2조제1호에 따른 가축을 사육하는 축사 등의 부지. 다. 가목 및 나목의 토지와 접속된 부속시설물의 부지.
임야		산림 및 원야(原野)를 이루고 있는 수림지(樹林地)·죽림지·암석지·자갈땅·모래땅·습지·황무지 등의 토지.
광천지		지하에서 온수·약수·석유류 등이 용출되는 용출구(湧出口)와 그 유지(維持)에 사용되는 부지. 다만, 온수·약수·석유류 등을 일정한 장소로 운송하는 송수관·송유관 및 저장시설의 부지는 제외한다.

염전		바닷물을 끌어들여 소금을 채취하기 위해 조성된 토지와 이에 접속된 제염장(製鹽場) 등 부속시설물의 부지. 다만, 천일제염 방식으로 하지 아니하고 동력으로 바닷물을 끌어들여 소금을 제조하는 공장시설물의 부지는 제외한다.
대		가. 영구적 건축물 중 주거·사무실·점포와 박물관·극장·미술관 등 문화시설과 이에 접속된 정원 및 부속시설물의 부지. 나. '국토의 계획 및 이용에 관한 법률' 등 관계 법령에 따른 택지조성공사가 준공된 토지.
공장 용지		가. 제조업을 하고 있는 공장시설물의 부지. 나. '산업집적활성화 및 공장설립에 관한 법률' 등 관계 법령에 따른 공장부지 조성공사가 준공된 토지. 다. 가목 및 나목의 토지와 같은 구역에 있는 의료시설 등 부속시설물의 부지.
학교 용지		학교의 교사(校舍)와 이에 접속된 체육장 등 부속시설물의 부지.
주차장		자동차 등의 주차에 필요한 독립적인 시설을 갖춘 부지와 주차전용 건축물 및 이에 접속된 부속시설물의 부지. 다만, 다음 각 목의 어느 하나에 해당하는 시설의 부지는 제외한다. 가. '주차장법' 제2조제1호가목 및 다목에 따른 노상주차장 및 부설주차장('주차장법' 제19조제4항에 따라 시설물의 부지 인근에 설치된 부설주차장은 제외한다). 나. 자동차 등의 판매 목적으로 설치된 물류장 및 야외전시장.
주유소 용지		다음 각 목의 토지. 다만, 자동차·선박·기차 등의 제작 또는 정비공장 안에 설치된 급유·송유시설 등의 부지는 제외한다. 가. 석유·석유제품 또는 액화석유가스 등의 판매를 위해 일정한 설비를 갖춘 시설물의 부지. 나. 저유소(貯油所) 및 원유저장소의 부지와 이에 접속된 부속시설물의 부지.
창고 용지		물건 등을 보관하거나 저장하기 위해 독립적으로 설치된 보관시설물의 부지와 이에 접속된 부속시설물의 부지.

도로		다음 각 목의 토지. 다만, 아파트·공장 등 단일 용도의 일정한 단지 안에 설치된 통로 등은 제외한다. 가. 일반 공중(公衆)의 교통 운수를 위해 보행이나 차량운행에 필요한 일정한 설비 또는 형태를 갖추어 이용되는 토지. 나. '도로법' 등 관계 법령에 따라 도로로 개설된 토지. 다. 고속도로의 휴게소 부지. 라. 2필지 이상에 진입하는 통로로 이용되는 토지.
철도 용지		교통 운수를 위해 일정한 궤도 등의 설비와 형태를 갖추어 이용되는 토지와 이에 접속된 역사(驛舍)·차고·발전시설 및 공작창(工作廠) 등 부속시설물의 부지.
제방		조수·자연유수(自然流水)·모래·바람 등을 막기 위해 설치된 방조제·방수제·방사제·방파제 등의 부지.
하천		자연의 유수(流水)가 있거나 있을 것으로 예상되는 토지.
구거		용수(用水) 또는 배수(排水)를 위해 일정한 형태를 갖춘 인공적인 수로·둑 및 그 부속시설물의 부지와 자연의 유수(流水)가 있거나 있을 것으로 예상되는 소규모 수로부지.
유지 (溜池)		물이 고이거나 상시적으로 물을 저장하고 있는 댐·저수지·소류지(沼溜地)·호수·연못 등의 토지와 연·왕골 등이 자생하는 배수가 잘 되지 아니하는 토지.
양어장		육상에 인공으로 조성된 수산생물의 번식 또는 양식을 위한 시설을 갖춘 부지와 이에 접속된 부속시설물의 부지.
수도 용지		물을 정수해 공급하기 위한 취수·저수·도수(導水)·정수·송수 및 배수 시설의 부지 및 이에 접속된 부속시설물의 부지.

공원		일반 공중의 보건·휴양 및 정서생활에 이용하기 위한 시설을 갖춘 토지로서 '국토의 계획 및 이용에 관한 법률'에 따라 공원 또는 녹지로 결정·고시된 토지.
체육용지		국민의 건강증진 등을 위한 체육활동에 적합한 시설과 형태를 갖춘 종합운동장·실내체육관·야구장·골프장·스키장·승마장·경륜장 등 체육시설의 토지와 이에 접속된 부속시설물의 부지. 다만, 체육시설로서의 영속성과 독립성이 미흡한 정구장·골프연습장·실내수영장 및 체육도장, 유수(流水)를 이용한 요트장 및 카누장, 산림 안의 야영장 등의 토지는 제외한다.
유원지		일반 공중의 위락·휴양 등에 적합한 시설물을 종합적으로 갖춘 수영장·유선장(遊船場)·낚시터·어린이놀이터·동물원·식물원·민속촌·경마장 등의 토지와 이에 접속된 부속시설물의 부지. 다만, 이들 시설과의 거리 등으로 봐서 독립적인 것으로 인정되는 숙박시설 및 유기장(遊技場)의 부지와 하천·구거 또는 유지[공유(公有)인 것으로 한정한다]로 분류되는 것은 제외한다.
종교용지		일반 공중의 종교의식을 위해 예배·법요·설교·제사 등을 하기 위한 교회·사찰·향교 등 건축물의 부지와 이에 접속된 부속시설물의 부지.
사적지		문화재로 지정된 역사적인 유적·고적·기념물 등을 보존하기 위해 구획된 토지. 다만, 학교용지·공원·종교용지 등 다른 지목으로 된 토지에 있는 유적·고적·기념물 등을 보호하기 위해 구획된 토지는 제외한다.
묘지		사람의 시체나 유골이 매장된 토지, '도시공원 및 녹지 등에 관한 법률'에 따른 묘지공원으로 결정·고시된 토지 및 '장사 등에 관한 법률' 제2조제9호에 따른 봉안시설과 이에 접속된 부속시설물의 부지. 다만, 묘지의 관리를 위한 건축물의 부지는 '대'로 한다.
잡종지		다음 각 목의 토지. 다만, 원상회복을 조건으로 돌을 캐내는 곳 또는 흙을 파내는 곳으로 허가된 토지는 제외한다. 가. 갈대밭, 실외에 물건을 쌓아두는 곳, 돌을 캐내는 곳, 흙을 파내는 곳, 야외시장, 비행장, 공동우물. 나. 영구적 건축물 중 변전소, 송신소, 수신소, 송유시설, 도축장, 자동차운전학원, 쓰레기 및 오물처리장 등의 부지. 다. 다른 지목에 속하지 않는 토지.

지목을 바꾸면 가격이 오른다는데 진짜 그런 것일까?

지목은 토지 공부를 하는 사람들에게 용도지역과 함께 많은 비중을 두고 공부해야 할 항목이다. 용도지역이 상향 변경되는 경우, 이미 앞에서 배운 것과 같이 건폐율, 용적률, 건축물의 용도가 확대되기 때문에 토지의 가격이 올라갈 가능성이 매우 높다. 그래서 지목도 용도지역과 같이 바뀌게 되면, 가격이 높아진다는 이야기를 많이 한다. 용도지역 등 행정적 요인이 동일하다면 토지의 가격은 입지에 따라 달라진다는 것이 정설인데, 여기에 주변 개발 호재가 있다면 가격이 상승하고, 반대로 악재가 돌출되면 가격이 떨어질 가능성이 높아진다. 그리고 언론이나 토지 전문가(?)들이 말하는 것 중 하나가 토지의 지목을 변경하면 가격이 오른다고 하는데, 실제로 그러할까?

지목이란 '공간 정보의 구축 및 관리 등에 관한 법률' 제2조 제24호에서 규정하고 있는데, 토지의 주된 용도에 따라 토지의 종류를 구분해 지적공부에 등록한 것을 일컫는다. 지목의 종류 및 구분에 대한 정의는 동법67조 및 시행령 제58조에서 기술하고 있다. 지목은 전·답·과수원·목장용지·임야·광천지·염전·대(垈)·공장용지·학교용지·주차장·주유소용지·창고용지·도로·철도용지·제방(堤防)·하천·구거(溝渠)·유지(溜池)·양어장·수도용지·공원·체육용지·유원지·종교용지·사적지·묘지·잡종지로 구분해 정한다. 이와 같이 토지는 고유의 지목을 가지고 있는데, 이는 현재 사용되고 있는 토지의 상태대로 구분해놓은 것이다.

이러한 지목은 몇 가지 특징이 있는데, 첫째, 지목 부여의 가장 큰 목적은 토지의 과세목적 수단이다. 동일한 용도지역이라고 하더라도 실제 토지를 사용하고 있는 형태는 다양하다. 예를 들어 '국토의 계획 및 이용에 관한 법률'상의 주거지역이라고 할지라도 실제 사용의 형태는 주택(대), 종교시설(종교용지), 학교(학교용지), 운동시설(체육용지), 공장(공장용지), 창고시설(창고용지), 주차장(주차장), 주유소(주유소용지), 공원(공원) 등 매우 다양하다. 그런데 국가나 지방자치단체에서 해당 토지 소유자에게 세금을 매길 때 이러한 사용 용도를 고려하지 않고 일괄적으로 같은 세율로 부과한다면 불합리하다. 공장이나 창고, 주유소 같이 소득이 발생하는 토지도 있는 반면, 학교나 공원처럼 소득이 전혀 발생하지 않고 사유재산으로 사용하지도 못하면서 공익적인 목적으로만 사용되는 토지도 있기 때문이다. 이러한 점을 고려해 실제 사용 상태에 따라 세금을 부과하기 위해 지목이라는 제도를 만들어 운용하고 있다. 둘째, 1필지 1지목의 원칙이다. 만약 한 필지가 매우 커서 여러 가지 사용 용도로 활용이 되고 있다면, 가장 주된 사용 용도로 지목을 정한다. 셋째는 정당한 사유가 있으면 행정절차를 밟아 변경이 가능하다. 그런데 이 부분에서 언론기사나 투자자들의 오해가 많은 듯하다. 다음은 모 언론사의 기사 내용 중 일부다.

내 땅인데 내가 하고 싶은 대로 사용하면 안 되는 거야?

토지는 저마다 각각의 용도를 갖고 있습니다. 지목에 따라 활용이 다른 것이죠. 예를 들어 대의 경우에만 건물을 지을 수 있으며, 전·답은 농작물을 재배하는 용도입니다. 만약 이를 어기고 지목이 전·답인 땅에 건축물을 지으면, 불법건축물로 간주되어 원상복구(건축물이 없는 원래의 상태로 토지를 복구하는 상태)를 해야 하며, 과태료 등의 벌금이 부과됩니다.

앞의 기사 내용의 요지는 토지는 저마다 각각의 용도를 가지고 있고, 지목에 따라 활용이 다르다. 대지의 경우에는 건물을 지을 수 있으며, 전·답은 농작물을 재배하는 용도인데, 이를 어기고 전·답에 건축물을 지으면 불법건축물로 간주되어 원상복구 및 과태료 등의 벌금이 부과된다는 뜻이다. 일반적으로 이렇게 생각하는 경우가 많은데, 기사는 잘못된 내용이다.

기사 내용을 자세히 살펴보자. 우선 토지가 각각 저마다 용도를 가지고 있는데 지목에 따라 활용이 다르다고 표현하고 있으며, 나아가 지목에 따라 사용하지 않으면 원상복구와 과태료를 부과 받는다고 기술하고 있다. 하지만 이미 앞서 세금부과 이야기를 한 것과 같이 지목에 따라 용도가 정해지는 것이 아니라, 토지 소유자가 현재 사용하는 용도 및 그 현상에 따라 지목이 정해진다는 사실이다. 즉, 지목에 따라 사용 용도가 결정되는 것이 아니라, 현재 사용을 하고 있는 상태에 따라 지목이 결정되고, 그에 따라 세금이 부과된다는 말이다. 따라서 기사에서 지목이 전·답인 토지에 건축물을 지으면, 불법건축물로 간주되어 원상복구 및 과태료를 물게 된다는 것은 오해의 소지가 있다. '국토의 계획 및 이용에 관한 법률'상의 용도지역에 부합한다면 얼마든지 논·밭에 건축물을 건축할 수 있다. 해당 토지에 어떤 건축물을 지을 수 있는지는 지목이 부여하는 권한이 아니라, '국토의 계획 및 이용에 관한 법률'상의 용도지역에서 규정하고 있기 때문에 해당 용도지역에 부합하고 관련법령에 적합하다면, 논·밭이라도 건축물을 지을 수 있다. 단 허가를 받아야 한다. 이러한 허가를 개발행위허가라고 하는데, 관련 법령에 저촉되지 않는다면 허가를 받을 수 있다.

예를 들어 전·답·과수원에 건축물을 지으려 한다면 크게 두 가지의 틀에서 절차를 밟아야 하는데, 한 가지는 물리적 절차이며, 다른 한 가지는 행정적 절차다. 물리적 절차는 논·밭에 건축물을 건축하기 위한 토목공사와 건축공사를 말하고, 행정적 절차는 논·밭 용도로 사용하고 있던 토지를 행정적으로 건축물의 용도로 변경하는 절차를 말한다. 이러한 물리적 절차는 논·밭의 형태가 건축물을 지지하는 형태로 변경되는데, 이러한 물리적 형태의 변경을 형질변경이라고 한다. 토지의 형상을 변경시키는 행위인데, 우리나라에서는 이렇게 토지의 형상을 변경시키기 위해서는 허가를 받아야 한다. 그것이 바로 토질형질변경에 대한 개발행위허가다. 물론 토지의 형질변경은 개발행위허가 중에 한 가지인데, 개발행위허가는 넓은 범위이므로 여기서는 토지형질변경에 국한하기로 한다. 만약에 비용을 들여서 적법하게 개발행위허가를 받아 논·밭에 건축물을 건축해 목적사업을 완료했다면, 그때 비로소 전·답·과수원에서 대·창고용지·공장용지 등으로 지목을 변경할 수 있다. 농지뿐 아니라 임야 등 다른 지목의 토지도 관련 법령을 충족한다면 개발행위허가를 받을 수 있고, 궁극적으로 지목의 변경도 가능하다.

따라서 기사의 내용과 같이 지목에 따라 용도가 정해진다는 표현은 잘못됐다. 토지의 사용 용도를 적법하게 변경한 후에 마지막으로 지목이 변경이 되는 것이다. 따라서 지목이 바뀌면 토지 가격이 오른다는 뜻은 그러한 개발행위허가 절차를 모두 마치고 나서 용도가 바뀌었고 그에 따라 가격이 올랐음을 의미한다. 논·밭이 주택이나 공장으로 바뀌어졌으니 당연히 가격이 오르는 것이다. 독자분들도 이러한 메커니즘을 바로 이해하고, 인지해야 한다. 이러한 절차를 밟은 지목변경은 결과적으로 가격을 상승시키는 요인으로 작용하지만, 결과이지 원인은 아니다. 여하튼 기술한 것과 같이 전·답·과수원과 임야 등을 적법하게 허가를 받아 토지형질변경을 한다면 투입한 비용을 제외하고도 토지 가격의 상승을 기대할 수 있는 것은 사실에 매우 가깝다.

그렇다면 지목변경 절차를
알아보자

그렇다면 지목이 바뀌면 토지 가격이 올라갈 가능성이 높아진다고 하니 어떠한 절차로 지목이 변경되는 것인지 궁금하다. 또한 비용은 얼마나 소요될까? 지목의 변경은 원인이 아니라 결과라고 했다. 그러나 그 결과를 만들기 위해서는 과정이 필요한데, 바로 토지형질변경 절차다. 글자 그대로 토지의 형상을 변형시키는 것이다. 이러한 토지형질변경은 관련 법령인 '국토의 계획 및 이용에 관한 법률'상의 개발행위허가를 받아야 한다. 이미 앞서 기술한 두 가지 절차 중 하나인 행정적 절차다.

예를 들어 적법한 행정절차를 밟아 논·밭을 주택으로, 산지를 주택으로 지으면, 지목은 전·답·임야에서 대(垈)로 바뀌게 된다. 즉, 논·밭·산에서 주택으로 바뀌는 것이다. 물론 창고나 공장 등 다른 형태의 건축물로 바뀌어도 행정절차는 대동소이하다. 이 책을 읽는 독자는 아무래도 전문 투자자보다는 초보 투자자들이 많다고 생각된다. 따라서 가장 수요와 사례가 많은 농지나 산지를 주택으로 지을 때 행정적 절차와 비용을 이야기해보도록 하자. 기본적으로 지목이 전·답·과수원 등 농지와 지목이 임야인 산지에 주택을 짓기 위해서는 토지의 물리적 형태를 변경시키는 행위이므로 우선 토지형질변경에 대한 이해가 필요하다. 토지형질변경은 절토·성토·매립·정지·포장 등의 방법으로 토지의 형상을 변경하는 행위와 공유수면 매립을 말한다. 다만 경작을 위한 토지의 형질변경은 제외하며, 경작을 위한다고 하더라도 2미터 이상의 성토나 절토는 개발행위허가를 받아야 한다.

[자료 54] 토지형질변경 유형

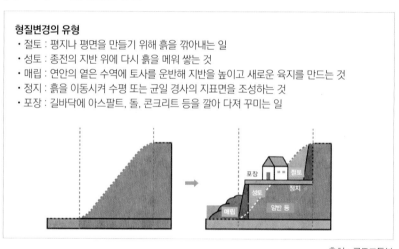

형질변경의 유형
- 절토 : 평지나 평면을 만들기 위해 흙을 깎아내는 일
- 성토 : 종전의 지반 위에 다시 흙을 메워 쌓는 것
- 매립 : 연안의 옅은 수역에 토사를 운반해 지반을 높이고 새로운 육지를 만드는 것
- 정지 : 흙을 이동시켜 수평 또는 균일 경사의 지표면을 조성하는 것
- 포장 : 길바닥에 아스팔트, 돌, 콘크리트 등을 깔아 다져 꾸미는 일

출처 : 국토교통부

토지형질변경을 하고자 할 경우에는 특별시장·광역시장·특별자치시장·특별자치도지사·시장 또는 군수로부터 개발행위허가를 받아야 한다. 개발행위허가는 관계법령에 의한 대규모 개발사업이 아닌, 일정

규모 미만의 토지 개발에 적용된다. 흔히 우리 주변에 농지나 산지를 주택이나 창고, 공장으로 건축하는 통상적인 규모는 거의 대부분 개발행위허가 적용 규모에 속한다. '국토의 계획 및 이용에 관한 법률'상의 용도지역별 개발행위허가에 대한 규모는 다음과 같다.

1. 도시지역

　가. 주거지역·상업지역·자연녹지지역·생산녹지지역 : 1만제곱미터 미만

　나. 공업지역 : 3만제곱미터 미만

　다. 보전녹지지역 : 5천제곱미터 미만

2. 관리지역 : 3만제곱미터 미만

3. 농림지역 : 3만제곱미터 미만

4. 자연환경보전지역 : 5천제곱미터 미만

　개발행위허가의 신청은 주로 토지 소유자가 직접 하기보다는 건축사무소 또는 토목설계사무소에 위임을 해 신청하는 경우가 많다. 토지 소유자가 토목·건축의 전문적인 지식도 부족하거니와 관청의 허가를 받는 일은 토지 소유자가 직접 나서서 하기에는 부담스러운 면이 많다. 따라서 전문가에게 맡기는 경우가 대부분이다. 행정적인 절차와 함께 물리적인 절차도 진행하게 되는데, 토목공사와 건축공사가 순차적으로 이루어지게 된다. 엄밀하게 말하면 개발행위허가를 받고 건축허가를 받는 순서인데, 일괄적으로 동시에 이루어진다고 보면 된다.

개발행위허가는 신청서의 제출로부터 시작한다. 개발행위를 하고자 하는 토지 소유자는 해당 개발행위에 필요한 기반시설의 설치나 그에 필요한 용지의 확보와 위해(危害)방지, 환경오염방지, 경관, 조경 등에 관한 계획서를 첨부한 신청서를 허가권자에게 제출을 해야 한다. 이 경우 개발밀도관리구역 안에서는 기반시설의 설치나 그에 필요한 용지 확보에 관한 계획서를 제출하지 않아도 된다. 다만 건축법 적용을 받는 건축물의 건축 또는 공작물의 설치를 하고자 할 때는 '건축법'에서 정하고 있는 절차에 따라 신청서류를 제출해야 한다.

이렇게 개발행위허가에 대한 신청이 이루어지면, 허가관청에서는 허가적합 여부에 대한 검토를 하게 된다. 검토사항은 개발행위허가의 규모, 해당 시·군의 향후 성장방향, 도시·군계획사업의 지장 여부, 주변지역의 토지이용실태 또는 토지이용계획, 건축물의 높이, 토지의 경사도, 수목의 상태, 물의 배수, 하천·호소·습지의 배수 등 주변 환경이나 경관과의 조화 여부, 해당 개발행위에 따른 기반시설 설치나 그에 필요한 용지의 확보계획 여부다. 관련 부서의 의견을 수렴하고 도시계획위원회 심의 대상인 경우에는 심의를 거친다. 그리고 개발행위허가 신청을 받은 특별시장·광역시장·특별자치시장·특별자치도지사·시장 또는 군수는 그 신청에 대해 특별한 사유가 없으면, 15일(도시계획위원회의 심의를 거쳐야 하거나 관계 행정기관의 장과 협의를 해야 하는 경우에는 심의 또는 협의기간을 제외) 이내에 허가 또는 불허가의 처분을 해야 한다. 또한 신청된 개발행위허가에 대해 허가 또는 불허가의 처분을 하는 때에는 지체 없이 그 신청인에게 허가증을 교부하거나 불허가처분 사유를 서면으로 통지해야 한다.

한편 개발행위허가를 받을 경우에는 이행보증금을 납부해야 한다. 이는 신청인이 개발행위 도중에 예측하지 못한 이유로 개발사업이 진행이 되지 못하는 경우를 대비해 일종의 사후 복구비용으로 예치하는 성격의 금원이다. 이행보증금은 총공사비의 20% 이내가 되도록 하고 있으며, 예치방법은 해당 지방자치단체의 도시계획조례에서 정한다. 이행보증금은 해당 개발행위에 대한 준공검사를 받은 경우, 납부한 금원을 반환 받을 수 있다. 글자 그대로 이행보증금이며, 신청한 내용대로 개발이 되지 않았을 때에만 사용되는 금원이다. 또한 개발행위허가 또는 변경허가를 할 때에 특별시장·광역시장·특별자치시장·특별자치도지사·시장 또는 군수가 그 개발행위에 대한 다음 각 호의 인가·허가·승인·면허·협의·해제·신고 또는 심사 등에 관해 미리 관계 행정기관의 장과 협의한 사항에 대해서는 그 인허가 등을 받은 것으로 본다. 이렇게 일괄 처리하는 이유는 토지를 개발하기 위해서는 수십 개의 관련 법령에 따른 인허가를 받아야 하기 때문이다.

예를 들어 하나의 개발사업을 준공하기 위해서는 전부 필요한 것은 아니지만, 필요에 따라 공유수면의 점용·사용허가, 채굴계획인가, 농업기반시설의 사용허가, 농지전용신고, 도로의 점용허가, 도로공사의 시행허가, 무연분묘의 개장허가, 사도의 개설허가, 공장설립 등의 승인, 산지전용허가, 산지전용신고, 입목벌채 허가·신고, 소하천의 점용허가, 공업용수도설치의 인가, 초지전용의 허가·신고, 공공하수도의 점용허가, 녹지의 점용허가 등 수많은 관계법령에 따른 인허가를 순차적으로 받아야 하는데, 이렇게 개별적으로 인허가를 받게 되면 사업기간이 예측할 수 없을 정도로 길어지고 비용과 행정력의 낭비가 된다. 그래서 개발행위허가 또는 변경허가를 할 때 미리 관계 행정기관의 장과 협의한 사항에서는 그 인허가를 받은 것으로 보는 것이 효율적인 행정이다. 이렇게 유연성 있는 행정처리를 〈관련 인허가의 등의 의제〉 처리라고 한다.

　나아가 이러한 관계행정기관의 장과 협의하는 절차를 신속하게 진행하기 위해서 개발행위복합민원 일괄협의회를 운영해 속도감 있게 행정처리를 하게 되어 있다. 이렇게 해서 신청자가 개발행위를 완료했으면 준공검사를 받는다. 준공검사를 위해서는 준공사진, 지적측량성과도(토지 분할이 수반되는 경우와 임야를 형질변경하는 경우로서 '공간정보의 구축 및 관리 등에 관한 법률' 제78조에 따라 등록전환신청이 수반되는 경우에 한한다) 등, 관계 행정기관의 장과 협의한 서류 등을 제출해야 한다. 준공검사결과 허가 내용대로 사업이 완료됐다고 인정하는 때에는 개발행위준공검사필증을 신청인에게 발급해야 한다. 이로써 모든 절차가 마무리된다.

[자료 55] 개발행위허가 절차 순서도

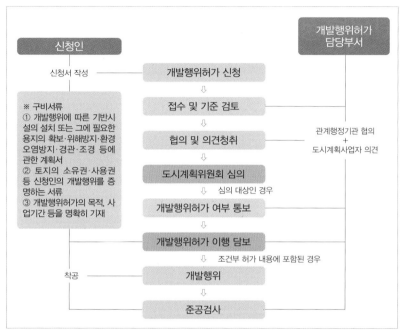

신청인

개발행위허가 담당부서

신청서 작성 —— 개발행위허가 신청

⇩

※ 구비서류
① 개발행위에 따른 기반시설의 설치 또는 그에 필요한 용지의 확보·위해방지·환경오염방지·경관·조경 등에 관한 계획서
② 토지의 소유권·사용권 등 신청인의 개발행위를 증명하는 서류
③ 개발행위허가의 목적, 사업기간 등을 명확히 기재

접수 및 기준 검토

관계행정기관 협의
+
도시계획사업자 의견

협의 및 의견청취

⇩

도시계획위원회 심의

⇩ 심의 대상인 경우

개발행위허가 여부 통보

⇩

개발행위허가 이행 담보

⇩ 조건부 허가 내용에 포함된 경우

착공 —— 개발행위

⇩

준공검사

출처 : 국토교통부

얼마면 돼?
지목변경에 투입되는 비용

이제까지는 지목변경에 필요한 행정적 절차를 알아보았다. 그렇다면 지목변경에 필요한 비용은 얼마나 될까? 이 또한 두 가지의 방향에서 살펴봐야 하는데, 한 가지는 물리적 변경에 투입되는 비용과 행정적 절차에 투입되는 비용이다. 물리적 비용이란 결과적으로 토지의 형상을 변경하는 작업이니 토목공사의 비용과 건축비용이 될 것이다. 이미 기술한 것과 같이 개발행위허가인 토지형질변경에 해당하는 토목(설계)공사와 건축(설계)공사가 이루어져야 하는데, 이는 순차적으로 이루어져야 하나 실제 현장에서는 동시에 이루어진다고 보는 것이 맞다.

토지형질변경을 위한 개발행위허가 신청은 보통 허가관청 앞에 있는 토목측량설계사무소에 위임해서 처리하는 경우가 대부분이다. 토목설계 및 토지형질변경에 대한 개발행위 인허가를 동시에 맡기는 경우, 지적공사의 경계·분할 측량까지 포함해서 개략적으로 300평 미만의 토지는 500만 원 이하에서 협상으로 결정된다. 토목설계는 절토·성토·매립·정지·포장과 배수시설에 대한 설계인데, 토지에 대한 도면을 그린다고 생각하면 된다. 토지에 대한 도면을 그렸으면 그 위에 생활할 집의 그림을 그려야 한다. 그게 바로 건축설계다. 건축설계비용은 건축사사무소마다 다르지만 통상적으로 평당 15만 원 정도다. 주택의 그림이 그려졌다면 해당 허가관청에 집을 지을 테니 허가를 해달라고 건축허가 신청을 해야 하는데, 그게 바로 건축인·허가비다. 통상적으로 주택의 경우 300만 원 선이다. 여기까지는 서류적인 부분이다. 별도의 이야기이긴 하지만 알아두면 좋은 제도가 한 가지 있는데, 건축허가와 관련해서는 '건축허가사전결정신청'을 활용할 수 있다. '건축법' 10조(건축 관련 입지와 규모의 사전결정)에 근거해 건축허가 대상 건축물을 건축하려는 사람은 건축허가를 신청하기 전에 허가권자에게 그 건축물의 건축에 대한 사전결정신청을 할 수 있다. 사전결정신청의 내용은 다음과 같다.

1. 해당 대지에 건축하는 것이 건축법이나 관계 법령에서 허용되는지 여부
2. 건축법 또는 관계 법령에 따른 건축기준 및 건축제한, 그 완화에 관한 사항 등을 고려해 해당 대지에 건축 가능한 건축물의 규모
3. 건축허가를 받기 위해 신청자가 고려해야 할 사항
허가권자는 사전결정신청을 받으면 입지, 건축물의 규모, 용도 등을 사

전결정한 후 사전결정신청자에게 알려준다. 사전결정 통지를 받은 경우에는 다음 각 호의 허가를 받거나 신고 또는 협의를 한 것으로 본다.

1. '국토의 계획 및 이용에 관한 법률'에 따른 개발행위허가
2. '산지관리법'에 따른 산지전용허가와 산지전용신고, 산지일시사용허가·신고. 다만 보전산지인 경우에는 도시지역만 해당된다.
3. '농지법'에 따른 농지전용허가·신고 및 협의
4. '하천법'에 따른 하천점용허가

사전결정신청자는 사전결정을 통지받은 날부터 2년 이내에 건축허가를 신청해야 하며, 이 기간에 건축허가를 신청하지 않으면 사전결정의 효력이 상실된다. 따라서 건축을 위해 토지를 매매하는 경우, 이러한 '건축허가사전결정신청'을 해서 필요한 건축물을 건축하는 데 장애요건이 없는지 확인을 하고 매입을 한다면 불측의 손실에 대비할 수 있다.

서류적인 부분이 끝났다면 다음으로 해야 할 일은 토지형질변경을 위해서 납부해야 할 부담금이 있다. 전·답·과수원과 같은 농지를 주택용도로 바꿀 때 농지를 전용한다는 표현을 하는데, 농지를 다른 용도로 바꿀 때는 '농지보전부담금'을 납부해야 한다. '농지보전부담금'은 한정된 자원인 농지를 관리하고 조정하는 데 필요한 재원을 마련하기

위해서 농지를 다른 용도로 전용할 때 부과하는 금원이다. 현행 농지법에서 농지보전부담금은 농지전용을 하는 토지의 1제곱미터당 고시로 정하고 있는데, 개별공시지가의 30%다. 그런데 그 부담금이 5만 원을 초과하는 경우 5만 원으로 한다.

예를 들어 개별공시지가가 제곱미터당 9만 원일 경우에는 9만 원 곱하기 30% 해서 2만 7,000원이 된다. 하지만 개별공시지가가 20만 원인 경우에는 20만 원 곱하기 30% 하면 6만 원이 되지만, 5만 원을 초과하기 때문에 5만 원만 부과한다.

> 농지보전부담금=전용농지의 개별공시지가(㎡당)×30%×전용면적(㎡)

만약 임야인 산지를 주택으로 전용하는 경우에는 같은 방식과 절차로 산지전용이라고 한다. 산지전용은 산지를 조림, 숲 가꾸기, 벌채, 토석 등 임산물의 채취, 산지일시사용 용도 외로 사용하거나 이를 위해 산지의 형질을 변경하는 것을 말한다. 산지전용을 위해서는 훼손되는 산림자원을 대체하기 위한 비용으로 사용되는 금원인 '대체산림자원조성비'를 납부해야 한다. '대체산림자원조성비'는 산지전용을 하는 산지의 단위면적에 부과시점의 단위면적당 금액을 곱한 금액으로 하는데, 면적당 금액은 산림청장이 결정·고시한다. 또한 개별공시지가를 일부 반영하는데 그 반영비율은 1,000분의 10이다. '대체산림자원조성비'는 보전산지와 준보전산지로 구분되어 부과되며, 산지전용제한지역도 불가피하게 전용을 하는 경우에도 부과된다.

> 대체산림자원조성비=
> 전용산지면적(㎡)×(단위면적당 금액+개별공시지가의 1,000분의 10)

2019년 3월 18일 산림청에서 고시한 단위면적당 금액은 준보전산지는 제곱미터당 4,800원, 보전산지는 6,240원, 산지전용 및 일시사용제한지역은 9,600원이다. 여기에 개별공시지가의 일부인 1%를 반영하는데, 그 최대 금액은 제곱미터당 4,800원이다.

산지구분	준보전산지	보전산지	산지전용제한지역
1㎡당 금액	4,800원	6,240원	9,600원

아울러 산지전용을 할 때는 농지전용과 달리 토사유출의 방지와 산사태 또는 인근지역의 피해 등 재해의 방지나 산지경관 유지에 필요한 조치 또는 복구에 필요한 비용을 산림청장에게 예치해야 한다. 다만 산지전용을 하려는 면적이 660제곱미터 미만인 경우에는 제외한다. 복구비는 예치 후에 형질변경이 허가 내용대로 준공이 되면 반환 받는다. 2019년 4월 12일 산림청에서 고시된 1만제곱미터당 복구비는 경사도가 10도 미만이면 60,428,000원이다. 매우 큰 금액이라 통상적으로는 보증서로 갈음한다.

경사도 10도 미만	10도 이상 20도 미만	20도 이상 30도 미만	30도 이상
60,428,000원	177,679,000원	233,661,000원	304,794,000원

이제부터 도면에 그린 대로 실제 토지에 물리적인 변화가 이루어져야 한다. 먼저 토목공사를 해야 하는데, 토목공사비용은 토지의 컨디션에 따라 다르다. 평당 10만 원~20만 원 선이다. 건축공사는 자재와 마감재에 따라 다르긴 하지만, 보통 450만 원(부가세별도)부터 견적이 시작된다고 보는 것이 무리가 없다. 전기와 상하수도 및 정화조 등 인입시설의 비용도 별도로 들어가는데 1,000만 원 이상 비용이 투입된다. 인입시설이 근거리에 있는 경우에는 비용이 줄어들 수 있고, 멀리 떨어진 장소라면 금액이 많이 늘어난다.

또한 빗물을 내보내는 우수관로 공사도 해야 하는데 이러한 기반시설 비용이 수백만 원 정도 든다. 경우에 따라서는 배보다 배꼽이 크게 되는 경우도 있다. 토지 가격은 저렴한데 기반시설 설치비용이 엄청 들어가는 상황이 있다. 따라서 너무 외진 곳으로 가지 않는 것이 좋다. 그리고 주택만 덩그러니 있으면 이상하다. 그래서 조경을 하는 데 상당한 비용이 수반된다. 이것은 뭐 다다익선이라 넘어가기로 한다. 이렇게 해서 주택이 준공되면 그제야 비로소 지목이 전·답·과수원에서 대(垈)로 임야에서 대(垈)로 변경되는 것이다.

뒤에서 다시 언급하겠지만, 건축허가의 필수조건 중 가장 중요한 것이 있는데 바로 진입도로다. 해당 토지까지 진입이 가능한 폭 4미터 이상의 지적도상 도로나 '건축법'상 도로가 있어야 한다. 다만 주민이나 차량이 현재의 거주지 통행을 위해 사용되고 있는 포장된 현황도로는 건축허가가 가능한 경우가 많다.

[자료 56] 토목공사 : 도로, 교량, 제방, 항만, 하천, 철도, 상하수도 등의 건설 공사를 총칭한다. 또는 이것을 대상으로 하는 공학의 분야를 말한다.

[자료 57] 건축공사 : 건축이란 건축물을 신축·증축·개축·재축(再築)하거나 건축물을 이전하는 것을 말한다.

그리고 개발이 모두 완료되어 다 잊고 있었는데 느닷없이 날아드는 것이 있다. 바로 '개발부담금부과대상통보문'이다. 사례로 든 농지나 산지를 매입해 주택이나 그 밖에 공장이나 창고를 건축할 경우, 규모가 작은 주택이 아니라 규모가 어느 정도 되는 건축물의 경우에 발생한다. 부동산 개발로 많은 수익이 발생되는 경우, 또는 수익이 발생된 것으로 보는 경우에는 우리나라에서는 그 수익에 일정 부분을 개발부담금을 납부해야 한다. 국가는 '개발이익환수에 관한 법률'에 따라 개발사업 대상 토지에 대한 투기를 방지하고, 그 토지의 효율적인 이용을 촉진하기 위해 해당 사업의 개발이익에 대한 환수금을 부과한다. 이를 '개발이익환수제도'라고 하며, 이때 징수되는 환수금을 '개발부담금'이라고 한다. 어찌 보면 당장 손에 쥐어진 이익이 아닌데 국가에 세금부터 내라고 하니 살짝 억울할 수도 있는데, 법령이 그러니 어찌할 도리가 없다.

여기서 개발이익이란 개발사업의 시행이나 토지이용계획의 변경, 그 밖의 사회적·경제적 요인에 따라 정상적 토지 가격 상승분을 초과해 개발사업을 시행하는 사람이나 토지 소유자에게 귀속되는 토지 가격 상승으로 인한 증가액의 상승분을 말한다. 이러한 개발이익에서 최대 25%를 징수하도록 되어 있는데, 앞과 같이 '개발부담금부과대상통보문'을 받게 되면 전문지식이 없는 일반인은 난감한 상황이 된다. 언젠가는 우리도 일정 규모 이상의 개발사업을 한다는 가정하에 미리 공부를 해두는 시간을 갖도록 하자.

개발부담금 납부의무자는 그 개발행위 사업시행자, 개발사업을 위탁하거나 도급을 한 경우에는 그 위탁이나 도급을 한 자, 타인이 소유하는 토지를 임차해 개발사업을 시행한 경우에는 그 토지 소유자, 개발사업을 완료하기 전에 사업자의 지위 등을 승계한 자다. 그리고 개발부담금 부과 대상이 되는 개발사업의 범위는 택지개발사업, 대지조성사업, 주택건설사업, 산업단지개발사업, 관광지조성사업, 도시개발사업, 지역개발사업 등 국가 또는 지방자치단체로부터 인가·허가·면허 등(신고 포함)을 받은 사업 대상이다. 대상면적은 특별시·광역시 또는 특별자치시 중 도시지역인 지역에서 시행하는 사업의 경우 660제곱미터 이상, 그 외의 지역에서 시행하는 사업의 경우 990제곱미터 이상, 도시지역 중 개발제한구역에서 그 구역의 지정 당시부터 토지를 소유한 자가 그 토지에 대해 시행하는 사업의 경우 1,650제곱미터 이상, 도시지역 외의 지역에서 시행하는 사업의 경우 1,650제곱미터 이상이다. 개발사업 면적을 산정함에 있어 동일인[법인을 포함하며, 자연인인 경우에는 배우자 및 직계존비속을 포함한다]이 연속적으로 접해 있는 토지[동일인이 소유한 연속된 일단(一團)의 토지인 경우를 포함한다]에 하나의 개발사업이 끝난 후 5년 이내에 개발사업의 인가 등을 받아 사실상 분할해 시행하는 경우에는 각 사업의 대상 토지 면적을 합한 토지에 하나의 개발사업이 시행되는 것으로 본다.

$$개발부담금=$$
$$(종료시점지가-개시시점지가-정상지가상승분-개발비용)×부담률(\%)$$

여기서 산출식 내용에 대한 설명은 다음과 같다.

1) 종료시점지가는 표준지공시지가 또는 처분가격, 감정평가액을 기준으로 산정한다.

2) 개시시점지가는 개별공시지가 또는 실거래가를 기준으로 산정한다.

3) 정상지가상승분 산정은 정기예금이자율 또는 평균지가변동률을 고려해 산정하게 된다.

4) 개발비용은 순공사비, 조사비, 설계비, 일반관리비, 기부채납액, 부담금 납부액, 토지의 개량비, 제세공과금, 보상비, 양도소득세 또는 법인세 납부액 등이다.

5) 개발부담금 부담률은 지목변경을 수반하는 개별입지 사업의 경우 25%이고, 택지개발사업 등 계획입지 사업의 경우 20%다. 다만, 개발제한구역 내 납세의무자가 개발제한구역으로 지정될 당시부터 토지 소유자인 경우에는 부담률을 20%로 적용한다.

앞에 이야기가 있었지만 전·답·과수원과 임야에서 대(垈)로 지목변경을 위해 단독주택을 건축한다면, 비교적 소규모로 토지형질변경이 이루어진다. 따라서 '국토의 계획 및 이용에 관한 법률'상 도시지역은 660제곱미터, 도시지역 이외의 지역에는 1,650제곱미터가 넘어야 하므로 대부분 개발부담금을 부담하지 않는다, 다만 그 이상의 규모로 창고나 공장 등을 지을 경우에는 개발부담금을 부담해야 한다. 그러므로 토지 매입 후 개발을 할 예정이라면 이러한 개발부담금 제도도 잘 알아두어서 느닷없는 개발부담금부과예정통지서를 받아도 당황하지 않고 여유 있게 대처해야 하겠다.

사실 지목을 보는 이유는
따로 있다

　이상으로 지목변경이 되는 절차와 비용에 대해서 알아보았는데, 사실 토지 투자에 있어 지목을 봐야 하는 이유는 따로 있다. 동일한 조건이라고 가정할 때 우선순위를 두어야 하는 지목은 어떠한 토지일까? 지목변경을 위해서는 토지형질변경이라는 개발행위허가를 거쳐야 하고, 인허가비용과 농지는 '농지보전부담금', 산지는 '대체산림자원조성비'를 부담해야 한다. 그런데 지목 간의 변경 중에서 어떤 지목은 변경이 되면 비용을 투입해야 하는 반면, 어떤 지목은 변경이 되어도 비용이 들어가지 않는다. 다음 그림 지목의 구분을 보자. 색깔로 비슷한 성격을 가진 지목을 군(무리)으로 묶어 놓았다. 1번부터 5번까지는 녹색으로 표시되어 있으며, 전·답·과수원·목장용지·임야이고, 자연물 그대로 가공이 되지 않은 토지다. 이에 반해 8번부터 13번까지 그리고 25번, 28번은 분홍색으로 표시되어 있고, 대(垈)·공장용지·학교용지·주차장·주유소용지·창고용지·종교용지·잡종지이며, 건축물이 지어진 가공된 토지의 지목군이라 하겠다. 14번부터 17번까지, 21번부터 24번까지는 오렌지색으로 표시가 되어 있으며, 도로·철도용지·제방·하천·수도용지·공원·체육용지·유원지 등으로 국민들의 원활한 사회생활을 위해 사용되어진다. 이 지목군은 기반시설로서 공익적 목적으로 사용되는 경우가 대부분으로, 건축물을 짓는 경우가 별로 없다. 마지막 지목군으로는 6번과 7번, 18번부터 20번, 26번, 27번으로 흰색으로 표시되며, 광천지·염전·구거·유지·양어장·사적지·묘지 등으로 구성되어 있다. 이 지목군들은 건축물이 없으며, 있다고 하더라도 지목 고유의 목적으로 사용되기 때문에 지목 변경이 이루어지는 경우가 매우 드물다.

전·답·과수원은 대(垈)로 변경이 되기 위해서는 농지보전부담금을, 임야를 대(垈)로 변경하기 위해서는 대체산림자원조성비를, 목장용지 중 초지를 대(垈)로 변경하기 위해서는 대체초지조성비를 부담해야 한다. 즉 농지, 산지, 초지를 전용해 건축물을 짓기 위해서는 각각의 전용부담금이 발생한다. 이에 반해 대(垈), 공장용지, 학교용지, 주차장, 주유소용지, 창고용지, 종교용지는 이미 개발행위허가기준에 맞추어 토지형질변경을 완료하고, 진입로, 상하수도들을 설치해놓은 토지다. 따라서 타 용도의 건축물을 건축할 때 또다시 개발행위허가를 받을 필요가 없고, 받더라도 간이한 절차를 거친다. 더 이상의 비용투입이 필요 없고, 토지형질변경의 절차를 거칠 필요가 없다. 즉, 토지 투자를 위해서 매입을 고려할 때 '국토의 계획 및 이용에 관한 법률'상의 용도지역 및 가격이 동일하다면, 대(垈)·공장용지·학교용지·주차장·주유소용지·창고용지·잡종지를 매입에 우선순위를 두어야 한다. 물론 다른 조건이 동일하다는 조건이 충족되기는 쉽지 않다. 그러나 인허가비용과 각종 부담금, 소요기간을 생각해서 건축물의 건축이라는 소기의 목적을 달성하기 위해서 어떠한 지목의 토지가 이익이 되는지 계산을 해서 토지 매입을 검토해야 할 것이다. 성공 투자를 위한 매우 중요한 요소다.

[자료 58] 지목의 구분

지목(地目)의 구분(공간정보의 구축 및 관리 등에 관한 법률]					
1	전(田)	11	주차장(駐車場)	21	수도(水道)용지
2	답(畓)	12	주유소(注油所)용지	22	공원(公園)
3	과수원(果樹園)	13	창고(倉庫)용지	23	체육(體育)용지
4	목장(牧場)용지	14	도로(道路)	24	유원지(遊園地)
5	임야(林野)	15	철도(鐵道)용지	25	종교(宗敎)용지
6	광천지(鑛泉地)	16	제방(堤防)	26	사적지(史跡地)
7	염전(鹽田)	17	하천(河川)	27	묘지(墓地)
8	대(垈)	18	구거(溝渠)	28	잡종지(雜種地)
9	공장(工場)용지	19	유지(溜池)		
10	학교(學校)용지	20	양어장(養魚場)		

토지이용계획확인서 4번 – 개별공시지가

토지 투자에서 개별공시지가 차지하는 중요성은 매우 크다. 앞의 투자 실패 사례에서 '친구 때문에 폭망한 사례'를 기억하시는가? 그 챕터에서 개별공시지가를 이용해 매입을 검토하는 토지의 적정한 가격을 예상해보는 방법을 설명했다. 기억이 나지 않는다면 앞으로 갔다 오시는 것이 이 챕터를 이해하기 쉬울 것이다.

개별공시지가를 이해하기 위해서는 개별공시지가를 산정하는 기준을 알아야 하는데, 그 기준을 알기 위해서는 반드시 표준지공시지가의 개념도 이해를 해야 한다. 우선 표준지란 우리나라 전국 총 3,353만 필지(2019년 1월 1일 기준)에 대해서 국토교통부장관이 토지이용상황이나 주변 환경, 기타 자연적·사회적 조건이 일반적으로 유사하다고 인정되는 일단의 토지 중에서 대표성, 중용성, 안정성, 확정성이 있는 토지를 선정하는데, 이를 '표준지'라 한다. 이러한 표준지는 전국 총

3,353만 필지 중에서 50만 필지에 해당한다. 국토교통부장관은 매년 1월 1일 기준으로 표준지에 대해 적정가격을 평가·공시해야 하는데, 이를 표준지공시지가라고 한다. 표준지공시지가는 표준지의 특성을 조사·평가해 중앙부동산가격공시위원회 심의를 거쳐 매월 2월경에 발표한다. 국토교통부장관이 이렇게 표준지공시지가를 공시하는 이유는 전국 총 3,353만 필지 각 토지에 대한 감정평가의 기준과 개별공시지가 등 각종 행정목적을 위한 지가산정의 기준으로 적용하기 위함이다.

이와 달리 개별공시지가는 국토교통부장관이 매년 공시하는 표준지공시지가를 기준으로, 시장·군수·구청장이 조사한 개별 토지의 특성과 비교표준지의 특성을 비교해, 토지 가격비준표상의 토지 특성 차이에 다른 가격배율을 산출하고, 이를 표준지공시지가에 곱해 지가를 산정 후 감정평가사의 검증을 받아 토지 소유자 등의 의견 수렴과 시·군·구 부동산 평가위원회 심의 등의 절차를 거쳐 시장·군수·구청장이 결정·공시하는 개별 토지의 가격을 말한다.

> 개별공시지가=토지 가격비준표 가격배율×표준지공시지가

토지 가격비준표의 가격배율은 각 필지의 특성인 지목, 토지 면적, 용도지구, 공공용지, 도시계획시설, 기타제한, 비옥도, 방위, 형상, 도로거리, 철도·고속도로 등과의 거리, 폐기물·수질오염 등과의 거리, 농지구분, 경지정리, 임야구분, 토지 이용상황, 고저, 도로접면을 고려해

표준지에 비해 개별필지의 지가수준차이를 수치로 정해 놓은 것이다. 비교표준지와 조사대상 개별필지 특성이 같으면 가격배율은 1.00이며, 비교표준지와 토지 특성이 서로 다른 토지에 대해서 간편하게 가격배율을 추출한다.

[자료 59] 토지 가격비준표 중 토지 용도 배율표(예시)

토지 용도	주거용	상업업무	주상복합	공업용	전	답	임야
주거용	1.00	1.36	1.19	0.98	0.80	0.77	0.49
상업업무	0.74	1.00	0.88	0.72	0.59	0.57	0.36
주상복합	0.84	1.14	1.00	0.82	0.67	0.65	0.41
공업용	1.02	1.39	1.21	1.00	0.82	0.79	0.50
전	1.25	1.70	1.49	1.23	1.00	0.96	0.61
답	1.30	1.77	1.55	1.27	1.04	1.00	0.64
임야	2.04	2.78	2.43	2.00	1.63	1.57	1.00

개별공시지가는 토지 관련 국세 및 지방세의 부과기준, 개발부담금 등 각종 부담금의 부과기준으로 활용된다. 개별공시지가의 기준일은 두 가지로 나누어지는데, 매년 1월 1일 기준은 전년도와 행정적으로 변동사항이 없는 토지이며, 매년 7월 1일 기준은 토지의 분할, 합병, 신규등록, 지목변경, 국·공유지가 사유지로 변경된 토지로 개별공시지가가 없는 토지다. 우리가 공부하고 있는 지목변경이 이루어진 토지라면, 7월 1일 기준으로 개별공시지가가 산정되어 공시된다. 이러한 개별공시지가의 흐름은 해당 지역의 토지 가격의 흐름과 다르지 않다. 개별공시지가라는 것이 결국 주변의 개발흐름과 토지의 실제 거래사

례를 종합해서 산정한 공식적(?) 가격이다. 이러한 흐름에 대한 패턴을 이해한다면 매입을 결정하는 데 도움이 될 것이다.

예를 들어 개별공시지가의 흐름을 10년간의 시계열(시간에 따른 흐름)로 보면, 전년 대비 상승률이 낮은 구간도 있을 것이고, 상승률이 높은 구간이 있을 것이다. 최근에 몇 년간 전년 대비 상승률이 계속 높아지는 패턴을 보인다면, 해당 지역은 개발호재 등 여러 가지 요인으로 토지의 가격이 급속히 상승하는 지역으로 유추해볼 수 있을 것이다. 이와 반대로 10년간의 시계열을 봐도 상승률이 낮다면, 해당 지역은 개발호재는커녕 물가 상승률도 따라가지 못할 정도로 조용한 지역이라는 해석이 가능하다. 토지용계획확인서 개별공시지가란에 '연도별 보기'를 클릭하면 된다.

[자료 60] 연도별 개별공시지가

출처 : 토지이용규제정보서비스

[자료 60]의 연도별 개별공시지가를 보면 2010년 214,000원에서 2011년은 변동이 없고, 2012년은 241,000원으로 12.6% 상승했다. 2013년에는 326,000원으로 35.2% 상승률을 기록하면서 주변에 무슨 일이 일어난 것 같은 느낌을 갖게 해준다. 2014년에는 587,900원으로, 전년 대비 무려 71.1%의 개별공시지가 상승률을 보여준다. 2015년에는 916,500원으로 55.8%, 2016년에는 1,007,000원으로 9.8%, 2017년에는 1,126,000원으로 11.8%, 2018년에는 1,228,000원으로 9%, 2019년에는 1,301,000원으로 전년 대비 5.9% 개별공시지가가 상승했다.

이러한 개별공시지가 시계열에 따른 상승률을 가지고 그 지역 시장의 역사를 가늠해볼 수 있는데, 2010년과 2011년에는 지역 토지 시장이 조용했다가 2012년부터 2015년까지 급격하게 해당 지역의 토지 가격이 상승한 것을 알 수 있다. 그 후 2016년부터는 서서히 토지 가격 상승률이 낮아지는 것을 볼 수 있다. 이는 해당 지역의 대규모 호재가 끝나가고 있음을 이야기하는 것이다. 2019년 들어서는 2018년 대비 개별공시지가의 상승률은 매우 낮다. 해당 지역의 개발이 마무리되고 진정상태에 서서히 접어들고 있다고 예상할 수 있다. 만약 전년 대비 급격한 상승률이 있었다면, 다음 해에도 그렇게 높아질 가능성이 많다. 투자 타이밍이 될 수도 있다. 이렇게 토지이용계획확인서 한 장으로 토지 투자에 필요한 정보를 상당 부분 얻어낼 수 있다. 그래서 우리는 공부가 필요하다.

PART 4

토지 투자
모르고 하지 마라.
무조건 피해라

지금까지 토지 투자에 반드시 필요한 토지이용계획확인서의 의미와 활용법에 대해서 알아보았다. 조금 극단적이고 미안한 이야기이지만, 토지이용계획확인서를 해석할 수 없는 사람은 토지 투자를 하지 않는 것이 좋다. 본인이 해석하고 판단할 수 없다면 그것은 투자 실패로 이어질 가능성이 매우 크기 때문이다. 물론 전문가(?)가 추천해주는 물건을 매입하는 방법도 있다. 하지만 전문가가 추천해주는 물건이 객관적으로 투자 가치가 있는 물건이라고 아무도 장담할 수 없다. 또한 내가 관심을 가진 토지에 대해서 검토해달라고 할 수 있지만, 전문가의 지식을 빌린다고 하더라도 해당 전문가라는 사람이 실제 객관적으로 판단해줄 것으로 믿을 수 있는 근거는 아무것도 없다.

　상당한 투자 자금이 투입되는 토지 투자는 해당 토지의 투자 가치를 본인이 파악하고 나서 그래도 부족한 부분이 있다면, 그 부족한 정보를 보충하기 위해서 전문가의 의견을 참고하고 보충한다고 생각해야 한다. 무엇보다 해당 토지의 투자 가치를 파악하는 것이 급선무인데, 해당 물건에 대해서 판단할 수 없는 실력이라면 미안하지만 토지 투자는 하지 않는 것이 정신건강에 좋다. 성급하거나 무리한 도전은 재산상의 손실과 기회비용을 차압당한다. 따라서 토지 투자 권유를 받았을 때는 네이버나 다음의 위성지도를 보고, 물리적인 위치나 형상에 대해서 살펴본다. 그런 뒤에 토지이용계획확인서에서 '국토의 계획 및 이용에 관한 법률'에 따른 지역·지구와 '다른 법령' 등에 따른 지역·지구를 확인하고, 그러한 지역·지구들의 제한사항을 인터넷에서 검색해서 하나씩 자신의 지식으로 만들어가는 노력을 해야 한다. 하루 이틀에 모든 것을 깨우칠 수는 없지만, 적어도 해당 지역·지구들이 토지에 어떠한 영향을 주고 있는 상태인지는 파악할 수 있어야 한다.

법령에 크게 제한이 없다면 이런 방법으로 검색을 통해 기본적인 정보를 취합한 후에 긍정적인 평가를 내릴 수 있는 물건에 한해서 실제 현장으로 가서 해당 토지의 현황을 눈으로 직접 살펴보고, 최종적인 판단을 하면 된다. 문제는 거의 대부분의 사람들이 돈이 많아서 토지 투자를 계속하는 것도 아니고, 한두 번의 매매를 하면 투자금이 모두 소진되어 더 이상 공부할 필요가 없어지는(?) 일반적인 사람들이라는 것이다. 이러한 초보 투자자들에게 머리 아픈 토지이용계획확인서 공부를 계속하라고 하면 사실 짜증난다. 그런데 어쩌랴? 그 한두 번의 투자에 들어가는 돈이 나의 피와 땀이고 인생의 전부인데, 소홀히 다룰 수는 없는 것이다. 차라리 그런 사람은 토지 투자를 하지 않는 것이 좋다. 필자가 그래서 후랭이TV 인터뷰에서 모르고는 토지 투자하지 말라고 그리 목소리를 높였던 것이다. 물론 토지 투자도 여러 번 해보았고 산전수전 다 겪어 본 베테랑이라면, 이 책을 읽을 필요도 없고, 읽지도 않을 것이다. 이 책을 펼쳐 놓고 째려보는 사람은 아마도 초보 투자자 중에서 토지 투자에 관심을 가지고 있는 사람이거나, 이미 사고(?)를 쳐서 본인의 토지가 어떤 토지인지 지금에 와서 공부를 하려는 사람일 것이다. 이유야 어찌 됐든 이 책을 읽고 있는 독자들이라면 토지 투자에 관심이 있고, 공부를 하려는 사람이다. 그런데 그런 분들에게 무조건 공부만 하라고 해서 해결될 일은 아닌 것 같기도 하다. 자! 여러분은 토지 공부를 하든, 하지 않든, 다음 순서에서 이야기하는 토지를 사지만 않는다면 토지 투자로 최소한 손해는 나지 않을 것이다. 잃지 말아야 다음 기회가 온다.

토지에 대해서 모르는 사람이
추천하는 물건은
아예 쳐다보지 마라

토지 투자를 하고 싶지만 어디서부터 손을 대야 할지 몰라서 당하기도 하고, 또는 앞의 사례에서 보듯이 돈을 벌어 배우자에게 깜짝 선물을 해주고 싶었지만, 토지에 대해 잘 몰라서 당하게 되는 등 여러 부동산 사건 중에서 가장 많은 피해 사례의 원흉은 단연 기획 부동산이다. 기획 부동산 회사는 폐업과 창업을 끊임없이 반복하면서 강인한 생명력을 과시한다. 기획 부동산은 법적용어가 아니기에 개념이 정해져 있지는 않지만, 대체적으로 이러한 패턴이라면 기획 부동산이라 볼 수 있고, 판매하는 토지는 100% 쓸모가 없는(있더라도 아무 미약한) 쓰레기 땅이다.

① 매매계약만 하고 실제 등기를 치지 않은 상황에서 제3자에게 매매한다. 대개 지분매매다.

② 매매를 권유하는 토지 주변이 개발호재가 있다고 과장되게 이야기한다.

③ 확정되지 않은 개발 청사진을 마치 개발이 확정된 것처럼 표현한다.

④ 용도지역 변경이 불가능한 토지를 마치 가능한 것처럼 이야기한다.

⑤ 개발제한구역해제, 신도시개발 등을 확정처럼 이야기한다.

⑥ 현장에 가서 매매할 목적물과 다른 토지를 보여준다.

⑦ 업무상 비밀이라면서 해당 토지의 지번을 알려주지 않는다.

⑧ 계약금을 보내야 실제 투자 물건의 지번을 알려준다고 한다.

⑨ 지분등기를 하면서 분할등기가 가능한 것처럼 이야기한다.

⑩ 지적도상에 가분할해놓고 실제로 분할이 가능한 것처럼 이야기한다.

앞에 나열한 사례는 전형적인 기획 부동산 회사가 하는 소행들이다. 문제는 이러한 땅들이 대부분 쓸모없는 토지라는 것이다. 기획 부동산 회사는 돈을 대는 회사주인이 있는데, 이러한 회사주인은 표면에는 나타나지 않고, 바지사장을 두고 뒤에서 조종을 한다. 이런 기획 부동산 회사는 통상적으로 한 사람이 여러 개를 운영하는 것이 보통이며, 토지를 매입할 때 바지사장이나 임직원의 명의로 매입하기 때문에 실제 회사주인은 드러나지 않고 교묘히 법망을 피해간다. 문제가 생기면 폐업하고 다시 창업한다. 매출액의 30% 정도는 토지를 판매한 직원에게 인센티브로 주는데, 이렇게 많은 수당 때문에 기획 부동산 회사에 종사하는 사람들이 많다. 기획 부동산 회사에 종사하게 된 사람은 본인이 남에게 피해를 주는 행동을 하고 있다는 것을 알아차리는 데는 많은 시간이 필요하고, 심지어는 본인이 영원히 깨우치지 못하는 경우도 있다. 요즘은 다단계처럼 움직이는데, 아는 지인을 꼬리에 꼬리를 물고 영업을 하다 보니 우리도 모르게 우리의 친인척까지도 이러한 회사에 근무하는 경우가 많다.

갑자기 친한 친구 또는 평소 알고 지내던 지인이 좋은 토지가 있으니 사라고 한다. 이런 경우는 심심치 않게 일어난다. 이럴 때는 어떻게 해야 할까? 실제 질문도 많이 들어오는 사례다. 그 땅이 기획 부동산 회사에서 파는 토지라고 단정 지을 수는 없지만, 우리는 합리적인 의심을 해야만 한다. 이를 테면 이렇게 생각해보는 것이다. 토지 투자를 권유하는 친구나 지인이 토지에 대한 많은 지식이나 경험을 가지고 있는지 체크해보는 것이다. 평소에 알고 지내던 사람이니 그 친구나 지인이 이제까지 종사하던 직업이 있었을 것이고, 그 직업상 업무가 토지를 많이 다루는 직업이었는지를 생각해보자. 만약 토지와 관련이 없는 직업에 종사한 사람이라면 추천이나 매입권유를 하는 토지는 투자용으로 적합한 토지가 아닐 가능성이 100%다.

우리는 한 분야에 오랜 시간을 투자하고, 공부하며 경험한 사람을 그 분야의 전문가라고 한다. 1만 시간의 법칙(The 10,000 Hours Rule)이 있다. 1993년 미국 콜로라도 대학교의 심리학자 앤더스 에릭슨(K Anders Ericsson) 교수가 발표한 논문에서 주장한 내용인데, 세계적인 바이올린 연주자와 아마추어 연주가 간의 실력 차이는 두 사람의 연습 시간에 비례한다는 것이다. 어느 분야든 일반 사람이 인정할 수 있는 전문가 수준의 실력을 갖추기 위해서는 1만 시간이라는 경험과 노력의 시간이 필요하다는 것이며, 1만 시간 이상의 계획적인 훈련으로 세계적 수준의 결과를 나타낸다는 주장이다. 재능이 있든, 없든, 한 분야의 직업을 선택해서 그 직업에서 전문가의 반열에 오르기 위해서는 많은 노력과 시간을 투입해서 공부하고, 경험을 쌓아야 한다. 그러한 경험과 지식으로 주변 사람들에게 신뢰를 구축해야 하고, 신뢰를 구축하기에 필요한 축적시간은 최소한 1만 시간이 필요하다는 것이 에릭슨 교수의 주장이다. 이러한 측면에서 볼 때 토지를 판매하는 직업도 예외일 수 없다. 직업으로서 전문성은 물론, 토지를 판매하기 위해서 고객에게 신뢰를 줄 수 있는 역량과 지식이 있어야 한다. 그런데 친구나 지인이 토지 또는 토지 투자와 관련된 일을 한 적 없는 사람이라면 무조건 패스하는 것이 정신건강에 좋고, 자산을 잃지 않는 인생의 꿀 팁이다.

[자료 61] 1만 시간의 법칙

$$8 \times 5 \times 52 \times 4.8$$
Hours Days Weeks Years
$$= 10,000 \text{ HOURS.}$$

화장발, 조명발에 속지 마라.
민간개발은 대부분 부도수표다

흔히 민간개발이라고 하는 민간 투자 사업은 주로 민간자본이 사회 간접자본(SOC : Social Overhead Capital)에 투자하는 사업을 말하며, '사회기반시설에 대한 민간 투자법'에 근거한다. 기본적인 취지는 사회기반시설에 대한 민간의 투자를 촉진해 창의적이고, 효율적인 사회기반시설의 확충과 운영을 도모함으로써 국민경제 발전에 이바지함을 목적으로 한다. 모든 사회기반시설을 국가재정으로 만들기에는 비용적인 면이나 창의성과 유연성이 부족하므로 민간의 자본과 아이디어를 적극 활용하겠다는 취지다. 그런데 속사정을 들여다보면 기본적인 개념은 정부에서 사업을 추진할 충분한 예산이 부족한 경우에 해당 사업을 민간에 맡겨서 건설하고, 해당 시설에서 수입이 발생하면 민간사업자가 투입한 투자 자본을 회수하도록 하는 구조다.

대표적인 방식은 두 가지인데, 임대형 민자사업(BTL : Build-Transfer-

Lease)과 수익형 민자사업(BTO : Build-Transfer-Operate)이다. 임대형 민자사업(BTL)은 민간이 시설을 건설하고, 이를 일정 기간 동안 정부에 임대를 주어 임대료를 받아서 투자금을 회수하는 방식이다. 학교나 도서관 등이 주를 이루는데, 시설에서 수익이 발생하지 않는 시설이라고 생각하면 이해가 쉽다. 이에 반해서 수익형 민자사업(BTO)은 민간이 시설을 건설하고 소유권을 일단 정부에 이전을 한다. 해당 민간 투자 회사는 시설운영권을 일정 기간 동안 소유하면서 시설에서 나오는 수익으로 투자금을 회수한다. 주로 철도나 고속도로 등 통행료 수입이 발생하는 사업에 사용하는 방식이다. 그런데 이러한 민간사업의 문제는 수익이 없다고 판단되면, 투자를 하지 않는다는 데 있다. 국가에서 진행하는 재정사업은 설령 수익이 낮다 하더라고 국가균형발전을 위해서 추진하는 경우가 많지만, 민간사업은 이윤을 추구하는 민간회사의 특성상 사업을 추진하기도 어렵거니와, 추진하다가도 언제든지 취소 내지는 중단될 가능성이 농후하다. 이렇게 되는 이유는 대규모 민간회사에서 독자적으로 진행하는 경우는 별로 없으며, 대부분 여러 기업이 컨소시엄을 이루어 특수목적회사(SPC : Special Purpose Company)를 설립해 진행하기 때문에 이해관계가 복잡한 요인도 있다. 한마디로 사공이 많으면 배가 산으로 가는 것이다. 무엇보다 수익이 보장되지 않으면 추진이 잘 되지 않는다.

특히나 BTL, BTO 방식이 아닌, 순수 민간 투자 사업이나 외국인 투자 사업의 경우에는 웃음이 절로 나온다. 어느 특정 위치에 지방자치단체나 외국회사의 투자를 유치했다고 해서 개발사업을 추진할 것처럼 신문기사나 해당 회사의 발표가 있는 경우, 대부분 양해각서(MOU : Memorandum Of Understanding)를 체결하는데, 이러한 양해각서는 정식계약을 체결하기 전에 당사자의 의견교섭 결과를 서로 확인하고, 기록하기 위해 합의된 내용을 각서로 주고받는 것이다. 민간 투자 회사에서 해당 프로젝트에 대한 추진의사를 보여준다는 측면에서 긍정적인 문서이나, 이는 법적구속력도 없고, 기업의 공시의무 사항도 아니다. 설령 파기한다고 하더라도 아무런 제재조치 사항이나 법적 책임을 물을 수 없다. 그런데 초보 투자자들은 이러한 양해각서 체결 발표만으로 이 계약을 체결한 것으로 착각해 투자를 감행하는 오류를 범한다. 개발이 실제 이루어질 것으로 판단하고 투자를 감행했으나, 실제로는 그 개발호재가 물거품이 되는 경우가 매우 많다. 이러한 상황이 된다고 해서 해당 민간 투자 회사에 책임을 지라고 할 수도 없고, 본인만 바보 되고 재산상의 막대한 피해를 보게 된다.

네이버 검색창에 '민자사업 표류'라는 검색어를 입력하면, 우리나라 민간사업이 제대로 추진되지 않음을 어렵지 않게 확인할 수 있다. 아울러 대규모 사업이 아니더라도 민간회사에서 중소규모로 개발하는 프로젝트들이 있다. ○○관광단지, ○○산업단지, ○○도시개발사업, ○○온천단지, ○○리조트개발, ○○쇼핑단지, ○○쇼핑몰 등 이름도 가지각색이다. 이러한 개발사업들은 실제로 개발이 완료되는 경우는 생각보다 많지 않다. 그런데 기획 부동산 회사 또는 해당지역 근처의 부동산 중개사무소에서는 양해각서를 체결한 사실만으로 이미 공사가 완료된 것처럼(?) 토지 투자를 권유하는 사례가 매우 많다. 화려한 화장과 조명은 정신을 혼미하게 만든다. 토지 투자도 예외는 아니다. 조심할지어다.

[자료 62] 민간개발사업 표류와 관련된 기사리스트

출처 : 네이버

'지분거래'하지 마라.
팔 수는 있다지만 살 놈이 없다

앞에 토지 투자 피해 사례 중 기획 부동산 회사 신입직원 사례에서 나왔던 이야기다. 기획 부동산 회사에서 권유하는 대로 소액으로 투자를 할 수 있는 방법이라며 지분등기로 매입한 토지에 공유지분소유자가 88명이나 되고, 그 소유자들은 계속해서 늘어나고 있다는 이야기 말이다. 또 남북경제협력을 미끼로 파주에 쓸모없는 토지를 팔면서 지분등기로 이전을 해준 사례가 있었다.

이러한 지분등기를 기획 부동산 회사에서 사용하는 이유는 첫째, 소액 투자를 할 수 있다는 유인책이기 때문이다. 통상적으로 투자 금액이 큰 경우에는 부부 간에 합의가 있어야 하며, 자금을 조달하기가 쉽지 않다. 이에 비해서 지분등기를 할 정도로 소규모 면적이라면 대부분 1,000만 원에서 5,000만 원 내의 범위이기 때문에 배우자의 동의 없이 결정을 내릴 수 있다. 아울러 이 정도의 금액은 어느 정도 나이가 있는 분이라면 비상금이 있는 경우가 많고, 큰 어려움 없이 대출도 가능하다.

둘째, 법령의 정비로 더 이상 소규모로 필지 분할이 되지 않는다. 도로도 없이 가파른 임야를 개발 가능한 것처럼 바둑판 같이 쪼개 팔아먹어서 피해자가 속출했다. 이에 국토교통부는 제도를 개편해 토지 분할을 위해서는 허가를 받도록 했다. 따라서 분할하려는 면적이 작은 경우에는 사실상 올바른 건축물을 지을 수 없기 때문에 허가기준을 충족시키지 못하는 경우가 대부분이다. 당연히 토지 분할허가도 받을 수 없다. 이에 기획 부동산 회사는 대안적인 방법으로 지분등기를 하게 됐다.

셋째, 통상적으로 초보 투자자는 다른 것은 몰라도 토지의 소유권을 증명하는 문서인 등기부등본에 자신의 이름이 올라가 있기를 원한다. 너무나도 당연한 이야기이지만, 공유지분등기는 소유권자로서 이름이 등재된다. 물론 소유지분을 표시한다.

넷째, 공유지분등기는 법적으로 공유자의 동의 없이 처분이 가능하다. 그래서 기획 부동산 회사에서 언제든지 마음만 먹으면 팔 수 있다는 점을 강조한다. 정리하면 소액 투자가 가능하다는 점, 배우자의 동의 없이 매입이 가능하다는 점, 법령상 작은 면적은 분할이 불가능하다는 점, 등기부등본에 매수자의 이름이 기재되며 언제든 팔고 싶을 때 팔 수 있다는 점 등의 요건들을 활용해서 기획 부동산 회사가 활개를 치고 있고, 수많은 피해자들이 양산되고 있다.

문제는 이러한 공유지분등기는 여러 가지 단점이 함께 내포되어 있다는 점이다. 첫째, 한 필지에 여러 명의 소유자가 있다 보니 의사 합치가 안 되어 각종 개발행위를 할 수 없다는 것이다.

[자료 63] 88명의 공유지분소유자

고유번호 소재지			부동산종합증명서(토지)		장번호	10 - 1	건물유무	건축물대장 존재안함
토지 표시				소유자				
지목	면적 (㎡)	이동일자	이동사유	변동일자 변동원인	성명 또는 명칭 등록번호	소유구분	주소	
임야	54,319	2003.02.21	산 에서 분할	2011.07.18 소유권이전	김OO 외87인 530805-2●●●●●	개인		

사례에서도 보듯이 토지 한 필지에 소유자가 88명이나 되는 상황이라면, 만약 건축물을 지으려 할 때 88명이 모두 만나거나 서면으로 건축허가 신청에 동의를 해야 하는데, 이것은 물리적으로 불가능에 가깝다. 88명의 소재지도 불분명하거니와 사망으로 인한 상속, 해외이주 등 도저히 의사합치를 이룰 수 없다. 하다못해 본인이 가지고 있는 지분의 토지에 상추라도 심어 보려고 해도, 본인 지분에 해당하는 토지 위치를 찾을 수 없다. 그래서 상추도 심을 수 없다(다소 황당한 표현이긴 하지만 사실이다).

둘째, 행여 해당 토지를 매입하려는 사람이나 업체가 나타나도 전체 필지를 팔아야 하는데 88명이 동시에 팔겠다는 도장을 찍어야 한다. 마찬가지로 88명이 물리적으로 만나기도 쉽지 않은데, 설령 만났다고 해도 가격이나 매도의사의 불일치로 팔기 힘들다. 한 명이라도 반대하면 팔 수가 없다. 이러한 이유로 공유지분등기는 법적으로 다른 공유자의 동의를 받지 않고 팔 수 있으나 사는 사람이 없다. 이러한 공유지분등기의 단점을 모르고, 기획 부동산 회사에 속아서 사면 기회비용 손실은 실로 막대하다. 공유지분등기로 절대 토지를 사지 마라.

[자료 64] 공동소유등기, 구분등기, 공동소유지분등기의 구분

구분	공동소유등기	구분등기	공동소유지분등기
관련 법령	[민법 제272조] 합유물을 처분 또는 변경함에는 합유자 전원의 동의가 있어야 한다. 그러나 보존행위는 각자가 할 수 있다.	[집합건물의 소유 및 관리에 관한 법률 제1조 제1조의 2] 법에서 정하는 바에 따라 각각 소유권의 목적으로 할 수 있다.	[민법제263조] 공유자는 그 지분을 처분할 수 있고 공유물 전부를 지분의 비율로 사용, 수익할 수 있다.
등기부등본 표시	합유자 전원 명의로 등기 (합유취지기재)	개별적 동·호수 기재	○○분의 ○○이란 지분 형태의 표시(소유자별 지분 기재)
등기의 예	가문의 선산	공동주택, 구분점포	한 필지의 토지에 다수의 지분소유자
비고	제한적인 처분 가능, 공동소유자 전원이 동의해야 처분 가능	독립적 구분소유로 단독 처분 가능	공유지분소유자 동의와 관계없이 본인의 지분 처분 가능

알면 돈이 되는 토지 투자 상식

관련 법령에 따른 용도별 토지 분할 최소면적

기획 부동산 회사의 피해를 방지하기 위해서 제도의 개선으로 토지 분할을 마음대로 할 수 없다는 이야기를 했다. 그래서 기획 부동산 회사에서 찾아낸 방법이 공유지분등기다. 이러한 공유지분등기는 단점만 있는 것이 아니라 장점도 있다. 매매 대상 토지의 규모가 크면

단위가격이 저렴하고, 반대로 작으면 단위가격이 높다. 이러한 규모의 경제를 활용하며 토지 개발사업을 하는 주체(개인, 법인)가 있는데, 면적이 넓은 토지를 매입해 매도가 쉬운 면적으로 분할해서 판매한다. 즉, 매수자들이 선호하는 면적으로 분할해 되파는 사업이다.

그런데 큰 면적의 토지가 아무리 단위가격이 저렴해도 혼자서 감당이 어려운 경우, 여러 명이 공동으로 사업이 가능하다. 이때 공유지분등기를 활용하기도 하는데, 이러한 경우는 공유지분등기의 단점이 장점이 된다. 만약 독자분들이 이러한 사업을 한다고 가정한다면 결국 면적이 큰 토지를 매입해서 적당한 크기로 분할해서 되판다는 이야기인데, 그렇다면 법적으로 분할할 수 있는 최소의 면적은 어느 정도일까? 우리는 이미 앞에서 토지 분할을 일정 면적 이하로 하려면 허가를 받아야 한다는 것을 배워서 알고 있다. 법령상으로 토지를 분할하는 데 최소한의 면적에 대해서 알아보자. 토지를 분할하는 데는 각각의 법령에서 규정하고 있다. 핵심은 해당 지방자치단체의 조례가 우선한다. 어렵다면 넘어가도 좋다. 언젠가 토지 개발자가 될 수도 있으니 가볍게 공부해보자.

'국토의 계획 및 이용에 관한 법률 시행령'

제51조(개발행위 허가의 대상)

① 법 제56조제1항에 따라 개발행위허가를 받아야 하는 행위는 다음 각호와 같다.

1. 건축물의 건축 : '건축법' 제2조제1항제2호에 따른 건축물의 건축.

2. 공작물의 설치 : 인공을 가하여 제작한 시설물('건축법' 제2조제1항제2

호에 따른 건축물을 제외한다)의 설치.

3. 토지의 형질변경 : 절토(땅깎기)·성토(흙쌓기)·정지·포장 등의 방법으로 토지의 형상을 변경하는 행위와 공유수면의 매립(경작을 위한 토지의 형질변경을 제외한다).

4. 토석채취 : 흙·모래·자갈·바위 등의 토석을 채취하는 행위. 다만, 토지의 형질변경을 목적으로 하는 것을 제외한다.

5. 토지 분할 : 다음 각 목의 어느 하나에 해당하는 토지의 분할('건축법' 제57조에 따른 건축물이 있는 대지는 제외한다).

가. 녹지지역·관리지역·농림지역 및 자연환경보전지역 안에서 관계법령에 따른 허가·인가 등을 받지 아니하고 행하는 토지의 분할.

나. '건축법' 제57조제1항에 따른 분할제한면적 미만으로의 토지의 분할(건축물이 없는 토지의 경우 분할 제한 미만으로 토지 분할은 개발행위허가가 받아야 한다).

다. 관계 법령에 의한 허가·인가 등을 받지 아니하고 행하는 너비 5미터 이하로의 토지의 분할.

6. 물건을 쌓아놓는 행위 : 녹지지역·관리지역 또는 자연환경보전지역 안에서 건축물의 울타리 안(적법한 절차에 의하여 조성된 대지에 한한다)에 위치하지 아니한 토지에 물건을 1월 이상 쌓아놓는 행위.

출처 : 네이버 지도

'건축법'(최소 분할 면적의 기준)

제57조(대지의 분할 제한)

① 건축물이 있는 대지는 대통령령으로 정하는 범위에서 해당 지방자치단체의 조례로 정하는 면적에 못 미치게 분할할 수 없다(해당 지자체 조례로 정한다).

② 건축물이 있는 대지는 제44조(대지와 도로의 관계), 제55조(건축물의 건폐율), 제56조(건축물의 용적률), 제58조(대지 안의 공지), 제60조(건축물의 높이 제한) 및 제61조(일조 등의 확보를 위한 건축물의 높이 제한)에 따른 기준에 못 미치게 분할할 수 없다.

③ 제1항과 제2항에도 불구하고 제77조의6에 따라 건축협정이 인가된 경우, 그 건축협정의 대상이 되는 대지는 분할할 수 있다. 〈신설 2014. 1. 14.〉

'건축법 시행령'

제80조(건축물이 있는 대지의 분할제한)

법 제57조제1항에서 '대통령령으로 정하는 범위'란 다음 각 호의 어느 하나에 해당하는 규모 이상을 말한다.

　1. 주거지역 : 60제곱미터

　2. 상업지역 : 150제곱미터

　3. 공업지역 : 150제곱미터

　4. 녹지지역 : 200제곱미터

　5. 제1호부터 제4호까지의 규정에 해당하지 아니하는 지역 : 60제곱미터

'서울특별시 건축 조례'

제29조(건축물이 있는 대지의 분할제한)

법 제57조제1항 및 영 제80조에 따라 건축물이 있는 대지의 분할은 다음 각 호의 어느 하나에 해당하는 규모 이상으로 한다. 〈개정 2018. 7. 19〉

　1. 주거지역 : 90제곱미터

2. 상업지역 : 150제곱미터

3. 공업지역 : 200제곱미터

4. 녹지지역 : 200제곱미터

5. 제1호부터 제4호까지에 해당하지 아니한 지역 : 90제곱미터 [전문

개정 2009. 11. 11]

'부산광역시 건축 조례'

법 제57조제1항에서 '조례로 정하는 면적'이란 다음 각 호의 어느 하나
에 해당하는 규모 이상을 말한다. 〈개정 2006. 12. 27, 2008. 12. 31,
2010. 3. 3〉

1. 주거지역 : 60제곱미터

2. 상업지역 : 150제곱미터

3. 공업지역 : 150제곱미터

4. 녹지지역 : 200제곱미터

5. 제1호부터 제4호까지의 규정에 해당하지 아니하는 지역 : 60제곱
미터 〈개정 2010. 3. 3〉

'농지법'(농업생산기반정비사업이 시행된 농지는 2,000㎡ 이상)

제22조(농지 소유의 세분화 방지) ① 국가와 지방자치단체는 농업인이
나 농업법인의 농지 소유가 세분화되는 것을 막기 위하여 농지를 어느
한 농업인 또는 하나의 농업법인이 일괄적으로 상속·증여 또는 양도받도

록 필요한 지원을 할 수 있다.

② '농어촌정비법'에 따른 농업생산기반정비사업이 시행된 농지는 다음 각 호의 어느 하나에 해당하는 경우 외에는 분할할 수 없다. 〈개정 2009. 5. 27, 2011. 4. 14〉

　1. '국토의 계획 및 이용에 관한 법률'에 따른 도시지역의 주거지역·상업지역·공업지역 또는 도시·군계획시설부지에 포함되어 있는 농지를 분할하는 경우.

　2. 제34조제1항에 따라 농지전용허가(다른 법률에 따라 농지전용허가가 의제되는 인가·허가·승인 등을 포함한다)를 받거나 제35조나 제43조에 따른 농지전용신고를 하고 전용한 농지를 분할하는 경우.

　3. 분할 후의 각 필지의 면적이 2천제곱미터를 넘도록 분할하는 경우.

　4. 농지의 개량, 농지의 교환·분합 등 대통령령으로 정하는 사유로 분할하는 경우.

'개발제한구역의 지정 및 관리에 관한 특별조치법 시행령'

제16조(토지의 분할) 법 제12조제1항제6호에서 '대통령령으로 정하는 범위'란 분할된 후 각 필지의 면적이 200제곱미터 이상(지목이 대인 토지를 주택 또는 근린생활시설을 건축하기 위하여 분할하는 경우에는 330제곱미터 이상)인 경우를 말한다. 다만, 다음 각 호의 어느 하나에 해당하는 경우에는 그 미만으로도 분할할 수 있다.

　1. '공익사업을 위한 토지 등의 취득 및 보상에 관한 법률' 제4조제1호

및 제2호에 따른 공익사업을 시행하기 위한 경우.

2. 인접 토지와 합병하기 위한 경우.

3. '사도법'에 따른 사도(私道), 농로, 임도, 그 밖에 건축물 부지의 진입로를 설치하기 위한 경우.

4. 별표 2 제3호가목에 따른 토지의 형질변경을 위한 경우. 다만, 분할 후 형질변경을 하지 아니하는 다른 필지의 면적이 60제곱미터 미만인 경우는 제외한다.

'부동산 거래신고 등에 관한 법률 시행령'

주의 : 토지거래허가구역에서의 허가 기준면적은 직접적인 분할제한은 아니나 토지 용도별로 일정 면적 초과를 하는 토지를 취득하고자 할 때는 시장·군수·구청장의 허가를 받아야 한다. 따라서 토지거래허가구역에서의 거래의 기본 단위가 된다.

제9조(토지거래계약허가 면제 대상 토지 면적 등)

① 법 제11조제2항에서 '대통령령으로 정하는 용도별 면적'이란 다음 각 호의 구분에 따른 면적을 말한다. 다만, 국토교통부장관 또는 시·도지사가 허가구역을 지정할 당시 해당 지역에서의 거래실태 등을 고려하여 다음 각 호의 면적으로 하는 것이 타당하지 아니하다고 인정하여 해당 기준면적의 10퍼센트 이상 300퍼센트 이하의 범위에서 따로 정하여 공고한 경우에는 그에 따른다.

1. '국토의 계획 및 이용에 관한 법률' 제36조제1항제1호에 따른 도시지역(이하 '도시지역'이라 한다) : 다음 각 목의 세부 용도지역별 구분에 따른 면적.

가. 주거지역 : 180제곱미터

나. 상업지역 : 200제곱미터

다. 공업지역 : 660제곱미터

라. 녹지지역 : 100제곱미터

마. 가목부터 라목까지의 구분에 따른 용도지역의 지정이 없는 구역 : 90제곱미터

2. 도시지역 외의 지역 : 250제곱미터. 다만, 농지('농지법' 제2조제1호에 따른 농지를 말한다. 이하 같다)의 경우에는 500제곱미터로 하고, 임야의 경우에는 1천제곱미터로 한다.

② 제1항에 따른 면적을 산정할 때 일단(一團)의 토지이용을 위하여 토지거래계약을 체결한 날부터 1년 이내에 일단의 토지 일부에 대하여 토지거래계약을 체결한 경우에는 그 일단의 토지 전체에 대한 거래로 본다.

개발제한구역 토지 투자는
전문가도 어렵다

　　개발제한구역은 도시의 무질서한 확산을 방지하고 도시주변의 자연환경을 보전해 도시민의 건전한 생활환경을 확보하기 위해 도시의 개발을 제한할 필요가 있거나, 국방부 장관의 요청이 있어 보안상 도시의 개발을 제한할 필요가 있는 지역에 국토교통부장관이 지정하는 '국토의 계획 및 이용에 관한 법률'상의 용도구역이다. 개발제한구역은 '국토의 계획 및 이용에 관한 법률'상 도시지역에만 적용되는 구역의 하나로서, 특별히 도시가 무질서하게 외곽으로 확산되는 것을 방지하기 위해 도시 외곽의 녹지지역 일부를 대상으로 지정되어 있다. 따라서 도시지역이 아닌, 농림지역이나 도시지역에서도 주거지역이나 공업지역에는 개발제한구역이 지정되어 있지 않으며, 개발제한구역에서 해제되면 녹지지역으로 남게 되어 녹지지역에 대한 행위제한규정이 적용된다. 개발제한구역은 말 그대로 개발을 제한하기 위해 지정됐기 때문에 토지이용규제가 다른 지역에 비해 강하다.

우리나라는 1960년대부터 시작된 산업화의 진행으로, 1970년대 초반부터 서울을 비롯한 중추도시의 경우, 인구가 급증하면서 도시가 밖으로 팽창해 나가기 시작했다. 도시가 무질서하게 외곽으로 확산되는 경우 교통·주택·환경문제는 물론, 도시 내부의 토지가 비효율적으로 관리될 수 있고, 도시 외곽의 녹지가 무분별하게 훼손되는 등 많은 문제를 초래할 수 있다. 그래서 이러한 문제를 미리 방지하기 위해 1971년도에 도시계획법(현재는 개발제한구역의 지정 및 관리에 관한 특별조치법)을 개정해 개발제한구역 제도를 도입한 것이다.

개발제한구역이 지정된 경위를 보면, 1971년 7월 수도권을 시작으로 부산, 대구, 광주 등 대도시의 개발을 억제하는 차원에서 지정을 했으나 점차 확대되어 8차례에 걸쳐 전국 14개 도시권에 5,397㎢(전국토의 5.4%)가 지정됐다. 제주의 경우에는 1973년 3월 당시 부동산 투기를 억제하기 위해 지정했으며, 1973년 6월에는 인구규모에 관계없이 급격한 성장이 예상되는 대전, 춘천, 청주, 전주, 마산 창원 진해, 울산, 진주 등 도청소재지급 도시들 모두에 지정했다. 또한 충무(통영)는 관광도시로서의 자연환경보호를 목적으로, 여천은 신흥공업도시로서 공업단지와 도시지역을 차단함으로써 도시팽창을 억제하고, 대기오염확산도 방지하기 위해 1973년 6월에 지정됐다. 이러한 개발제한구역 제도가 위기를 맞게 되는 사건이 발생하게 되는데, 헌재 1998. 12. 24. 89헌마214 90헌바16, 97헌바78 병합 도시계획법 제21조 위헌소원 [헌법불

합치] 사건이다(개발제한구역 지정으로 인해 토지를 종래의 목적으로도 사용할 수 없거나 또는 더 이상 법적으로 허용된 토지 이용의 방법이 없기 때문에 실질적으로 토지의 사용·수익의 방법이 없는 경우에는 토지 소유자가 수인(참아야 할)해야 하는 사회적 제약의 한계를 넘는 것으로 봐야 한다). 이 사건으로 인해 1999년 개발제한구역 조정방안이 마련되고 우선해제, 전면해제, 부분해제로 구분해서 해제를 추진하게 되고, 그동안에는 도시계획법에서 규율하던 개발제한구역이 2000년 7월 1일부터 '개발제한구역의 지정 및 관리에 관한 특별조치법'에서 관리된다. 이후 개발제한구역 조정 경위를 살펴보면, 1999년부터 중소도시와 20호 이상 집단취락, 관통취락, 산업단지 등은 지구단위계획 수립 후 해제했고, 2000년에서 2011년 3월까지 구역존치 실효성이 낮은 7개 중소도시권 1,103㎢은 전면 해제했다. 대도시권 부분해제(국책사업, 집단취락, 지역현안) 1,502㎢ 및 7대 대도시권 광역도시계획에 반영된 해제가능총면적 531㎢ 중 현재까지 361㎢를 해제(잔여면적은 215㎢) 했으며, 광역도시계획과 별도로 고리원전 등 우선 해제된 면적은 132㎢다. 2018년 12월 말 현재, 존치 면적은 3,841㎢로 지정해 당시 면적의 71%다.

[자료 66] 전국 개발제한구역 현황도

출처 : 국토교통부

    신문 광고 면에서 개발제한구역 투자를 권유하는 사례가 많이 나온다. 심지어는 부동산 책에서도 자극적인 제목으로 개발제한구역 토지 투자를 권유하는 경우도 많이 있다. 이러한 개발제한구역 토지 투자의 전형적인 패턴이 바로 개발제한구역의 해제가 예정되어 있으니 사놓고 기다리면 된다는 것이다. 하지만 해제가 되는 경우는 매우 드물며, 개발제한구역이 해제될 것을 믿고 개발제한구역에 투자를 하는 것은 도박과 같다. 개발제한구역은 글자 그대로 개발을 제한하는 구역이다. 즉 개발을 하지 말라는 땅이다. 개발제한구역에 건축이 가능한 용

토지 투자, 모르면 하지 매!

도는 공익적인 목적 이외에는 별로 없다. 개발제한구역에서는 건축물의 건축, 토지의 형질변경 등 개발행위가 전면 금지된다. 그나마 가능한 것은 개발제한구역의 보전 및 관리에 도움이 될 수 있는 시설(공공공지, 녹지, 하천, 운하, 등산로, 산책로, 실외체육시설, 생활체육시설, 실내체육관, 골프장, 휴양림, 삼림욕장, 청소년수련시설, 자연공원, 도시공원, 피크닉장, 야영장, 수목장림, 방재시설, 서바이벌게임 관련 시설, 자전거이용시설, 도시농업농장), 개발제한구역을 통과하는 선형시설과 필수시설(철도, 궤도, 도로, 광장, 수도, 하수도, 공동구, 전기공급시설, 통신시설, 송유관, 집단에너지공급시설, 버스차고지 및 부대시설, 가스공급시설), 개발제한구역에 입지해야만 기능과 목적이 달성되는 시설(공항, 항만, 환승센터, 주차장, 학교, 지역공공시설, 국가보안업무시설, 폐기물처리시설, 자동차천연가스공급시설, 유류저장설비, 기상시설, 장사 관련 시설, 환경오염방지시설, 공사용 임시가설물, 동물보호시설, 문화재관리용 건축물, 경찰훈련시설, 택배화물분류시설, 택시공영차고지, 수소연료공급시설, 전세버스 및 화물자동차 차고지, 자동차전기공급시설, 청소차공영차고지), 국방·군사시설 및 교정시설, 개발제한구역 주민의 주거, 생활편익 및 생업을 위한 시설(농막, 동식물 관련 시설, 농수산물관리시설, 주택, 근린생활시설, 주민공동이용시설) 등 법에서 정한 요건이 충족되는 시설은 설치가 가능하다. 앞의 사례에서도 보았지만, 개발제한구역 해제를 미끼로 토지를 판매하는 회사들이 많다. 하지만 이런 시설을 만들려고 개발제한구역에 투자할 필요도, 이유도 없다.

[자료 67] 개발제한구역 신축, 증축, 임야훼손 행위 특별단속 표시문

알면 돈이 되는 토지 투자 상식

개발제한구역 해제기준

개발제한구역이 해제되는 경우는 다음과 같다. 보시는 것과 같이 그냥 기다린다고 해서 개발제한구역이 해제되지 않는다.

① 개발제한구역에 대한 환경평가 결과, 보존가치가 낮게 나타나는 곳으로써 도시용지의 적절한 공급을 위해 필요한 지역. 이 경우 도시의 기능이 쇠퇴해 활성화할 필요가 있는 지역과 연계해 개발할 수 있는 지역.
② 주민이 집단적으로 거주하는 취락으로써 주거환경 개선 및 취락

정비가 필요한 지역(집단취락면적 '1만제곱미터당 주택 10호 이상'의 밀도를 기준으로 주택이 '20호 이상'인 취락) 단, 취락정비지역에 해당하는 지역을 개발제한구역에서 해제하려는 경우에는 '국토의 계획 및 이용에 관한 법률' 제51조에 따라 지구단위계획구역으로 지정하고, 지구단위계획을 수립해야 한다.

* 조정대상취락의 해제가능 총면적(㎡)=취락을 구성하는 주택의 수 (호)÷호수밀도(10호~20호/10,000㎡)+대규모 나대지 등의 1,000㎡ 초과부분의 면적+도시계획시설 부지면적(㎡)

③ 도로(국토교통부장관이 정하는 규모의 도로만 해당한다)·철도 또는 하천 개수로(開水路)를 설치함에 따라 생겨난 1만제곱미터 미만의 소규모 단절 토지. 다만, 개발제한구역의 조정 또는 해제로 인해 그 지역과 주변지역에 무질서한 개발 또는 부동산 투기행위가 발생하거나 그 밖에 도시의 적정한 관리에 지장을 줄 우려가 큰 때에는 그러하지 아니하다.

④ 개발제한구역 경계선이 관통하는 대지로서 다음 각 목의 요건을 모두 갖춘 지역.

가. 개발제한구역의 지정 당시 또는 해제 당시부터 대지의 면적이 1천제곱미터 이하로서 개발제한구역 경계선이 그 대지를 관통하도록 설정됐을 것.

나. 대지 중 개발제한구역인 부분의 면적이 기준 면적 이하일 것. 이 경우 기준 면적은 특별시·광역시·특별자치시·도 또는 특별자치도의 관할구역 중 개발제한구역 경계선이 관통하는 대지의 수, 그 대지 중 개발제한구역인 부분의 규모와 그 분포 상황, 토지 이용 실태 및 지형·지세 등 지역 특성을 고려해 시·도의 조례로 정한다.

[자료 68] 경계선관통대지 해제기준

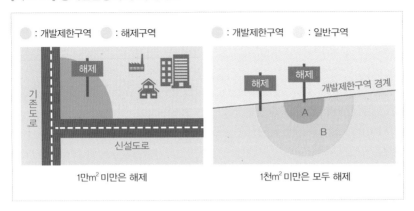

● : 개발제한구역 ● : 해제구역   ● : 개발제한구역 ● : 일반구역

해제

기존도로

신설도로

1만㎡ 미만은 해제

해제   해제

개발제한구역 경계

A

B

1천㎡ 미만은 모두 해제

알면 돈이 되는 토지 투자 상식

이축권

경치 좋은 개발제한구역 내 건축물이 있는 것을 볼 수 있다. 산 좋고
물 좋은 곳에 주택을 짓거나 휴게음식점이나 일반음식점을 건축할
수 있다면 좋은 투자 아이템이 될 수 있을 것이다. 그런데 개발제한
구역에서는 토지만 사서 들어오는 외지인은 물론이고, 그곳에 살고
있는 사람들도 마음대로 건축물을 건축할 수 없다. 개발제한구역에
서는 토지의 형질변경이나 토지 분할 등 개발행위가 금지 또는 제한
되어 있기 때문이다. 원주민이라고 할지라도 개발제한구역 내 지목
이 대인 대지나 기존 주택이 있었던 토지에만 건축이 가능하고, 증축
또는 개축이 1회에 한해서 가능하다. 원주민은 개발제한구역 지정 이

전부터 살고 있었던 경우에만 기존 주택을 최대 5층 이하 300제곱미터까지 증축, 개축이 가능하다. 외지인의 경우에는 개발제한구역 내로 이주를 해도 곧바로 주택을 지을 수 없다. 개발제한구역 내로 주민등록을 옮기고 실제로 거주한 지 3년이 지나야 비로소 대지 등에 주택을 신축할 수 있다. 음식점 허가를 받으려면 이주 후에 5년이 지나야 한다. 그래서 외지인들은 이축권을 통해서 건축물을 짓게 된다. 개발제한구역 내 이축권 투자에 대해서 들어본 적 있을 것이다. 이것은 투자 고수들에게 해당되는 것인데, 고수들은 이 책을 볼 필요가 없을 것이고, 초보 투자자분들이 대부분일 것으로 생각되지만, 부동산 상식을 늘린다는 차원에서 내용을 조금 보고 가겠다.

개발제한구역의 이축권(移築權)은 개발제한구역 내에 소재한 주택, 공장, 종교시설 등이 부득이한 사유로 수용, 멸실, 철거되는 경우, 인근 개발제한구역 안에 옮겨 지을 수 있는 권리다. 이축권의 종류는 일반이축권과 공공이축권, 그리고 재해이축권으로 나누어진다. 일반이축권은 개발제한구역 지정 이전부터 건축되어 있는 주택 또는 지정 이전부터 다른 사람 소유의 토지에 건축되어 있는 주택으로써 증축 또는 개축하고자 하나 토지 소유자의 동의를 받지 못해 증축 또는 개축을 할 수 없는 주택에서 이주할 경우, 그 주택의 소유자에게 발생하는 이축권리다. 이축권을 행사해야 하는 기간은 별도로 없으며 1회의 전매가 허용된다. 따라서 매매 시에는 최초의 이축권자임을 확인해야 실수가 없다. 공익이축권은 기존 주택이 지역 내 도로개설, 공원조성 등으로 기존의 건물이나 주택이 철거된 경우, '공익사업을 위한 토지 등의 취득 및 보상에 관한 법률'에 따른 공익사업의 시행으로 인해 더 이상 거주할 수 없게 된 경우에 발생한다. 공익이축권은 공익사업의 시행으로 인한 보상금을 모두 지급 받은 날 현재의 소유자에게 발생한다. 다만 공익사업의 경우, 따로 이주대책이 세워진 경우는 제외한다. 아울러 공익이축권은 철거일로부터 6개월 이내에 행사해야 한다. 보상금에 대한 이의신청을 하는 경우, 이축권리가 소멸될 수 있으므로 주의해야 한다. 재해이축권은 홍수 또는 태풍 등의 자연재해로 건축물이 유실된 경우에 자연재해로 더 이상 거주할 수 없게 된 주택의 소유자에게 발행하며, 재해이축권은 재해발생일로부터 6개월 이내에 행사해야 한다. 신축할 수 있는 주택부지의 요건은 이축권의 종류별로 조금 다르며, 세부 요건은 다음과 같다.

1. 공익이축권 및 재해이축권의 신축주택 입지요건
 - 개발제한구역 내 본인 소유의 토지일 것.
 - 기존의 주택이 있는 시·군·구의 지역이거나 기존의 주택이 있는 시·군·구와 인접한 시·군·구(인접한 읍·면·동으로 한정한다)의 지역으로, 해당 인접 시장·군수·구청장과 주택을 신축하기로 협의한 지역.
 - 우량농지(경지정리, 수리시설 등 농업생산기반이 정비되어 있는 농지)가 아닐 것.
 - 국가하천의 경계로부터 500미터 이상 떨어져 있을 것. 다만, 다음 각 목의 어느 하나에 해당하는 지역의 경우에는 그러하지 아니하다.
가. 하수처리구역으로서 하수종말처리시설을 설치 운영 중인 지역.
나. 공공하수도의 설치인가를 받은 하수처리예정지역.
 - 새로운 진입로를 설치할 필요가 없을 것.
 - 전기, 수도, 가스 등 새로운 간선설비를 설치할 필요가 없을 것.

2. 일반이축권을 가진 자의 주택 신축 입지요건

- 일반이축권을 가진 자는 10호 이상의 취락지구에서만 신축할 수 있다.

건축규모는 건폐율 60%, 높이 3층 이하, 최대 연면적 300제곱미터 이하인데, 개발제한구역 지정 당시부터 거주자는 300제곱미터, 5년 이상 거주자는 232제곱미터, 5년 미만 거주자는 200제곱미터 이하다. 휴게음식점 및 일반음식점을 건축할 수 있는 사람은 5년 이상 거주자에게만 가능하다. 이축권 투자 시에 주의할 점은 이축권이 발생 가능한 건축물인지를 토지대장, 건축물대장, 등기부등본, 토지수용확인서, 철거예정통보서 등을 확인·검토하고, 주택의 현존 여부를 체크해야 한다는 점이다. 공익이축권의 경우 '공익사업을 위한 토지 등의 취득 및 보상에 관한 법률'상 공익사업에 해당하는지 여부를 공익사업 지정 고시 또는 공고문과 보상대상편입확인서 등을 확인해야 한다. 대상 건축물의 면적과 새로 신축할 건축물의 허가면적이 적합한지 검토해봐야 한다. 매입자는 이축권만으로 자기가 직접 집을 지을 수는 없고, 기존의 거주자가 발생한 이축권으로 건축허가를 받아 건축물을 지은 뒤에 그 건축물을 매입하는 절차로 하는 것이 일반적이다.

도시자연공원구역은
제2의 개발제한구역이다

　'국토의 계획 및 이용에 관한 법률'상 도시자연공원구역은 도시의 자연환경 및 경관을 보호하고, 도시민에게 건전한 여가·휴식공간을 제공하기 위해 도시지역 안에서 식생(植生)이 양호한 산지(山地)의 개발을 제한할 필요가 있다고 인정하면, 시·도지사 또는 대도시 시장이 도시자연공원구역의 지정 또는 변경을 도시·군관리계획으로 결정할 수 있다. 도시자연공원구역의 제도 도입 취지는 도시민의 건전한 여가와 휴식을 위해 도시근교의 식생이 양호한 산지를 보호할 목적이다. 분명히 공익의 목적으로 필요하고, 당위성이 있는 제도다. 그런데 공익을 목적으로 사유재산의 침해 정도가 심각해 이러한 도시자연공원구역 제도에 대한 토지 소유자들의 반발이 극심하다. 도시자연공원구역으로 지정되면 개발의 범위가 토지 이용의 사망선고에 다를 게 없을 정도로 축소된다. 또한 아무런 보상도 해주지 않고 매수청구를 하더라도 가격은 동일한 지목의 개별공시지가의 평균치의 50% 미만인 토지만 매수청구를 할 수 있어서 토지 소유자 입장에서는 도저히 받아들일 수 없는 지경에 이른다.

도시자연공원구역은 2016년 기준으로 전국 187개소, 면적은 284,000,254㎡가 지정되어 있다. 광역자치단체를 기준으로 개소 수는 33개소로 충청남도가 가장 많고, 면적으로는 45,609,018㎡를 지정한 경상남도가 제일 넓다. 이에 반해서 서울특별시, 부산광역시, 광주광역시, 세종특별자치시는 도시자연공원구역을 지정하지 않고 있다. 2005년 10월 1일 시행된 도시공원 및 녹지에 관한 법률에서 도시자연공원구역을 처음 도입을 했는데, 그 도입 이유를 보면 얼마나 사유재산의 침해 정도가 높은지 알 수 있다.

첫 번째 이유는 장기미집행도시계획시설 중 하나인 도시공원(이하, 공원)에 대해 공원이 결정된 후 공원조성에 대한 집행이 장기간 이루어지지 않았을 때 해당 토지 소유자가 토지 이용권을 조속히 찾기 위함이다. 따라서 도시관리계획으로 결정·고시된 후 10년이 되는 날까지 공원조성계획의 고시가 없는 경우에는 그 도시관리계획은 효력을 잃게 규정했다. 다만 효력 규정의 기산일을 이법 시행일 이전에 결정·고시된 공원은 2005년 10월 1일부터 10년으로 한다. 따라서 10년이 지난 2015년 10월 1일 법률상으로 공원의 조성계획이 수립되지 않아서 최초로 공원이 해제되는 사례가 많이 나왔다. 언뜻 보기에 이 조항은 해당 토지 소유자에게 혜택을 주는 것처럼 보인다. 하지만 두 번째 이유를 보면 딱히 그렇지도 않다.

두 번째 이유는 '도시자연공원구역' 제도 도입의 신설이다. 그런데 신설 목적을 보면 '공원으로 결정된 후 지방자치단체의 재원부족 등으로 인해 장기간 조성되지 않은 상태로 남는 경우가 많아 이를 개선하려는 것'이며, '지방자치단체의 불필요한 공원 조성에 대한 재정적 부담을 줄이기 위함'이라고 천명한다. 지방자치단체의 재정부담을 줄이기 위해서 도시자연공원구역 제도를 도입했다는 것이다. 따라서 도시자연공원구역 제도만 도입하기에는 국민의 반발이 예상되므로, 장기미집행 도시계획시설인 공원의 실효규정은 다른 장기미집행도시계획시설과는 달리 5년을 앞당기면서 규제의 끝판왕인 도시자연공원구역을 도입한 것이다. 이는 장기미집행도시계획시설 중 하나인 공원의 미집행(미조성)이 해당 토지 소유자들의 사유재산권 제약이라는 피해로 이어지자 도시계획시설 폐지 등을 통해 사유재산권의 회복의 방향이 아니라, 오히려 도시자연공원구역이라는 공원보다 규제가 더욱 심한 제도를 도입한 것이다. 이 때문에 도시자연공원구역으로 지정된 많은 토지 소유자들의 항의와 반발이 빗발치고 있다. 도시계획시설인 '공원'이 용도구역인 '도시자연공원구역'으로 변경되면, 글자는 비슷하지만 용도구역으로의 변경된 결과는 토지 소유자의 입장에서는 피해가 실로 막대하다.

우선 도시계획시설인 공원은 재산세가 50%가 감면된다. 그러나 도시자연공원구역으로 변경되면 공원일 때보다 재산세가 2배 늘어난다(50% 감면됐다가 100%로 환원되므로 계산상 세율은 2배로 증가됨). 또한 앞서 언급한 대로 도시계획시설인 공원은 시설집행이 되면 수용보상금을 수령할 수 있고, 폐지가 되면 토지 사용권(사유재산권)이 회복된다. 그러나 도시자연공원구역은 구역에서 해제될 가능성은 없으며, 실효제도도 없다. 대대손손 구역이 해제될 때까지 세금만 납부하고 토지이용은 극도로 제한된다. 아울러 국가에 토지를 사달라고 매수청구를 할 수 있으나 조건이 까다롭고, 행여 공공사업으로 인해 수용될 때 손실평가 역시 '구역'으로 묶인 상태로 제한된 평가를 받게 되어 제대로 된 보상을 받을 수 없다. 현실이 이러한데 불합리해 보이는 도시자연공원구역을 공공의 이익을 위한다는 목적으로 해제보다는 신규로 지정되는 숫자가 많아질 것으로 예상된다.

이번에는 도시자연공원구역에 대한 활용도에 대해서 알아보자. 시·도지사 또는 대도시 시장은 도시지역 안의 식생이 양호한 산지의 자연환경 및 경관을 보호해 시민의 휴식공간으로 제공할 필요가 있는 해당 지역을 도시자연공원구역으로 지정해 그 개발을 제한할 수 있다. 또한 도시자연공원구역의 지정 및 변경은 대상도시의 인구·산업·교통 및 토지 이용 등 사회·경제적 여건과 지형·경관 등 자연환경 여건 등을 종합적으로 감안해야 하도록 '도시공원 및 녹지 등에 관한 법률 시행령'에 규정되어 있다. 도시자연공원구역에서는 건축물의 건축 및 용도변경, 공작물의 설치, 토지의 형질변경, 토석의 채취, 토지의 분할, 죽목의 벌채, 물건의 적치 또는 '국토의 계획 및 이용에 관한 법률'에 의한 도시계획사업을 시행할 수 없고, 법률에 규정된 행위의 경우에 한해 특별시장·광역시장·시장 또는 군수의 허가를 받아 시행할 수 있다. 이미 언급한 것과 같이 도시자연공원구역으로 지정이 되면, 개발의 범위가 상당 부분 축소된다. 공공용시설(도로, 교량, 철도, 선착장, 상하수도관, 방재시설, 기상시설), 임시건축물 및 임시공작물, 도시민의 여가활동시설(휴양림, 삼림욕장, 6홀 이하 규모 골프장, 실외체육시설, 청소년시설, 체력단련시설), 공익시설(전기 관련 시설, 가스 관련 시설, 지구대, 파출소, 전기통신설비), 취락지구에 한해서 주택·근린생활시설, 국가 또는 지방자치단체가 설치하는 노인복지시설 및 어린이집시설 등 개인적인 개발이 철저히 통제된다. 그렇기 때문에 도시자연공원구역의 토지 투자는 피하는 것이 상책이다. 따라서 토지이용계획확인서 지역 · 지구란에 도시자연공원구역 표시가 있는 경우에는 무조건 피하라.

[자료 69] 도시자연공원구역은 제2의 개발제한구역

출처 : 《월간조선》, 2014년 11월호

자연공원이든, 도시공원이든, 공원은 휴식하는 장소다

　'자연공원법'상 자연공원은 국립공원, 도립공원, 군립공원, 시립공원, 구립공원 및 지질공원을 말한다. 그리고 공원구역이란 자연공원으로 지정된 구역을 말한다. 자연공원의 지정기준은 자연생태계의 보전상태가 양호하거나 멸종위기야생동식물·천연기념물·보호야생동식물 등이 서식할 것, 자연경관의 보전상태가 양호해 훼손 또는 오염이 적으며 경관이 수려할 것, 문화재 또는 역사적 유물이 있으며 자연경관과 조화되어 보전의 가치가 있을 것, 각종 산업개발로 지형이 파괴될 우려가 없을 것이다. 이런 지정기준을 통해 공원을 지정하게 되면 공원계획을 통해서 자연공원을 공익의 목적으로 관리하기 위해 용도지구의 지정, 공원시설의 설치, 건축물의 철거·이전, 그 밖의 개발행위제한 및 토지이용 등을 규제한다.

　국가나 지방자치단체는 자연공원을 보호하고 자연의 질서를 유지·

회복하는 데 노력을 해야 하는 의무를 가지고 있다. 결국 이러한 노력이라는 것이 민간의 사적 개발을 막는 데 모든 행정력이 동원된다는 뜻이기도 하다. 자연공원 중 공원구역은 공원을 관리하고, 유지하는 공원사업 이외의 개발행위는 공원관리청의 허가를 받아야만 가능하다. 그런데 공원관리청은 자연공원을 효과적으로 보전하고, 이용할 수 있도록 하기 위해서 각 용도지구를 공원계획으로 결정하는데, 생물다양성이 풍부하고 자연생태계와 야생동식물을 보호해야 할 지역과 경관이 아름다운 지역은 '공원자연보존지구'로 지정한다. '공원자연보존지구'에서 할 수 있는 행위기준은 다음과 같은데, 한마디로 민간의 개발행위는 못 하는 공간이다. 이런 땅을 사면 세금만 낸다.

가. 학술연구, 자연보호 또는 문화재의 보존·관리를 위해 필요하다고 인정되는 최소한의 행위.

나. 공익 관련 법령으로 정하는 기준에 따른 최소한의 공원시설의 설치 및 공원사업.

다. 해당 지역이 아니면 설치할 수 없다고 인정되는 군사시설·통신시설·항로표지시설·수원(水源)보호시설·산불방지시설 등으로써 대통령령으로 정하는 기준에 따른 최소한의 시설의 설치.

라. 공익관련 법령으로 정하는 고증 절차를 거친 사찰의 복원과 전통사찰보존지에서의 불사(佛事)를 위한 시설 및 그 부대시설의 설치. 다만, 부대시설 중 찻집·매점 등 영업시설의 설치는 사찰 소유의 건조물이 정착

되어 있는 토지 및 이에 연결되어 있는 그 부속 토지로 한정한다.

마. 문화체육관광부장관이 종교법인으로 허가한 종교단체의 시설물 중 자연공원으로 지정되기 전의 기존 건축물에 대한 개축·재축(再築), 대통령령으로 정하는 고증 절차를 거친 시설물의 복원 및 대통령령으로 정하는 규모 이하의 부대시설의 설치.

바. '사방사업법'에 따른 사방사업으로서 자연 상태로 그냥 두면 자연이 심각하게 훼손될 우려가 있는 경우에 이를 막기 위해 실시되는 최소한의 사업.

사. 공원자연환경지구에서 공원자연보존지구로 변경된 지역 중 대통령령으로 정하는 대상 지역 및 허용기준에 따라 공원관리청과 주민(공원구역에 거주하는 자로서 주민등록이 되어 있는 자를 말한다) 간에 자발적 협약을 체결해 하는 임산물의 채취행위.

그리고 자연공원이 아닌 지역과의 경계선상의 완충지역이 있는데, 그러한 지역을 '공원자연환경지구'라고 한다. 절대적 보호지역인 '공원자연보존지구'에 비해서 허용되는 행위가 조금 완화되지만, 민간의 개발행위를 하지 못하는 것은 별반 차이가 없다. 다음은 '공원자연환경지구'에서 허용되는 행위다.

가. 공원자연보존지구에서 허용되는 행위.

나. 대통령령으로 정하는 기준에 따른 공원시설의 설치 및 공원사업.

다. 대통령령으로 정하는 허용기준 범위에서의 농지 또는 초지(草地) 조성행위 및 그 부대시설의 설치.

라. 농업·축산업 등 1차산업행위 및 대통령령으로 정하는 기준에 따른 국민경제상 필요한 시설의 설치.

마. 임도(林道)의 설치(산불 진화 등 불가피한 경우로 한정한다), 조림(造林), 육림(育林), 벌채, 생태계 복원 및 '사방사업법'에 따른 사방사업.

바. 자연공원으로 지정되기 전의 기존 건축물에 대해 주위 경관과 조화를 이루도록 하는 범위에서 대통령령으로 정하는 규모 이하의 증축·개축·재축 및 그 부대시설의 설치와 천재지변이나 공원사업으로 이전이 불가피한 건축물의 이축(移築).

사. 자연공원을 보호하고 자연공원에 들어가는 자의 안전을 지키기 위한 사방(砂防)·호안(護岸)·방화(防火)·방책(防柵) 및 보호시설 등의 설치.

아. 군사훈련 및 농로·제방의 설치 등 대통령령으로 정하는 기준에 따른 국방상·공익상 필요한 최소한의 행위 또는 시설의 설치.

자. '장사 등에 관한 법률'에 따른 개인묘지의 설치(대통령령으로 정하는 섬 지역에 거주하는 주민이 사망한 경우만 해당한다).

차. 제20조 또는 제23조에 따라 허가받은 사업을 시행하기 위해 대통령령으로 정하는 기간의 범위에서 사업부지 외의 지역에 물건을 쌓아두거나 가설건축물을 설치하는 행위.

카. 해안 및 섬지역에서 탐방객에게 편의를 제공하기 위해 대통령령으로 정하는 기간의 범위에서 관리사무소, 진료시설, 탈의시설 등 그 밖의 대

통령령으로 정하는 시설을 설치하는 행위.

　그리고 지정문화재를 보유한 사찰과 전통사찰보전지 중 문화재의 보전에 필요하거나 불사에 필요한 시설을 설치하고자 하는 지역을 '공원문화유산지구'로 지정한다. 사찰의 신축·증축·개축·재축·이축 및 사찰의 보전과 관리를 위해 재해 방지·복구 행위만 가능하다. 그런데 아무리 자연공원이라고 해도 예전부터 사람이 사는 곳은 분명이 존재했을 테고, 사람이 살아가는 공간이 있다. 개발제한구역 내 집단취락지구와 같이 자연공원 내에서도 마을이 형성된 지역으로 주민생활에 필요한 공간이 있는데, 그것이 바로 '공원마을지구'다.

　'공원마을지구'에서는 주거용 건축물은 연면적 230제곱미터 이하(부대시설의 면적을 포함한다)이고, 건폐율 60% 이하이며, 높이 2층 이하인 단독주택(다중주택 및 다가구주택을 포함한다)을 건축할 수 있다. 주거용건축물 이외로 마을의 기능을 유지하기 위해서 필요한 시설은 연면적 300제곱미터 이하이고, 건폐율 30% 이하이며, 3층 이하로 지을 수 있다. 결론적으로 자연공원구역에서 전원주택이라도 지으려면 '공원마을지구' 이외에는 안 된다는 뜻이다. 그렇다 해도 투자 가치는 없으므로 애초부터 접근하지 않는 것이 정신건강에 좋다.

[자료 70] 공원마을지구 내 주택

　　이제까지는 '자연공원법'에 의한 자연공원을 살펴보았는데, 공원은
다른 법령에 의한 공원도 존재한다. '도시공원 및 녹지 등에 관한 법률'
에 의한 도시공원이 그것인데, 자연공원은 대부분 도시와 상당한 거리
에 이격되어 있는 반면, 도시공원은 우리 삶의 일부처럼 매우 가까운
거리에 존재한다. 도시지역에서 도시자연경관을 보호하고, 시민의 건
강·휴양 및 정서생활을 향상시키는 데 이바지하기 위해 도시·군관리
계획으로 결정되고 조성되는 공원이다. 자연적인 공원녹지도 있지만,
인위적으로 만든 공원녹지도 포함한다. 도시공원의 종류는 국가도시
공원, 생활권공원(소공원, 어린이공원, 근린공원), 주제공원(역사공원, 문
화공원, 수변공원, 묘지공원, 체육공원, 도시농업공원)이 있다. 문제는 이러
한 도시공원은 자연공원처럼 민간개발이 불가능하다는 점이다. 따라
서 도시자연공원구역이든, 자연공원이든, 도시공원이든, 공원이라는

명칭이 붙어 있는 토지는 투자 목적으로는 접근하지 않는 것이 좋다. 당신이 초보자가 아니라 토지 투자의 고수라면 장기미집행도시계획시설(일명 '장미 투자') 투자가 가능하지만, 그것이 가능할 정도라면 지금 이 책을 읽고 있지 않을 것이다. 뒤에 필자의 실제 투자 사례에서 장미 투자 사례가 나온다. 나중에 확인하시라.

보전산지(공익용산지, 임업용산지)는
마르고 닳도록 보전이 목적이다

산지는 보전산지와 준보전산지로 구분되는데, 보전산지는 산지의 보전을 목적으로 지정하며 그 이외의 산지는 보전의 필요성이 낮다고 해서 준보전산지로 관리한다. 그러다 보니 보전산지는 일반적으로 토지 가격이 저렴하다. 기획 부동산 회사가 애용하는 미끼는 바로 이러한 보전산지다. 헐값에 매입을 해서 일반인에게 비싸게 팔아먹을 수 있기 때문이다. 보전산지는 지정 목적에 따라서 임업용산지와 공익용산지로 다시 나누어진다.

보전산지는 국방·군사시설, 사방시설(흙·모래·자갈이 이동하는 것을 막아서 재해를 막거나 줄이려고 산림녹화 또는 각종 토목공사를 하는 일) 등 국토의 보전시설의 설치, 도로 등 공익용 시설의 설치 등 특별한 경우를 제외하고는 산지의 전용이 금지된다. 보전산지로 지정·고시된 지역은 '국토의 계획 및 이용에 관한 법률'에 의한 농림지역 또는 자연환경보전지역으로 지정·고시된 것으로 본다. '보전산지'로 지정·고시가 되면 다른 용도지역으로 표시가 되어 있어도 농림지역이나 자연환경 보전지역으로 지정된 것으로 보기 때문에 '산지관리법'의 적용을 받아 건축물의 건축, 공작물의 설치, 토지의 형질변경, 토지의 분할 등 각종 개발행위는 '산지관리법' 허용하는 사항 이외에는 할 수 없다.

[자료 71] 보전산지와 준보전산지 지정목적

보전산지는 무분별한 산지전용. 토석채취 등을 막기 위해 지정됩니다.

산지는 보전산지와 준보전산지로 나눠지고, 목적에 따라 구분해 지정됩니다.

보전산지

준보전산지

임업용산지 : 임업생산기능의 증진을 위한 산지

공익용산지 : 재해방지, 자연 보전 보건 증진 등의 공익기능을 위한 산지

출처 : 서울특별시

'산지관리법'에서는 임업용산지를 산림자원의 조성과 임업생산 기능의 증진을 위해 필요한 채종림(우량한 조림용 종자의 생산 공급을 목적으로 조성 또는 지정된 산림), 시험림(시험연구의 목적에 제공되고 있는 산림), 보전국유림(산림경영임지의 확보, 임업기술개발 및 학술연구를 위해 보존할 필요가 있는 국유림 및 사적·성지·기념물·유형문화재 보호, 생태계보전

및 상수원보호 등 공익상 보존할 필요가 있는 국유림), 임업진흥권역의 산지, 형질이 우량한 천연림 또는 인공조림지로서 집단화되어 있는 산지, 토양이 비옥해 입목의 생육에 적합한 산지, 지방자치단체의 장이 산림경영 목적으로 사용하고자 하는 산지, 그 밖에 임업의 생산기반조성 및 임산물의 효율적 생산을 위한 산지에 지정하고 있다. 한마디로 산림자원과 임업생산의 기능 증진을 위해서 산림청장이 지정하는 산지다.

그렇다면 임업용산지는 어떠한 개발행위가 가능한지 알아보자. '산지관리법'에서 보전산지에 관해서 행위제한, 즉 이것저것 하지 말라는 내용은 제12조(보전산지의 행위제한) 조문에 있다. ①항은 임업용산지에 대한 내용인데, 다음 각 호의 어느 하나에 해당하는 행위를 하기 위해 산지전용(산지를 조림, 숲 가꾸기, 벌채, 토석 등 임산물의 채취, 산지일시사용 용도 외로 사용하거나, 이를 위해 산지의 모양새를 변경하는 것) 또는 산지일시사용(산지로 복구할 것을 조건으로 산지를 조림, 숲 가꾸기, 입목의 벌채, 토석 등 임산물의 채취 등 어느 하나에 해당하는 용도 외의 용도로 일정 기간 동안 사용하거나 이를 위해 산지의 모양새를 변경하는 것)을 하는 경우를 제외하고는 산지전용 또는 산지일시사용을 할 수 없다. 쉽게 이야기하면 다음의 각 호에 해당하는 경우를 제외하고는 개발을 할 수 없다는 이야기다. 사실 법령을 그대로 옮겨 놓으면 읽기도 어렵고, 이해하기도 무척 곤란하다. 각각의 법령을 위아래로 왔다 갔다 하면서 모든 조문을 읽어야 하기 때문이기도 하고, 읽기 전에 벌써 겁부터 먹게 된다. 그래서 여기서는 독자분들이 읽기 쉽도록 간략하게 키워드만 나열해보겠다.

(1) 국방·군사시설의 설치

(2) 사방시설, 하천, 제방, 저수지, 그 밖에 이에 준하는 국토보전시설의 설치

(3) 도로, 철도, 석유 및 가스의 공급시설

(4) 산림보호, 산림자원의 보전 및 증식을 위한 시설

(5) 임업시험연구를 위한 시설

(6) 매장문화재의 발굴, 문화재와 전통사찰의 복원·보수·이전 및 그 보존관리를 위한 시설

(7) 문화재·전통사찰과 관련된 비석, 기념탑, 그 밖에 이와 유사한 시설

(8) 발전·송전시설 등 전력시설

(9) 신·재생에너지의 이용·보급을 위한 시설

(10) 광물의 탐사·시추시설 및 갱 내 채굴, 광해방지시설

(11) 6·25 전사자 유해의 조사·발굴에 따른 시설

(12) 임도·산림경영관리사 등 산림경영과 관련된 시설 및 산촌산업개발시설

(13) 수목원, 산림생태원, 자연휴양림, 수목장림, 등 산림공익시설

(14) 농림어업인의 주택 및 그 부대시설

(15) 농림어업용 생산·이용·가공시설 및 농어촌휴양시설

(16) 광물, 지하수 등 지하자원 또는 석재의 탐사·시추 및 개발과 이를 위

한 시설

⒄ 묘지·화장시설·봉안시설·자연장지 시설

⒅ 종교시설

⒆ 병원, 사회복지시설, 청소년수련시설, 근로자복지시설, 공공직업훈련
시설 등 공익시설

⒇ 교육·연구 및 기술개발과 관련된 시설

　– 위 각 시설을 설치하는 동안의 임시 부대시설

　– 위 각 시설 중 건축물과 연결하기 위한 진입로

　– 각 항 모두 임업용산지의 목적 달성에 지장을 주지 아니하는 범위에
　서 대통령령으로 정하는 행위

아울러 보전산지 중 하나인 공익용산지는 임업생산과 함께 재해 방
지, 수자원 보호, 자연생태계 보전, 산지경관 보전, 국민보건휴양 증진
등의 공익 기능을 위해 자연휴양림의 산지, 사찰림(사찰 경내 경치 보존
을 목적으로 사찰이 소유, 관리하고 있는 산림)의 산지, 대통령령으로 정하
는 주요 산줄기의 능선부로서 산지경관 및 산림생태계의 보전을 위해
필요하다고 인정되는 산지, 〈명승지, 유적지, 그 밖에 역사적·문화적〉
으로 보전할 가치가 있다고 인정되는 산지로서 대통령령으로 정하는
산지, 산사태 등 재해발생이 특히 우려되는 산지로서 대통령령으로 정
하는 산지, 야생생물 특별보호구역 및 야생생물 보호구역의 산지, 공원
구역의 산지, 문화재보호구역의 산지, 상수원보호구역의 산지, 개발제

한구역의 산지, 녹지지역 중 대통령령으로 정하는 녹지지역의 산지, 생태·경관보전지역의 산지, 습지보호지역의 산지, 특정도서의 산지, 백두대간보호지역의 산지, 산림보호구역의 산지 등 공익의 목적으로 산림청장이 지정하는 산지다. '산지관리법' 제12조 ②항은 공익용산지에 대한 행위제한 내용인데, 다음 각 호를 제외하고는 개발을 할 수 없다.

(1) 국방·군사시설의 설치
(2) 사방시설, 하천, 제방, 저수지, 그 밖에 이에 준하는 국토보전시설의 설치
(3) 도로, 철도, 석유 및 가스의 공급시설
(4) 산림보호, 산림자원의 보전 및 증식을 위한 시설
(5) 임업시험연구를 위한 시설
(6) 매장문화재의 발굴, 문화재와 전통사찰의 복원·보수·이전 및 그 보존 관리를 위한 시설
(7) 발전·송전시설 등 전력시설
(8) 신·재생에너지의 이용·보급을 위한 시설
(9) 광물의 탐사·시추시설, 광해방지시설
(10) 6.25 전사자 유해의 조사·발굴에 따른 시설
(11) 임도·산림경영관리사 등 산림경영과 관련된 시설
(12) 수목원, 산림생태원, 자연휴양림, 수목장림 등 공익시설
(13) 산사태 예방을 위한 지질·토양의 조사 관련 시설

⒁ 농림어업인의 주택의 신축, 증축, 개축

⒂ 종교시설의 증축 또는 개축

⒃ 교육·연구 및 기술개발과 관련된 시설

⒄ 공익용산지로 지정된 사찰림의 산지에서의 사찰 신축

⒆ 봉안시설, 병원, 사회복지시설, 청소년수련시설 시설

  – 위 각 시설을 설치하는 동안의 임시 부대시설

  – 위 각 시설 중 건축물과 연결하기 위한 진입로

  – 각 항 모두 공익용산지의 목적 달성에 지장을 주지 아니하는 범위에
    서 대통령령으로 정하는 행위

  법령의 조문을 읽기 쉽게 자르고, 또 잘랐는데 읽기가 쉽지 않다. 20여 가지가 있어서 설치할 수 있는 시설들이 많은 것처럼 보이지만, 자세히 살펴보면 거의 대부분 임업용이나 공익용의 목적으로 사용되는 시설물만 설치할 수 있다. 임업용산지에서 개인이 개발할 수 있는 시설은 ⒁ '농림어업인의 주택 및 그 부대시설'이고, 공익용산지에서는 ⒁ '농림어업인의 주택의 신축, 증축, 개축'이 유일하다. 그런데 농림어업인의 주택을 짓기 위해서는 글자 그대로 '농지법'에 따른 '농업인'이 되거나 '임업 및 산촌 진흥촉진에 관한 법률'에 따른 '임업인', '수산업법'에 의한 '어업인'이 되어야 한다. 물론 매수인 본인이 '농림어업인'이 되어 주택을 건축하겠다고 할 수도 있겠지만, '건축법'에 따른 건축허가 조건도 맞아야 한다. 법조문 내용을 보면 어느 하나 개인이 쉽게

개발할 수 있는 시설이 없다. 토지를 개발할 수 없고, 개발할 수 없으니 팔리지 않고, 팔리지 않으니 그냥 세금만 내고 있어야 한다면 토지 소유자 입장에서는 무척이나 괴로운 일이다. 따라서 일반 초보 투자자들이 보전산지인 임업용산지와 공익용산지를 전용해서 개발 목적으로 사용한다는 것은 주택 이외에는 불가능하다. 절대 보전산지 임야는 매입해서는 안 된다. 간혹 버섯이나 장뇌삼을 키우는 등 직접 사용을 목적으로 매입을 하려는 경우도 있는데, 이 또한 산림청에서 국유림을 임대 받아서 하면 된다. 굳이 투자용으로는 매입할 이유가 없다.

비오톱 토지는
지렁이가 소유권을 가지고 있다

　'비오톱'이란 그리스어로 생명을 의미하는 '비오스(Bios)'와 땅 또는 영역이라는 의미의 '토포스(Topos)'를 결합한 용어다. 특정한 식물과 동물이 하나의 생활공동체를 이루어 지표상에서 다른 곳과 명확히 구분되는 생물서식지를 말한다. 생물서식지는 생물들이 먹이를 먹고, 은신처를 구하며, 생식을 위해 짝을 찾기 때문에 서식지는 생물의 직접적인 생활 조건을 제공하는 장소가 된다. 또한 서식지의 환경에 따라 생물개체군의 증가율이 달라지기 때문에 생물 보전이라는 측면에서 중요한 장소가 된다. 한마디로 지렁이가 주인인 땅이다. 서울특별시는 2010년부터 이러한 생물서식지를 총 5개의 등급으로 구분해 '비오톱' 유형이라는 이름으로 구분해 지정하고 있다. 식물과 동물의 서식생태현황을 등급으로 평가해놓은 것인데, 이러한 도시생태현황 조사 결과, 비오톱 유형 평가 1등급이고, 개별 비오톱 평가 1등급으로 지정된 부분은 보전해야 한다.

1. 비오톱 유형 평가 등급

　가. 1등급 : 보전이 우선되어야 하는 비오톱 유형

　나. 2등급 : 보전이 필요한 비오톱 유형

　다. 3등급 : 대상지 일부에 대해 보전을 하고 잔여지역은 생태계 현황을 고려한 토지 이용이 요구되는 비오톱 유형

　라. 4등급 : 생태계 현황을 고려한 토지 이용이 요구되는 비오톱 유형

　마. 5등급 : 도시생태 측면에서 부분적으로 개선이 필요한 비오톱 유형

2. 개별 비오톱 평가 등급

　가. 1등급 : 보호가치가 우선시되는 비오톱(보전)

　나. 2등급 : 보호할 가치가 있는 비오톱(보호 및 복원)

　다. 3등급 : 현재로서는 한정적인 가치를 가지는 비오톱(복원)

　서울특별시에서는 서울특별시 도시계획조례 제24조에 따라 '비오톱' 1등급지에 대한 일체의 개발행위를 금지하고 있다. 이와 관련된 기사 한 꼭지를 보도록 하자. 3기 신도시 지정과 관련해 개발제한구역 해제를 추진하는 국토교통부와 해제를 반대하는 서울특별시와의 갈등에 대한 내용인데, 그 중심에는 바로 '비오톱'이 자리하고 있다.

서울시 "생물서식지 '비오톱' 1·2등급 섞여 보존 필요"

서울시, 그린벨트 3~5등급 일부 훼손되어도 해제 불가능

　정부가 주택 공급을 위해 서울과 경기 일대의 3등급 이하 개발제한 구역의 일부 해제를 검토 중인 가운데, 서울시가 등급에 따른 획일적 해제가 불가능하다는 내부 방침을 정한 것으로 확인됐다. 훼손된 3~5등급 그린벨트 내에서도 보존이 필요한 비오톱(Biotope · 생물서식공간) 1~2등급지가 다수 분포해 있어 현실적으로 해제가 어렵다는 이유에서다. 그린벨트 해제를 둘러싼 국토교통부와 서울시의 입장 차는 앞으로도 좁혀지지 않을 예정이다.

[자료 72] 강남 내곡동 일대 비오톱 평가도

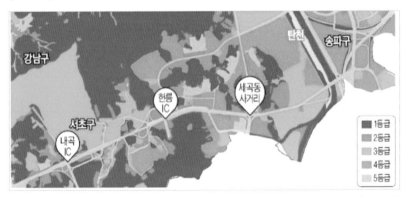

출처 : 〈한국경제〉

비오톱 1~2등급 분포…해제 어려워

국회 국토교통위 소속 H의원에 따르면, 서울의 경우 3등급 이하 그린벨트가 29.0㎢다. 서울 전체 그린벨트의 21% 규모다. 국토부의 개발제한구역 해제 지침에서 1~2등급은 원칙적으로 해제를 못 하도록 규제하고 있다. 3등급 이하는 필요한 절차를 거쳐 해제할 수 있다. 국토교통부는 서울시와의 합의점을 찾지 못할 상황을 대비해 장관 직권 해제까지 검토하고 있다. 이와 관련해 서울시는 내부 회의를 열고 그린벨트 3~5등급지 해제에 따른 영향을 검토했으나 비오톱 기준에 걸려 불가하다는 쪽으로 의견을 정리했다. 서울시 고위관계자는 "그린벨트 3~5등급지 내에 비오톱 1~2등급지가 다수 분포해 있어 해제가 어렵다"며, "시 조례에 따르면 비오톱 1등급에 해당하는 지역은 일체의 개발행위가 금지된다"고 밝혔다. 비오톱은 특정 생물군집이 생존할 수 있는 환경 조건을 갖춘 지역으로, 2010년부터 지정하고 있다. 서울시 관계자는 "3~5등급 그린벨트에서도 비오톱 1~2등급지가 다수 분포해 있다"며, "업계에서 해제 유력지로 거론되는 강남구 세곡동과 서초구 내곡동 일대가 대표적인 비오톱 1등급 분포 지역"이라고 설명했다. 서울시는 오는 22일 열리는 국회 국토교통위 국정감사에서 의원들의 질의에 대해 이 같은 상황을 공개할 예정이다.

3~5등급 그린벨트, 1~2등급 보호막

서울시는 또 그린벨트 중 환경평가 3~5등급지가 1~2등급지를 보호하는 완충지 역할을 하기 때문에 해제 시 다양한 부작용을 일으킬 것으로 우려하고 있다. 시 관계자는 "국토계획법에 명시되어 있듯, 그린벨트 지정 취지는 도시의 무분별한 확산 방지, 도시민의 건전한 생활환경 보호

등 도시환경 문제도 포함하고 있다"며, "단순히 훼손되어 보전가치가 상대적으로 낮다는 이유로 해제해서는 안 된다"고 말했다. 실제 국토부의 그린벨트 관리지침에는 대규모 도시·환경문제를 수반할 우려가 있는 지역을 해제대상지역에서 반드시 제외해야 한다고 명시되어 있다. 시 관계자는 "그린벨트 해제는 정부의 개발제한구역 관리지침에도 부합하지 않는다"며 "그린벨트 해제를 통한 주택 공급이 집값 안정에 미치는 효과도 일시적일 가능성이 높기 때문에 해제가 아닌 다른 방법으로 주택 공급을 확대해야 한다"고 설명했다.

시의회 의원들도 그린벨트 해제에 부정적이다. 시의회 도시계획관리위원회 K위원장은 "3~5등급지 중 일부가 훼손됐다는 이유로 해제하고 택지 공급에 따른 토지보상금을 지급하면 학습효과가 발생한다"며, "다른 그린벨트 지역도 소유자에 의한 인위적인 훼손 또는 방치가 가속화할 것"이라고 지적했다. K위원장은 또 "상임위 소속 의원 대부분이 그린벨트 해제에 부정적인 견해를 나타냈다"며 "개인적으로 그린벨트 해제보다는 재건축, 재개발 활성화를 통한 주택 공급이 바람직하다고 생각한다"고 말했다.

기사 내용[3]을 종합해보면 국토교통부에서 환경평가 결과, 보존가치가 낮은 3~5등급지에 대해서 개발제한구역을 해제해서 3기 신도시 택지를 공급하려 하지만, 서울특별시에서는 그러한 토지라도 일부분이 '비오톱' 1~2등급지가 있기 때문에 그린벨트 해제가 불가능하다는 이야기다. 설령 서울시의 의견을 무시하고 국토교통부장관이 직권으

---

3) 최진석 기자, 서울시 "생물서식지 '비오톱' 1·2등급 섞여 보존 필요", 〈한국경제〉, 2018. 10. 16 인용.

로 개발제한구역 해제를 해도 서울특별시 도시계획 조례상 '비오톱 1등급'은 개발행위가 금지된다. 그린벨트가 풀려도 이러한 '비오톱'이 풀리지 않으면 개발은 불가능하다. 따라서 '토지이용계획확인서'에 '비오톱 1등급'으로 지정된 토지는 지렁이가 소유권(?)을 가지고 있는 토지다. 아예 쳐다보지 않는 것이 정신건강에 좋다.

[자료 73] 생물서식지 비오톱

다양한 서식 공간 (비오톱)

비오톱유형 평가등급
● 1등급 ● 2등급 ● 3등급 …

출처 : 서울특별시

길이 막히면 돈도 막힌다.
맹지(盲地)는 걸러라

　지적도상에 도로와 접하지 않은 토지를 눈이 안 보이는 장님의 뜻인 맹(盲)자를 써서 '맹지'라고 한다. 다른 지번의 토지로 둘러싸여 있어서 사람과 차량이 해당 토지로 진입을 하지 못하기 때문에 건축허가를 받을 수 없다. 토지 공부를 조금만 해본 사람은 도로가 없으면 건축허가가 어렵다는 것을 알고 있다. 그래서 투자용으로 사는 토지는 반드시 도로가 붙어 있는 토지를 사라고 한다. 맹지는 개발이 안 되니 시장 가격도 오르지 않는다. 그냥 있는 그대로 농사나 지어야 하는 토지다. 투자용으로 매입해서는 안 된다. 이러한 맹지에 대해서 맹지를 탈출하는 방법이라고 하면서 비법처럼 이야기하지만, 사실은 도움이 안되는 것들이 대부분이다. 사도개설, 이웃하는 토지 소유자 사용승낙을 통한 진입도로개설, 지역권설정, 구거점용, 국유지점용, 주위토지통행권 등이 있다. 이러한 맹지에 도로를 만드는 기술을 흔히 시장에서는

'맹지탈출법'이라고 한다. 맹지탈출법은 마치 마법의 기술처럼 토지 투자 강의의 핫 메뉴가 되기도 한다. 많은 비용을 들이지 않고 맹지를 탈출할 수 있다면, 이것보다 좋은 투자법이 또 있을까? 그러나 세상일이 그리 호락호락하지는 않다. 과연 가능한 일인지 하나씩 따져 보도록 하자.

[자료 74] 맹지와 공도

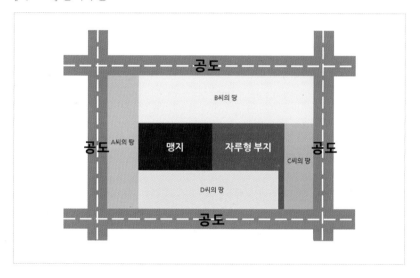

첫째, 사도개설이다. 사도(私道)란 글자 그대로 개인의 도로라는 뜻이다. 사도는 공도(公道)와 연결되는 길을 말하는데, [자료 74]에서는 맹지의 토지 소유자는 경계선상의 토지를 소유하고 있지 않기 때문에 공도로 연결시키는 사도를 개설할 수 없다. 그렇다면 A, B, D(일단, 설명의 편의를 위해 오른편의 자루형 토지와 C의 토지는 제외한다. 이하 같다)

의 토지를 일부 매입해 사도를 개설해야 하는데, 비용이 많이 투입될 것으로 예상이 된다. 많은 비용을 투입할 거면 처음부터 A, B, C, D와 같이 공도와 붙어 있는 토지를 매입하는 편이 훨씬 효율적이다. 또한 설령 비용을 들여서 사도를 개설한다고 해도 오른쪽의 자루형 토지처럼 되어 토지의 모양이 직사각형의 깔끔한 모양이 되지 못한다.

둘째, 이웃하는 토지 소유자 사용승낙을 통한 진입도로개설이다. A 토지 소유주는 본인 토지 중앙에 사용승낙을 해줄 리 만무하다. 당연히 거절할 것이고, B, D토지의 소유자 역시 본인의 토지를 도로로 사용하라고 승낙할 가능성은 없다. 말이 사용승낙서를 받는 것이지, 실제로 사용승낙을 해주는 토지 소유자는 없다. 설령 이웃하는 토지 소유자와 관계가 좋아서 사용승낙을 받는다고 해도 시장에서는 매우 적은 확률이며, 일반적인 사례로 이야기할 수 없다. 그러한 믿음을 가지고 맹지를 매입할 수는 없는 노릇이다.

셋째, 지역권의 설정이다. 지역권이란 필요에 의해서 남의 토지를 통행을 목적으로 사용할 권리를 등기하고, 해당 토지를 통행에 사용하는 것이다. 그러한 권리를 '지역권'이라고 한다. 통행의 편익을 받는 토지를 요역지라 하고, 요역지를 통행하는 데 편익을 주는 토지를 승역지라 한다. [자료 74]에서 맹지가 요역지라면, A, B, D토지가 승역지가 된다. 지역권은 등기를 하게 되는데, 승역지에는 도로의 면적에 대한 표시를 하고, 요역지에도 지역권이 있다는 등기를 한다. 하지만 이 또한 이웃하는 토지 소유자들이 무상으로 지역권을 설정해줄 가능성은 거의 없다. 마찬가지로 이웃하는 토지 소유자에게 사용료에 해당하는 대가를 지불해야 한다. 즉, 비용이 들어간다는 말이다.

넷째, 구거점용이다. 구거란 '공간정보의 구축 및 관리 등에 관한 법률'상의 28개 지목 중 한 가지로, 용수나 배수의 목적으로 일정한 형태를 갖춘 인공적인 수로 및 그 부속시설물의 부지, 그리고 자연의 유수가 있을 것으로 예상되는 소규모 수로의 부지를 말한다. 한마디로 도랑을 말한다. 이런 도랑을 구거점용이나 목적 외 사용승인을 받아서 진출입로로 사용을 하면 맹지 탈출이 된다. 구거의 소유권이 국가나 지자체에 있으면 구거점용허가를 받아야 하고, 구거소유자가 한국농어촌공사인 경우에는 목적 외 사용승인을 받으면 된다. 사용료는 1년에 개별공시지가의 0.5~5% 정도라 부담은 없다. 그러나 문제는 [자료 74]처럼 구거에 접하지 않는 맹지는 구거점용 자체의 기회가 없다.

다섯째, 국유지점용이다. 국유지를 사용허가 받거나 대부계약을 맺어서 맹지를 탈출하는 방법이다. 국유재산은 행정재산과 일반재산으로 나누어지는데, 행정재산은 공공의 목적으로 사용되는 재산으로 원칙적으로는 개인에게 매각·교환 등 처분을 할 수 없으며, 사용허가도 어렵다. 이에 반해 일반재산은 대부·매각·교환 등을 할 수 있다. 자산관리공사를 통해서 국유지를 대부받거나 온비드를 통해서 매입을 하면 된다. 이러한 경우 그림에서 보는 것과 같이 A, B, D토지가 국유지 중 일반재산이라면, 대부 또는 매각이 가능할 수도 있다. 이렇게 되면 맹지를 탈출하게 된다. 하지만 이렇게 국유지 대부(임대)가 가능하다는 사실을 맹지 소유자가 알고 있었다면, 맹지를 저렴한 가격으로 당신에게 절대 팔지 않는다. 사실상 맹지가 아니기 때문이다.

여섯 번째, 주위토지통행권이다. 민법219조에 근거하고 있는 주위토지통행권은 실제 활용할 수 있는 경우는 매우 제한적이다. 인터넷상의 블로그나 유튜브에서는 주위토지통행권의 행사로 건축까지도 어렵지 않게 가능하다고 하는데, 정말 무책임한 주장이다. 주위토지통행권은 맹지와 공도 사이에 그 토지에 필요한 통로가 없는 경우, 그 맹지 소유자는 주위의 토지를 통행 또는 통로로 하지 아니하면 공도로 출입할 수 없거나 과다한 비용을 요할 때는 통로를 개설할 수 있으며, 가장 손해가 적은 장소와 방법을 선택해야 한다. 판례상 자동차가 출입할 수 있을 정도의 도로 폭은 인정하지 않으며, 토지를 장차 이용할 수 있는 상황까지 고려해서 통행로를 정하는 것은 아니라는 것이 법원의 확고한 입장이다. 즉 주위토지통행권은 사람이 출입할 정도의 범위이지, 자동차를 출입할 정도의 범위는 아니라는 뜻이다. 따라서 '건축법'상의 도로로 인정받지 못하면 건축허가가 나지 않는다. 주위토지통행권과는 별도로 매입하거나 사용승낙을 받아야만 한다. 결론적으로 주위토지통행권으로만 맹지를 탈출할 수 없는 것이다.

땅 보러 올라가는데 숨이 차면
진짜 숨이 넘어갈 수도 있다

허가관청에 건축물을 짓기 위해서 개발행위허가를 신청하면 허가를 내어주기 위한 검토사항이 있는데, 개발행위기준에는 건축물의 이격거리, 높이, 배치 등에 대해서 적절한지 검토를 하라고 되어 있다. 구체적인 사항은 해당 지방자치단체의 조례로 정하도록 되어 있는데, 그중에 경사도와 표고(해발기준 높이)에 대한 기준이 있다. 해당 지자체에서 정하고 있는 일정 기준 이상이 되면 개발행위허가를 내어주지 않는데, 해당 지역의 컨디션에 따라 기준이 다르지만 기본적인 맥락은 같다.

경사도란 어떤 지형을 이루는 지면의 기울기를 각도 또는 %로 표현한 것이다. 경사도는 임야에 있어서 산지전용의 심사기준으로 중요한 항목이며, 평균경사도가 높은 산지(임야)는 개발행위허가가 나지 않는다. 산지뿐만 아니라 농지도 마찬가지로 경사도가 높은 경우에는 허가가 어렵다. 다만 농지의 경우에는 농업생산성이 떨어지는 농지는 한계 농지로 분류해 개발행위허가 조건을 완화시켜준다. '산지관리법'에서는 개발 가능한 임야의 평균경사도가 최대 25도로 되어 있다. 스키장이나 채석장 등 특수한 경우에서는 35도까지 가능하지만, 일반 토지는 최대 25도다. 그러나 이 규정은 법령에서 정한 최고한도라는 의미이고, 지방자치단체별로 조례에 따라 위임되어 있다. 25도 이상으로 완화 적용할 수는 없으며 강화만이 가능하다. 즉 산지의 경사도 25도 이상을 개발할 수 있도록 조례에서 허용할 수 없다는 말이다. 강화만 할 수 있는데 경기도 용인시의 경우, 구별로 다른데 처인구는 25도(20도 이상 도시계획위원회 심의), 기흥구는 21도(17.5도 이상 도시계획위원회 심의), 수지구는 17.5도의 평균경사도 이하여야 한다. 같은 용인시임에도 구별로 경사도 기준이 다른 것은 각 지역별 개발현황에 따라 컨디션이 다르기 때문이다. 평택시는 15도, 남양주시는 22도, 광주시는 20도, 고양시는 15도다. 일반 투자자가 이런 점을 체크하지 못하는 가장 큰 이유는 경사도, 표고는 토지를 매입할 때 보는 '토지이용계획확인서'에 나타나지 않는다는 것이다. 즉 '토지이용계획확인서'만 가지고는 개발 가능 여부를 파악할 수 없다는 이야기다. 이와 관련된 기사를 하나 보도록 하자.

용인시, 개발행위허가 경사도 기준강화…
난개발 옥죄나?

용인시가 난개발을 방지하기 위해 개발행위허가 경사도 기준을 2015년 이전 수준으로 환원한다. 또 쪼개기 개발을 막기 위해 관리·농림 지역 등의 토지 분할 제한면적 기준을 신설했다. 다만, 찬반 논란이 있었던 개발행위허가 표고 기준 신설은 유보하기로 했다. 앞서 용인시는 민간인들로 난개발조사특별위원회를 구성하고, 백서를 만들어 난개발 실태 파악에 나선 바 있다. 특위는 '난개발 없는 친환경 생태도시'라는 민선 7기 백군기 용인시장의 시정목표에 따라 지난해 8월 6일 발족해 약 10개월에 걸쳐 시 전역의 난개발 실태를 조사해왔다. 당시 특위는 이 기간 동안 수십 차례의 회의와 현장조사, 실무부서 간담회 등을 통해 시내 전역에서 벌어지고 있는 난개발의 문제점과 제도적 개선방안 등을 도출해 백서를 만들었다. 이와 관련해 용인시는 이 같은 내용의 도시계획 조례 개정안을 26일 다시 입법예고 했다. 이는 당초 입법예고한 개정안의 주민 의견 수렴 결과, 경사도 강화와 표고 기준 신설에 대한 지역별 주민들의 온도차가 크고 이해관계자들의 의견이 첨예하게 대립해 일부 내용의 수정이 필요하다는 판단에서다. 재입법예고한 개정안에 따르면 구별 개발행위허가 경사도 기준은 2015년 이전 수준인 수지구 17.5도, 기흥구 17.5도, 처인구 20도로 변경된다. 표고기준 신설은 개발행위 추이를 살펴 다시 검토할 계획이다. 시는 다만 개발수요가 많은 지역을 체계적으로 관리하기 위한 성장관리방안을 시 전역을 대상으로 수립해 각 지역별 여건에 맞게 관리할 방침이다. 시 관계자는 "무분별한 개발을 막고 친환경이며 지속가능한 개발을 유도하기 위해 조례를 개정하는 것"이라며 "조례 개정 후 인허가 모니터링을 통해 보완해 나갈 것"이라고 말했다.

기사[4]에서는 용인시가 무분별한 개발을 막고 친환경적인 개발을 유도하기 위해서 조례를 개정하고자 한다는 내용이다. 원래 용인시의 경우 처인구는 25도(20도 이상 도시계획위원회 심의), 기흥구는 21도(17.5도 이상 도시계획위원회 심의), 수지구는 17.5도의 평균경사도 이하로 경사도 기준을 잡고 있는데, 경사도 기준을 2015년 이전 수준인 처인구 20도, 기흥구 17.5도, 수지구 17.5도로 대폭 강화시키려고 조례를 개정한다는 이야기다. 이렇듯 경사도가 높은 땅은 개발행위허가가 여부가 불분명하고, 실제 사용 용도 역시 제한적이기 때문에 토지 가격의 상승을 기대하기 어렵다. 본인이 토지 개발 전문가가 아니라면 접근하지 않는 것이 좋다. 각 지방자치단체가 규정하고 있는 경사도는 해당 지자체 도시계획조례를 찾아보면 된다. 땅 보러 가는데 숨이 차면 진짜 숨이 넘어갈 수도 있다.

[자료 75] 경사도와 경사각

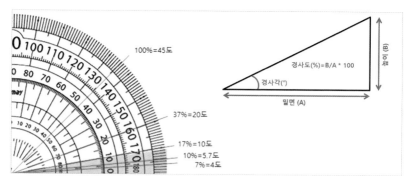

---

4) 박정훈 기자, '용인시, 개발행위허가 경사도 기준 강화…난개발 옥죄나?', 〈오마이뉴스〉, 2019. 07. 26 인용.

빽빽한 숲과 울창한 나무는
눈으로만 보는 거다

'국토의 계획 및 이용에 관한 법률 시행령'상 개발행위허가기준 검토사항이 있다. 아울러 지자체별 검토사항은 토지의 형질변경 또는 토석채취의 경우, 해당 지자체의 도시계획조례에서 규정하고 있으며, 토지의 경사도나 임상(숲의 형태)은 해당 조례에 적합해야 개발행위허가를 받을 수 있다. 즉, 숲의 생장 상태를 파악해서 빽빽한 숲이나 울창한 나무들이 많이 분포가 되어 있을 경우에는 개발행위허가를 받을 수 없다. 이러한 숲의 생장 상태를 파악하는 방법은 지방자치단체마다 다르나, 두 가지 방법 중 한 가지 방법을 사용한다. 바로 입목축적과 입목본수도다.

입목축적은 어느 개발 대상 토지의 수목의 울창도를 그 지역이 속한 다른 지역과 수평적, 지역적으로 비교하는 것이다. 입목축적은 산지관리법에서 정하는 기준이며, 어느 숲의 목재부피가 그 시·군의 평균치보다 많고 적음을 구분하는 것이고, 통상 150%를 기준으로 그 이상은 개발을 불허하는 것이다. 이에 반해서 입목본수도는 숲에서 현재 생육하고 있는 나무들이 정상적으로 자랐을 때를 비교해서 어느 정도로 자라거나 분포되어 있는지를 파악해서 각 지자체 조례에서 기준을 정한다. 대체로 50년생 이상인 활엽수림의 비율이 50% 이하 수준에서 결정하고 있다. 50%가 넘으면 허가를 내어 주지 않는다는 말이다. 예전에는 각 지방자치단체가 입목축적과 입목본수도의 산정방법을 조례에 규정해 놓았으나, 요즘은 복잡한 민원과 계산상의 일원화를 위해 산림청장이 고시한 산림기본통계를 활용한다.

예를 들어, 서울특별시 개발행위허가 기준은 ha당 입목축적이 산림기본통계상 서울특별시 ha당 평균입목축적의 30%(녹지지역에서는 20%) 미만이어야 한다. 그런데 부산광역시 개발행위허가 기준은 산림청장이 고시한 산림기본통계상 평균입목축적 대비 개발행위허가 대상 토지의 헥타르당 평균입목축적 비율이 80% 미만일 것을 조건으로 하고 있다(지금 읽고는 있지만 무슨 말인지 이해가 안 되는 사람은 그냥 나무가 빽빽하면 그 땅은 사지 말고 패스하라). 서울특별시가 부산광역시보다 매우 강력한 규제를 하고 있음을 알 수 있다. 아울러 나무를 무단으로 베어내면 '산림자원의 조성 및 관리에 관한 법률'의 벌칙 규정에 따라 형사처벌을 받는다. 숲이 빽빽한 곳은 마음과 몸을 다스리는 휴양처이지, 투자할 곳이 아니다.

1) 입목축적의 조사방법

가. 입목축적의 조사는 표준지 조사방법에 의한다. 다만, 조사면적이 1만제곱미터 미만인 경우 전수조사방법에 의할 수 있다.

나. 조사대상은 가슴높이지름이 6센티미터 이상인 입목으로 하고, 가슴높이지름은 2센티미터 괄약(모아서 합치는 방법)으로 수종별로 측정한다.

다. 수고(나무높이)는 수종별, 가슴높이 지름별로 평균수고(나무높이)를 산출한다.

라. 입목축적 산출

① 전수조사의 경우 입목의 가슴높이지름과 평균수고를 구해 입목간 재적표에서 단목재적을 구한 후 본수를 곱해 입목축적을 산출한다.

② 표준지조사의 경우, 표준지 재적합계에 전용지 면적과 표준지 면적합계의 비율을 곱해 입목축적을 구한다.

입목축적=표준지 재적합계×전용대상면적/표준지 면적합계

2) 입목본수도 조사방법

가. 조사구역의 입목을 전수 조사한다.

나. 가슴높이직경의 측정은 경사지에서는 위쪽에서, 평지에서는 임의의 방향에서 지상 1.2m(가슴높이)의 높이를 측정한다. 측정은 교목, 관목을 구분하지 않고, 수고 1.2m 이상인 모든 수목을 대상으로 한다.

다. 가슴높이점의 하부에서 수간이 분지되어 있으면, 각각 2본으로 간주해 따로 측정하고, 가슴높이점보다 상부에서 분지되어 있으면 1본으로 간주한다.

라. 측정이 끝나면 각 직경별 본수에 평균직경을 곱해 직경 소계를 구하고, 직경 소계를 합산해 직경 총계를 구한다.

마. 직경 총계를 대상지의 전체 본수로 나누어 평균 가슴높이 직경을 구한다.

바. 입목본수기준표에 의거 대상지 수목의 평균 가슴높이 직경에 해당되는 ㏊당 정상 입목본수를 ㎡당 입목본수로 환산한다.

사. 대상지 정상입목본수(본)=대상지면적(㎡)×정상입목본수(본/㎡)

아. 입목본수도(%) = $\dfrac{\text{대상지 현재 생육본수}}{\text{대상지 정상 입목본수}} \times 100$

행정구역	국토면적	산림면적	임목축적	산림율	평균 임목축적
계	10,029,535	6,334,615	924,809,875	63.16	145.99
서울특별시	60,525	15,486	2,023,834	25.59	130.69
부산광역시	76,983	35,386	5,415,279	45.97	153.03
대구광역시	88,356	48,705	7,620,989	55.12	156.47
인천광역시	104,898	39,978	5,073,862	38.11	126.92
광주광역시	50,115	19,244	2,494,293	38.40	129.61
대전광역시	53,935	29,928	4,390,910	55.49	146.72
울산광역시	106,096	68,671	10,031,984	64.73	146.09
세종특별자치시	46,487	25,288	3,391,797	54.40	134.13
경기도	1,017,534	520,068	73,588,049	51.11	141.50
강원도	1,682,641	1,371,643	221,070,864	81.52	161.17
충청북도	740,722	491,135	69,398,060	66.30	141.30
충청남도	821,399	408,040	53,918,343	49.68	132.14
전라북도	806,681	443,140	65,549,640	54.93	147.92
전라남도	1,231,292	690,237	77,701,410	56.06	112.57
경상북도	1,903,074	1,337,741	201,289,904	70.29	150.47
경상남도	1,053,884	701,903	109,845,500	66.60	156.50
제주특별자치도	184,913	88,022	12,005,157	47.60	136.39

출처 : 산림청

박물관은 살아 있어도
문화재 있는 땅은 죽는다

　문화재가 주변에 분포되어 있는 토지는 아무래도 접근하기가 부담스럽다. 건축 등 개발행위가 원천적으로 봉쇄되는 경우가 많기 때문이다. 차라리 개발행위가 애초부터 불가능하면 오히려 괜찮은데, 건축공사를 위해서 터 파기를 하는 도중에 유물이 나오게 되면 자비를 들여서 발굴조사 작업도 해야 하고, 심지어는 공사가 더 이상 진행하지 못하는 상황도 생기게 된다. 따라서 초보 투자자들은 주변에 예전부터 유물이 많이 나오는 지역이거나 도시 전체가 유적지인 곳은 관심을 두지 않는 것이 좋다.

　문화재란 인위적이거나 자연적으로 형성된 국가적·민족적 또는 세계적 유산으로서 역사적·학술적 또는 경관적 가치가 큰 유무형의 객체들을 말한다. 건조물·서적·고문서·회화·조각·공예품 등 유형문화재, 전통적 공연·예술·전통기술·사회적 의식·전통적 놀이 등 무형문화재,

절터·옛무덤·성터·궁터·동물의 서식지·식물의 자생지·생물학적 생성물·특별한 자연현상 등 기념물, 신앙·연중행사 등 민속문화재를 지칭한다. 아울러 지정문화재란 국가지정문화재와 시·도지정문화재가 있으며, 국가지정문화재는 문화재청장이 지정하며, 시·도지정문화재는 시·도지사가 지정한다. 국가지정문화재는 문화재를 보호하기 위해 지정해놓은 구역을 문화재보호구역이라 하는데, 유형물이나 일정한 지역이 문화재로 지정된 경우에는 해당 지정문화재의 점유 면적을 제외한 지역으로, 그 지정문화재를 보호하기 위해 지정된 구역을 말한다. 문화재청장은 해당 문화재의 보존가치, 보호물 또는 보호구역의 지정이 재산권 행사에 미치는 영향, 보호물 또는 보호구역의 주변 환경을 고려해 문화재보호구역을 지정하거나 조정을 할 수 있다. 지정 또는 조정 후에는 10년마다 적정성을 검토해야 한다. 아울러 국가지정문화재 및 보호물 또는 보호구역에서 다음의 개발행위는 문화재청의 허가(현상변경 허가 포함)를 받아야 한다.

'문화재보호법 시행령' 제21조의2
(국가지정문화재 등의 현상변경 등의 행위)

3. 국가지정문화재·보호물 또는 보호구역 안에서 하는 다음 각 목의 행위

　가. 건축물 또는 도로·관로·전선·공작물·지하구조물 등 각종 시설물을 신축, 증축, 개축, 이축(移築) 또는 용도변경(지목변경의 경우는 제외한다)하는 행위.

나. 수목을 심거나 제거하는 행위.

다. 토지 및 수면의 매립·간척·땅파기·구멍 뚫기, 땅 깎기, 흙 쌓기 등 지형이나 지질의 변경을 가져오는 행위.

라. 수로, 수질 및 수량에 변경을 가져오는 행위.

마. 소음·진동·악취 등을 유발하거나 대기오염물질·화학물질·먼지·빛 또는 열 등을 방출하는 행위.

바. 오수(汚水)·분뇨·폐수 등을 살포, 배출, 투기하는 행위.

사. 동물을 사육하거나 번식하는 등의 행위.

아. 토석, 골재 및 광물과 그 부산물 또는 가공물을 채취, 반입, 반출, 제거하는 행위.

자. 광고물 등을 설치, 부착하거나 각종 물건을 쌓는 행위.

요즘은 문화재청의 인터넷서비스가 잘되어 있어서 해당 토지가 어느 정도의 행위규제가 되어 있는지 서비스를 해준다. 따라서 토지이용계획확인서에 '다른 법령' 등에 따른 지역·지구에서 현상변경허가 대상구역이라고 기재되어 있으면, 문화재청이 관리 운영하는 문화재보존관리지도에 접속해 해당 지번을 입력하면 현상변경허가구역에 대한 범위를 쉽게 알 수 있다.

[자료 77] 문화재보존관리지도

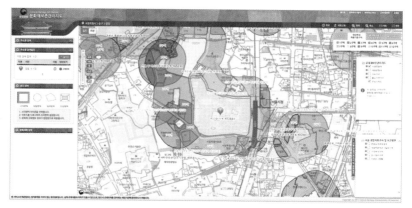

출처 : 문화재청

[자료 78] 덕수궁 주변 역사문화환경 보존지역 내 건축행위 허용기준

구분	허용기준	
	평지붕	경사지붕(10:3 이상)
제1구역	• 개별심의	
제2구역	• 건축물 최고높이 14m 이하	• 건축물 최고높이 17m 이하
제3구역	• 서울시 도시계획조례 등 관련 법률에 따라 처리	
제4구역	• 기존 건축물은 기존 범위 내에서 개·재축을 허용함. • 건축물 최고높이는 옥탑, 계단탑, 승강기탑, 망루, 장식탑 등 기타 이와 유사한 것을 포함함. • '4대문안 문화유적 보존방안'에 따라 조사(입회조사, 표본조사, 시굴조사, 정밀발굴조사)를 실시함. • 허용기준의 고시 이후, 역사문화환경 보존지역 내 도시계획 변경 시 문화재청과 사전 협의함.	

　　건축행위허가에 관해서는 제1구역은 개별심의로 허가 여부를 결정하겠다는 것인데, 이러한 경우 대부분 허가가 나오지 않는다고 보면 된다. 제2구역은 평지붕의 경우 건축물 최고높이 14미터 이하, 경사지붕은 최고높이 17미터 이하, 제3구역은 서울특별시도시계획조례 및 관련 법률에 따라 처리한다고 되어 있다.

[자료 79] 덕수궁 역사문화환경보존지역 내 건축행위 허용기준

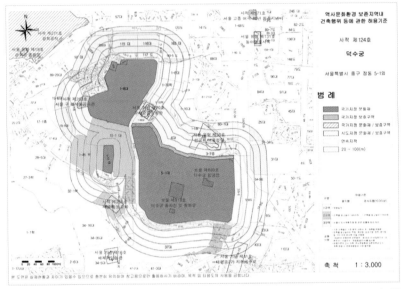

출처 : 문화재청

토지 투자, 모르면 하지 마!

삼다수를 지켜라.
배보다 배꼽이 더 크다

오래된 이야기다. 지금이야 이럴 일이 없겠지만, 20여 년 전 일본에서 청소기를 사 가지고 온 적이 있다. 그런데 한동안 사용하고 나서 부직포 필터를 교환해야 했다. 여분이 들어 있었지만 모두 사용했다. 지금처럼 인터넷 직구가 있었던 시절도 아니고, 다시 일본에 다녀오는 길에 필터를 구매하기 위해서 그 가전대리점에 갔는데 어이없는 일이 발생했다. 청소기 가격보다 필터 묶음 가격이 비쌌다. 그래서 하는 수 없이(?) 청소기를 사왔다. 물론 그 청소기에는 필터 묶음이 포함되어 있었다. 점원에게 왜 이러냐고 물었더니 답은 미소로 돌아왔다. 그 점원도 난감해했던 기억이다. 아마도 해당 청소기의 프로모션 때문에 그런 듯했는데, 아주 재미있는 기억이다. 이러한 경험과 일치하지는 않지만, 같은 맥락의 일이 토지 투자에서도 일어날 수 있다.

이야기를 이어가면 제주도는 천혜의 경관을 보전하기 위해서 무분별한 개발을 막고 있다. 난개발(종합적인 고려 없이 개발허가를 내어주어 사회문제와 비용을 유발하는 토지 개발 형태)을 막기 위해서 토지 개발 규제를 지속적으로 강화하고 있다. 제주도의 개발행위허가 규정에는 건축물 건축(건축을 목적으로 토지형질변경 포함) 시에는 하수도가 설치되지 않은 지역에는 허가를 받을 수 없다. 개인하수처리시설을 설치하면 허가가 나던 것이 공공하수관 연결을 하지 않으면, 건축허가를 받지 못하도록 허가기준이 강화됐다. 이렇게 되자 토지 소유주의 반발로 제주시 읍·면지역 중 표고 300미만 지역과 취락지구(취락지구 경계에서 직선거리 300미터 이내 포함)에서 연면적 합계가 300제곱미터 미만인 단독주택 및 제1종근린생활시설(휴게음식점 제외)을 건축하는 경우와 읍·면지역에서 연면적의 합계가 500제곱미터 미만인 '식품산업진흥법'상의 농산물가공품 생산시설을 건축하는 경우에만 개인오수처리 시설을 설치할 수 있도록 했다.

이러한 예외적인 조건 이외에는 건축을 하거나 건축을 위한 토지 형질변경 시에는 공공하수관로에 하수관을 연결해야만 허가가 나오는데, 문제는 개인이 공공하수관로에 연결하기가 불가능한 곳이 많다는 것이다. 또한 연결이 가능하더라도 하수관로 공사가 1미터당 약 30만원의 비용이 소요된다. 만약 건축허가를 위해서 1킬로미터의 하수관로를 연결할 경우, 약 3억 원의 공사비용이 추가로 발생하게 된다. 그야말로 배보다 배꼽이 큰 상황이다. 건축을 하지 말라는 뜻이나 다름없다. 이러한 사정을 모르고 토지를 매입하게 되면, 그야말로 난감한 상황이 된다. 이 정도까지 많은 금액은 아니더라도 이와 마찬가지로 전기나 통신설비의 경우, 전주를 심으면서 끌고 와야 한다면 많은 비용이 들어간다.

[자료 80] 제주시 오수관로 맨홀

이왕에 제주도 이야기가 나왔으니 하나 더 해보도록 하자. 비용이 많이 들어가는 배보다 배꼽 이야기는 아니지만, 이 사례 또한 웃어넘길 수만은 없다. 삶의 지혜를 주는 격언 중에서 '넘치는 것은 모자라느니만 못하다'라는 말이 있다. 어마무시하게 좋아 보여도 사실은 다를 수 있다는 말이다. 너무 좋아서 미친 듯이 내린 결정이 전혀 다른 결과로 올 수 있다는 뜻이기도 하다. 제주도 바다는 어느 육지의 바다와는 그 느낌이 다르다. 바라보면 잉크를 풀어 놓은 듯한 바다 색깔은 블루레몬에이드 컬러 그 자체다. 살아생전에(?) 이런 아름다운 바닷가 풍광을 볼 수 있었음에 감사함이 절로 나온다. 이러한 바닷가 절경을 계속 감상하고 싶어 해안가 구옥을 찾아 헤매던 기억이 있다. 구옥을 철거하고 신축하면 되겠다는 생각에 바다에 바로 붙어 아름다운 경치를 볼 수 있는 물건을 찾기 위해서 여러 군데 부동산을 돌아다녔다. 그러던 중 어느 중개사무소에 들렀는데 제주도 토박이 공

인중개사 소장님께서 말씀하셨다.

"해안가 주택들은 태풍과 바람에 위험하다. 예전부터 부자들은 중산간도로 근처로 가고, 일을 해야 하는 사람들만 해안가에서 집을 짓고 살았다."

아차차. 당연하고 기본적인 이야기인데, 아마도 너무도 예쁘고 멋진 풍광에 잠시 이성을 잃어서 그랬나 보다.

[자료 81] 아름다운 풍광은 이성을 잃게 만든다

출처 : 세화해변

바닷가 토지는 완전히 바다와 붙어 있는 토지보다는 경치를 즐길수 있는 선에서 조금 거리를 둬서 태풍 등 기상의 위험에서 벗어날 수있는 위치에 입지하는 것이 좋다. 서해 역시 마찬가지다. 조수 간만의 차이가 큰 지역이라 밀물과 썰물에 따라 주변의 환경이 달라질 정도로 바닷가에 붙은 토지는 투자용으로 권장할 만한 물건은 아니다. 극단적으로 해수면의 상승이나 침식작용으로 인해 포락지가 될 수도 있다.

포락지란 지적공부에 등록된 토지가 물에 침식되어 수면 밑으로 잠긴 토지를 말한다. 포락지의 경우, 개인의 소유라고 할지라도 '공유수면 관리 및 매립에 관한 법률'에 따라 지적공부 등록말소가 되어 국가의 소유가 되어버린다. 물론 원상회복이 어렵고 비용이 많이 들어가는 경우에 한한다고 하지만, 관련 법령에 의해서 내 재산이 국가 재산으로 된다니 그야말로 마른하늘에 날벼락이다. 홍수로 인해 강이 범람해 토지가 수면 밑으로 잠기거나, 바다가 만조 시에 토지가 잠기는 경우에는 계속 침식이 진행되도록 방치하기보다는, 관할 공유수면관리청에 공유수면 점용허가를 받아 성토를 해서 수면보다 토지의 해발고를 높이면 정상적인 토지로 인정받아 사용할 수 있다. 아름다운 절경을 보다 가까운 거리에서 보고 싶다는 생각에 바닷가에 붙어 있는 토지를 매입하면, 태풍의 위험과 내 재산이 없어질지도 모르는 위험도 부담하게 된다는 사실을 기억하기 바란다.

세계에 단 하나 남은 분단국가,
군사시설을 지켜야 한다

남북이 언젠가는 통일이 되어 남북의 대치국면이 외국으로 향할 때 휴전선을 비롯한 내륙에는 더 이상의 군사시설이 없거나 매우 축소될 것으로 예상이 되지만, 현재로서는 유사시 군사작전을 위해서 군사시설이 우리 주변에 많이 분포되어 있다. 이러한 군사시설은 개인의 토지 사용에 발목(?)을 잡는 경우가 적지 않게 있는데, 일반인의 출입이 금지된다든가, 보호구역에서 개발행위가 금지되거나 부대장과의 협의를 거쳐야 하는 것들이다.

'군사기지 및 군사시설 보호법'에서 규정하고 있는 군사기지란 군사시설이 위치한 군부대의 주둔지, 해군기지, 항공작전기지, 방공기지, 군용전기통신기지, 그 밖에 군사작전을 수행하기 위한 근거지를 말하고, 군사시설이란 전투진지, 군사목적을 위한 장애물, 폭발물 관련 시설, 사격장, 훈련장, 군용전기통신설비, 그 밖에 군사목적에 사용되는 공용시설을 말한다. 이러한 군사기지 및 군사시설보호구역은 군사기지 및 군사시설을 보호하고, 군사작전을 원활히 수행하기 위해 국방부 장관이 지정하는 구역이다. 이러한 보호구역은 통제보호구역과 제한보호구역으로 구분해 지정한다.

통제보호구역은 고도의 군사활동 보장이 요구되는 군사분계선의 인접지역과 중요한 군사기지 및 군사시설의 기능보전이 요구되는 구역이다. 제한보호구역은 보호구역 중에서 군사작전의 원활한 수행을 위해 필요한 지역과 군사기지 및 군사시설의 보호 또는 주민의 안전이 요구되는 지역이다. 토지이용규제확인서에 자주 등장하는 대공방어협조구역은 대공방어작전을 보장하기 위해 국방부장관이 지정하는 구역을 말한다. 관계 행정기관의 장이 대공방어협조구역 안에 있는 대공방어진지에 배치된 대공화기(고사포, 미사일 등) 사정거리 안의 수평조준선 높이 이상의 건축물의 건축 및 공작물의 설치에 관한 허가를 받으려 할 때는 국방부장관 또는 관할부대장과 협의를 해야 한다. 보호구역 및 민간인통제선의 지정범위는 다음과 같다.

군사기지 및 군사시설 보호법

제5조(보호구역 및 민간인통제선의 지정범위 등)

① 보호구역의 지정범위는 다음 각 호와 같다.

1. 통제보호구역

가. 민간인통제선 이북(以北)지역. 다만, 통일정책의 추진에 필요한 지역, 취락지역 또는 안보관광지역 등으로서 대통령령으로 정하는 기준에 해당하는 지역은 제한보호구역으로 지정할 수 있다.

나. 가목 외의 지역에 위치한 중요한 군사기지 및 군사시설의 최외곽 경계선으로부터 300미터 범위 이내의 지역. 다만, 방공기지[대공(對空)방어임무를 수행하기 위해 지대공(地對空) 무기 등을 운용하는 기지를 말한다. 이하 이 조에서 같다]의 경우에는 최외곽경계선으로부터 500미터 범위 이내의 지역으로 한다.

2. 제한보호구역

가. 군사분계선의 이남(以南) 25킬로미터 범위 이내의 지역 중 민간인통제선 이남지역. 다만, 중요한 군사기지 및 군사시설이 없거나 군사작전상 장애가 되지 아니하는 지역으로서 대통령령으로 정하는 기준에 해당하는 지역은 제한보호구역의 지정에서 제외해야 한다.

나. 가목 외의 지역에 위치한 군사기지 및 군사시설의 최외곽 경계선으로부터 500미터 범위 이내의 지역. 다만, 취락지역에 위치한 군사기지 및 군사시설의 경우에는 당해 군사기지 및 군사시설의 최외곽경계선으로부터 300미터 범위 이내의 지역으로 한다.

다. 폭발물 관련 시설, 방공기지, 사격장 및 훈련장은 당해 군사기지 및 군사시설의 최외곽경계선으로부터 1킬로미터 범위 이내의 지역.

라. 전술항공작전기지는 당해 군사기지 최외곽경계선으로부터 5킬로미터 범위 이내의 지역, 지원항공작전기지 및 헬기전용작전기지는 당해 군사기지 최외곽경계선으로부터 2킬로미터 범위 이내의 지역.

마. 군용전기통신기지는 군용전기통신설비 설치장소의 중심으로부터 반지름 2킬로미터 범위 이내의 지역.

② 민간인통제선은 군사분계선의 이남 10킬로미터 범위 이내에서 지정할 수 있다.

통제보호구역은 제한보호구역에 비해서 강력한 보호가 필요한 구역으로 이해를 하면 된다. 이러한 보호구역 안에서는 민간인의 출입, 건축물의 건축 등 개발행위, 동식물의 포획 및 채취가 원칙적으로 금지되지만, 군사작전상 장애가 되지 않는 범위에서 관계법령에 따라 관할부대장 등의 허가를 받아야 한다.

[자료 82] 통제보호구역 및 제한보호구역

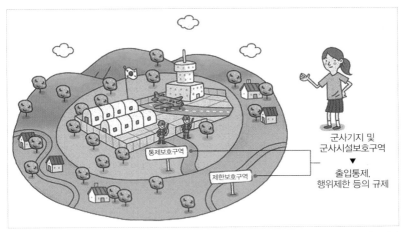

출처 : 서울특별시

물 사먹은 지 얼마 안 됐다. 이제 공기도 사서 마셔야 할지도 모른다

맞다. 우리가 언제 물을 사 먹을 것이라고 생각이나 했는가? 삼천리 금수강산 맑은 물은 이미 오래전 이야기다. 하지만 깨끗하고 맑은 물을 보호하기 위해 지금도 많은 노력을 기울이고 있다. 하다못해 우리가 가정에서 먹는 수돗물에 대해서도 인식이 많이 바뀌고 있다. 사람들의 인식이야 어찌 됐든 이러한 깨끗한 물을 안전하게 공급하기 위해서 '수도법'에서는 강력한 규제를 펼치고 있다. 오염을 유발하는 개발 행위는 철저하게 막는다. '수도법'에 관계되는 상수원보호구역은 쳐다보지 않는 것이 정신건강에 좋다.

상수원이란 음용·공업용 등으로 제공하기 위해 취수시설을 설치한 지역의 하천·호소·지하수·해수 등을 말한다. 환경부장관은 이러한 상수원의 확보와 수질 보전을 위해서 필요하다고 인정되는 지역을 상수원보호구역으로 지정한다. 상수원보호구역의 건축행위는 공익상 필요한 건축물이나 보호구역에 거주하는 원주민의 생활환경개선이나 주민이 공동으로 이용하는 건축물에 한해서 제한적으로 허용된다. 같은 맥락으로 '낙동강수계 물관리 및 주민지원 등에 관한 법률', '금강수계 물관리 및 주민지원 등에 관한 법률', '영산강·섬진강수계 물관리 및 주민지원 등에 관한 법률' 등에서도 상수원보호구역을 지정하는데, 시·도지사가 취수시설에서 취수하는 원수의 연평균 수질이 기준에 미달하게 되면 상수원보호구역으로 지정한다. 상수원보호구역으로 지정·공고되면 '수도법'에 따라 지정·공고된 것으로 본다. 상수원보호구역으로 지정이 되면 수질오염이 발행할 가능성이 있는 수질오염물질을 버리는 행위와 상수원을 오염시키는 행위가 금지된다. 상수원보호구역의 상류지역이나 취수시설의 상류·하류 일정 지역에서는 공장 설립이 제한된다. 건축물의 신축·증축·개축·재축·이전·변경 등을 허가관청에 허가 또는 신고를 받아야만 한다. '낙동강·금강·영산강·섬진강수계법령'상의 수변구역이나 팔당유역의 수질보전특별대책지역 역시 궤를 같이한다.

[자료 83] 상수원보호구역

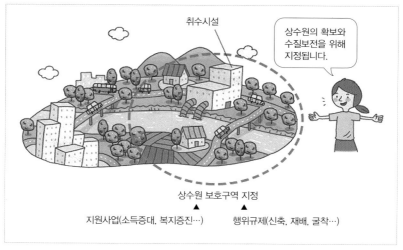

출처 : 서울특별시

'수도법'

제7조(상수원보호구역의 지정 등) 중에서 금지행위

③ 제1항과 제2항에 따라 지정·공고된 상수원보호구역에서는 다음 각 호의 행위를 할 수 없다.

1. '물환경보전법'에 따른 수질오염물질·특정수질유해물질, '화학물질 관리법'에 따른 유해화학물질, '농약관리법'에 따른 농약, '폐기물관리 법'에 따른 폐기물, '하수도법'에 따른 오수·분뇨 또는 '가축분뇨의 관리 및 이용에 관한 법률'에 따른 가축분뇨를 사용하거나 버리는 행위.

④ 상수원보호구역에서 다음 각 호의 어느 하나에 해당하는 행위를 하려는 자는 관할 특별자치시장·특별자치도지사·시장·군수·구청장의 허가를 받아야 한다. 다만, 대통령령으로 정하는 경미한 행위인 경우에는 신고

해야 한다.

1. 건축물, 그 밖의 공작물의 신축·증축·개축·재축(再築)·이전·용도변경 또는 제거.

2. 입목(立木) 및 대나무의 재배 또는 벌채.

3. 토지의 굴착·성토(盛土), 그 밖에 토지의 형질변경.

'수도법 시행령'

제13조(상수원보호구역에서의 행위허가기준) ① 다음 각 호의 어느 하나에 해당하는 것으로서 상수원보호구역의 지정목적에 지장이 없다고 인정되는 경우에만 허가할 수 있다.

1. 다음에 해당하는 건축물이나 그 밖의 공작물의 건축 및 설치.

가. 공익상 필요한 건축물이나 그 밖의 공작물의 건축 및 설치.

나. 상수원보호구역에 거주하는 주민의 생활환경 개선 및 소득 향상에 필요한 환경부령으로 정하는 건축물이나 그 밖의 공작물의 건축 및 설치.

다. 상수원보호구역에 거주하는 주민이 공동으로 이용하거나 필요로 하는 환경부령으로 정하는 건축물이나 그 밖의 공작물의 건축 및 설치.

라. 오염물질의 발생 정도가 종전의 경우보다 높지 아니한 범위에서의 환경부령으로 정하는 용도 및 규모의 건축물이나 그 밖의 공작물의 개축·재축.

마. 상수원보호구역에서 환경부령으로 정하는 마을공동시설·공익시설·공동시설 및 공공시설의 설치로 철거된 건축물이나 그 밖의 공작물

의 이전.

바. 빈발하는 수해 등 재해로 그 이전이 불가피한 경우의 건축물의 이전 및 고속도로·철도변의 소음권(騷音圈)에 있는 주택 등 주거환경이 심히 불량한 지역에 있는 주택의 인근 토지나 마을로의 이전. 이 경우 이전한 후의 종전 토지는 농지나 녹지로 환원해야 한다.

사. 상수원보호구역 지정 전부터 타인 소유의 토지에 건축되어 있는 주택으로서 토지 소유자의 동의를 받지 못해 증축·개축할 수 없는 경우에 그 기존 주택의 철거 및 인근 마을로의 이전.

아. 취락에 있는 주택으로서 영농의 편의를 위해 그 주택 소유자가 소유하는 농장이나 과수원으로의 주택의 이전. 이 경우 이전된 후의 종전 토지는 농지나 녹지로 환원해야 한다.

2. 오염물질의 발생 정도가 종전의 경우보다 높지 아니한 범위에서의 건축물이나 그 밖의 공작물의 용도변경.

3. 상수원보호구역의 유지·보호에 지장이 없다고 인정되는 경우로서 상하수도시설·환경오염방지시설 또는 보호구역관리시설의 제거.

4. 상수원의 보호를 위한 수원림(水源林)의 조성·관리를 위해 필요한 나무의 재배·벌채와 공공사업의 시행 등으로 불가피한 대나무 및 입목(立木)의 벌채.

5. 경지정리만을 목적으로 하거나 상수원보호구역의 지정목적에 지장이 없다고 인정되는 토지의 형질변경행위.

도로와 가까이 붙어 있다고
모두 잭팟(Jackpot)은 아니다

　흔히들 도로와 가까이 붙어 있는 토지는 좋다고 한다. 이미 배웠다시피 건축법상 도로가 붙어 있는 토지가 건축도 가능해서 향후 토지의 가격이 오를 가능성이 높다고 했다. 사실 인플레이션만 따라가도 오른다. 토지 투자의 기본 중 기본이다. 그런데 문제는 도로와 딱 붙어 있다고 해서 좋지 않은 경우도 있다. 도로라고 해서 다 같은 도로가 아니라는 뜻이다.

　앞의 사례에서 한번 본 기억이 나시는가? 접도구역이 바로 그것인데, 접도구역이란 도로 구조에 대한 부서지고 망가짐의 방지, 미관 보존 또는 교통에 대한 위험을 방지하기 위해 도로경계선으로부터 일정 거리를 초과하지 아니하는 범위에서 '도로법'에 따라 지정·고시된 구역을 말한다. 접도구역은 국도의 경우 도로 경계선에서 20미터, 고속도로의 경우 50미터를 초과하지 않는 범위 내에서 지정·고시된다.

토지 투자, 모르면 하지 마!

이러한 접도구역에서는 토지의 형질을 변경하는 행위, 건축물이나 공작물의 신축, 개축, 증축하는 행위가 금지된다. 그러한 이유는 주행속도가 낮은 도로와 달리 국도나 고속도로, 자동차전용도로는 주행속도가 높다. 그런데 이러한 속도가 빠른 도로와 경계선은 자동차의 이탈과 같은 위험이 항상 존재한다. 만약 있을지 모르는 불측의 사고를 방지하고자 하는 것이다. 다만, 이러한 접도구역은 '국토의 계획 및 이용에 관한 법률'에 따른 지구단위계획구역이나 국토교통부령으로 접도구역의 지정이 필요하지 아니하다고 인정되는 지역은 지정하지 않는다. 특히나 교통의 위험이 없다고 판단되는 지역이나 '국토의 계획 및 이용에 관한 법률'에 따른 용도지역상 도시지역은 접도구역으로 지정되지 않는다. 도시지역은 차량의 통행이 빈번해 주행속도가 고속국도나 자동차전용도로에 비해서 현저히 낮아 위험도가 저감되기 때문이다. 또한 도시지역과 인접한 1킬로미터 이내에 있는 지역 중 주민들의 집단적인 생활근거지로 이용되는 지역도 접도구역에서 제외된다. 그래도 그나마 다행인 것은 접도구역은 건축물을 지을 수는 없지만 교통에 필요한 통로, 진입로는 설치할 수 있다. 하지만 접도구역은 건축물의 건축 등 개발이 불가능하므로 투자용으로 매입하는 것은 피하는 것이 좋다.

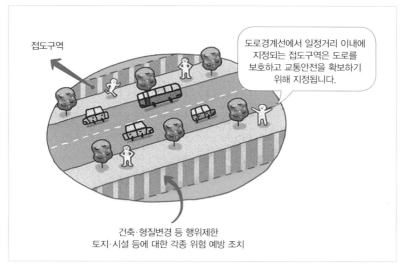

접도구역

도로경계선에서 일정거리 이내에 지정되는 접도구역은 도로를 보호하고 교통안전을 확보하기 위해 지정됩니다.

건축·형질변경 등 행위제한
토지·시설 등에 대한 각종 위험 예방 조치

출처 : 서울특별시

이어서 도로에 붙어 있다고 좋아할 일이 아닌 경우가 또 하나 있다. 고속도로가 신설되거나 확정이 되면, 이와 관련되어 많은 이해관계인들의 희비가 엇갈린다. 고속도로가 만들어지면서 도로에 편입되는 토지의 소유자들은 적은 보상금으로 아쉬워하고(이것은 철도도 마찬가지다. 역사가 만들어지는 곳이 아니라면 의미가 없다), 반면 IC 근처에 위치하게 되는 토지 소유주들은 토지 가격 상승에 웃음을 띠게 된다.

그런데 JC가 들어서는 곳에 토지 소유자는 토지 가격에 아무런 변화가 없다. 오히려 기대감에 가격이 올랐다가 실제 JC가 만들어지면 가격이 원위치로 돌아간다. 또한 이러한 JC 주변에서 기획 부동산 회사라는 하이에나들이 고속도로 개설을 미끼로 쓰지 못하는 토지를 비싸게 판매한다. 실제 고속도로는 일반도로와 달리 주변 토지 가격 상승에 도움을 주지 못한다. 왜 그럴까? 운전을 하다 보면 표지판이나 내비게이션 지도에 IC와 JC가 나오는데, 어떠한 차이가 있는 것인가? IC는 'Inter Change'의 약자로 입체교차로를 뜻한다. 고속도로와 일반도로를 연결시키는 교차로다. 우리말로는 '나들목'이라는 용어로 통용이 되는데, 약자로 '고속도로와 일반도로(국도)를 연결하는 도로 시설물'이다. 나간다와 들어간다는 뜻을 지닌 어간 '나들'과 사람이나 짐승이 잘 지나다니는 길의 부분을 가리키는 말인 '목'이 합쳐진 단어로, '나들목'이라고 한다.

[자료 85] IC표지판과 서초IC : 일반도로와 연결되어 있다

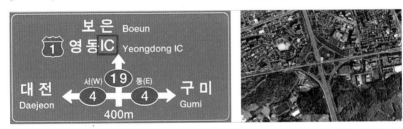

출처 : 네이버 지도

JC는 'Junction'의 약자로 고속도로를 서로 연결하는 도로 시설물이다. 고속도로는 주행 속도가 보통 80km/h 이상으로 매우 빠르기 때문에 차량이 중간에 정차하는 것이 어렵고, 교통 소통에 지장을 주기 쉽기 때문에 고속도로끼리 만나는 경우에는 입체 교차로 형식을 띠는 분기점(JC)을 설치하는 것이 일반적이다. 보통 우리말로 '분기점'이라고

표기하는데, 최근에 순우리말로 순화해서 '갈림목'이라 한다.[5]

[자료 86] JC표지판과 낙동JC 위성사진 : 일반도로와 연결되지 않는다.

출처 : 네이버 지도

고속도로가 신설되고 IC(Inter Change), 즉 나들목이 만들어지면 인근에 물류창고나 야적지, 공장의 수요가 늘어나는 것이 일반적이다. 수요가 증가하면 당연히 토지 가격도 상승할 가능성이 높다. 이유는 간단하다 고속도로와 IC(Inter Change) 신설로 신속한 물류흐름이 가능하기 때문에 토지 수요가 늘어나기 때문이다. 이에 비해 JC는 고속도로와 고속도로 간의 연결을 위해서 만들어진 연결도로이므로 일반도로로 진출입을 하지 않는다. 따라서 인근 토지 가격에 아무런 영향을 주지 못한다. JC 인근의 토지를 매입하는 것은 속아서 사거나, 모르거나 둘 중 하나다.

---

5) 김연지 기자, '어려운 고속도로 표지판 용어! 우리말로 바꿔 부르자', 국토교통부 블로그, 2014. 09. 18 인용.

내가 맛이 없으면
다른 사람도 맛이 없다

일반적으로 토지 가격을 상승시키는 요인은 대규모개발, 교통시설의 연결, 인구유입이 대표적이다. 반대로 토지 가격을 하락시키는 요인 중에서 가장 큰 요인이 바로 혐오시설의 입지다. 혐오시설은 혐오감을 느끼는 시설인데, 한마디로 사람들이 가까이 하기 싫어하는 시설이다. 축사·도축장, 묘지, 봉안당, 화장장, 추모공원, 쓰레기처리장, 쓰레기매립장, 쓰레기소각장, 송전탑·선하지, 교도소·구치소, 군부대, 특수학교, 집창촌, 공장, 원자력발전소 등이다. 어느 지역이든 혐오시설이 들어서면 부동산 가격이 하락하게 되므로 지역주민들의 님비현상(Not In My Back Yard : 내 뒷마당에는 안 된다는 줄임말)이 일어난다. 이러한 현상을 보고 지역이기주의라고 하는데, 필자는 이것을 이기주의라고 생각하지 않는다. 내 집 뒷마당에 혐오시설이 들어온다는데 좋아할 사람은 없다. 따라서 혐오시설 건립을 반대하는 일이 많아진다.

혐오시설의 명확한 정의는 없지만, 토지 투자자 입장에서 보면 어떤 시설이 입지해서 토지 가격이 떨어지거나 토지 이용 수요가 축소된다면, 그러한 시설은 혐오시설로 간주할 수 있다. 어떤 시설 때문에 토지 가격이 떨어진다는 것은 사람들이 그 시설이 들어오는 것을 꺼려함으로써 생기는 현상들이기 때문이다. 안타깝게도 이러한 혐오시설이 한번 들어오면 수십 년 또는 반영구적으로 입지하기 때문에 그 지역의 토지 가격 하락과 침체는 계속된다. 혐오시설 인근에는 토지 투자를 하지 않는 것이 옳다. 내가 맛이 없는 음식은 다른 사람도 먹지 않는다.

가축사육장

가축사육장의 가축은 소·젖소·돼지·말·닭·오리·양·사슴·개를 말하는데, 이들은 방목해서 키우는 것보다 우리를 만들어서 집단적으로 키운다. 이렇게 가축을 사육하는 공간을 '축사'라고 한다. 영리를 목적으로 가축을 사육하면 그 규모는 기업수준이 된다. 문제는 가축사육에서 발생하는 악취와 분뇨처리의 문제인데, 환경오염의 피해가 매우 크다. 분뇨로 인해 모기와 파리가 들끓고 지하수가 오염된다. 실제 피해자는 "악취가 심한 날에는 머리가 아프고, 구역질이 나서 밥도 못 먹을 정도다"라고 증언한다. 당연히 주민들은 이사 가고 싶어도 토지 매매가 힘들어 팔고 나가지 못한다. 재산상의 피해까지 이어지고, 무서운 것은 이러한 상황이 언제 끝날지도 모른다는 것이다. 행정기관에서는 가축사육제한구역으로 지정해서 축사의 건축과 가축사육을 막고 있지만, 실제로 무허가 축사도 많고 해서 그 피해는 예측이 불가능하다. 초보 투자자들이 가장 실수하는 것이 현장을 가지 않는다는 것이다. 권유하는 사람 말만 믿고 매입하는 경우, 이러한 문제가 발생할 수 있다. 축사는 토지 투자에서 반드시 걸러야 한다.

[자료 87] 축사

송전탑 · 선하지 · 변전소

발전소에서 만든 전력을 멀리 있는 공장이나 일반 가정 등으로 수송하는 과정을 '송전'이라고 한다. 이때 사용하는 송전선로를 지지하는 탑이 송전탑이다. 송전탑 주위에는 수십만 볼트의 고압전기가 흐르고, 이에 따라 전자기파가 발생한다. 이러한 전자기파는 인근 주민에게 백혈병과 소아암을 유발시키고 있다는 연구결과가 있다. 반대로 아무런 인과관계가 없다는 연구도 계속 나오고 있는 실정이다. 또한 대형송전탑을 세울 경우에 소요되는 부지에 대한 낮은 토지 보상금은 토지 소유자와의 갈등을 유발하는 원인이 되며, 주변 경관과 산림의 훼손 등은 환경단체들의 반발을 부르고 있다. 2012년 밀양 송전탑 사건에서도 송전탑 공사를 반대하던 주민 2명이 자살을 할 정도로 인근 마을 주민들의 반대는 심각하다. 이러한 전자기파 공포는 인근 토지 수요를 축소시킨다. 보기에도 그리 매력적이지 않다.

[자료 88] 송전탑 및 변전소

쓰레기처리장 · 쓰레기매립장 · 쓰레기소각장 · 폐기물처리시설

경제규모의 확대와 산업구조의 발달, 소비자들의 다양한 구매욕구 및 그 욕구를 충족시키기 위한 기업들의 활동 등으로 일반 쓰레기와 산업폐기물은 기하급수적으로 늘어나고 있다. 생활의 편리함을 추구해 한번 쓰고 버리는 인스턴트 식품, 일회용 상품 등의 쓰레기는 점점 다양해지고 종류도 각양각색이다. 문제는 이들 대부분이 분해가 잘 되지 않는 소재라는 점이고, 이렇게 분해가 되지 않는 폐기물은 재활용이 불가능한 경우가 대부분이다. 이런 폐기물을 처리하는 과정에서 토지나 해양의 오염을 가속화시킨다. 폐기물은 악취를 발생시키고, 쥐와 파리 등의 질병 매개체도 늘어나게 하며 공중의 위생에 악영향을 미친다. 그 지역의 시각적 이미지도 부정적으로 인식하게 되며 불쾌감을 주고 경관을 훼손시킨다. 처리과정에서 수질오염, 대기오염, 토양오염 등 막대한 피해가 발생할 수 있어서 사람들은 폐기물 관련 시설이 들어오는 것을 반대한다. 당연히 주변의 토지 수요를 감소시킨다.

화장장·공동묘지·봉안당·추모공원

시신을 땅에 묻는 매장은 그나마 좀 나은데, 화장의 경우 화장장에서 나오는 연기와 냄새는 사람들에게 좋은 이미지를 심어주기 힘들다. 요즘은 공동묘지가 추모공원으로 단장하면서 실제 묘지가 아니라 공원 같은 시설로 주민에게 다가온다고 하지만, 화장장의 경우는 뼛가루가 날린다는 이야기도 있고 까만 화장 연기에 다이옥신도 검출된다는 주장도 있다. 반드시 필요하고 오히려 늘려야 하는데, 우리 동네만은 절대 안 된다고 한다. 요즘은 동물화장장 건립 반대도 이슈로 떠오르고 있다. 화장장은 부동산 가격을 떨어뜨리는 대표적인 시설이라는 데 이견이 없다.

원자력발전소·방폐장

원자력발전은 원자력에너지를 이용해 전기를 생산하는 시스템을 말한다. 원자력발전의 장점은 기존의 화석연료를 사용해 발전하는 시스템보다 친환경적이고, 경제성이 매우 높다는 점이다. 발전단가에서 연료비가 차지하는 비율은 10% 전후로 화석연료와는 비할 수 없다. 화석연료를 수입해서 사용해야 하는 국가의 입장이라면, 원자력발전소의 건설을 선호할 수밖에 없다. 하지만 단점도 여러 가지다. 핵분열로 생성되는 핵분열 파편들은 높은 방사능을 가지고 있으며, 이러한 방사능 물질을 제대로 차폐하지 못할 경우 재앙으로 다가온다. 체르노빌 원전사고 및 후쿠시마 원전사고에서 그 피해를 찾아볼 수 있다. 제어기술의 발전으로 원전사고를 방지할 수 있다고 하지만, 사람들의 인식에서 원전사고의 흔적을 완전히 지울 수는 없을 것이다. 또 하나의 문제는 원자력에너지를 이용하는 과정에서 발생하는 방사성폐기물의 처리다. 인체와 환경에 심각한 위해를 끼칠 수 있는 방사선을 방출하기 때문이다. 고도의 기술과 안전관리에도 100% 완벽한 안전을 보장하지는 못한다는 사람들의 심리가 있는 한 원자력발전소나 방폐장 주변의 토지 투자는 성공을 담보하기 어렵다.

교도소 · 구치소 등 교정시설

교정시설을 혐오시설로 인식하고 인근 주민들은 들어오는 것을 반대한다. 실제 피해보다는 범죄자들이 모여 있다는 이유만으로 마을 방문객도 줄어들고, 지역 이미지가 부정적으로 각인된다. 실제로 범죄자들이 탈옥을 하거나 해서 인근 주민에게 피해를 주는 경우는 매우 적지만, 그러한 위험요인이 잠재하고 있다는 사실만으로 토지 가격뿐만 아니라 전체 부동산 가격에 부정적인 영향을 준다.

군부대

전차, 함대, 전투기 등의 소음이 심하고, 사격과 관련된 굉음은 삶의 질을 떨어뜨린다. 군부대 장병들의 외박이나 휴가 등으로 인근 상권에 도움이 되는 경우가 있어서 무조건 혐오시설로 간주하기에는 논란의 소지(최근에도 군부대에 경제활동을 기대고 있는 양구 주민들이 2사단 해체를 철회하라는 집회와 시위를 벌였다)가 있다. 하지만 군부대의 특성상 환경오염이나 폭발로 인한 사고, 전시 때 폭격의 우선순위가 된다는 이유로, 군부대 인근에서 주거나 경제활동을 선호하지 않는 것은 사실이다.

PART 5

초보자도
성공할 수밖에 없는
토지 투자 방법

이미 여러 차례 이야기했지만 이 책을 집필하게 된 이유는 너무나도 많은 사람들이 토지 투자 피해를 입고 있고, 또 엄청난 손실을 보고 있다는 사실을 이야기해서 도시계획기술사인 필자가 토지 전문가로서 나를 아는 사람들에게 더 이상의 피해가 가지 않도록 해야겠다는 일종의 책임감마저 느꼈기 때문이다. 그런데 이번 챕터는 위험에서 피해가는 글이 아니라, 초보 투자자도 무조건 성공하는 토지 투자법이다. 독자분들은 '과연 그러한 방법이 있을까?'라고 생각할 것이다. 그런데 이러한 방법은 그리 어렵지 않다.

토지 투자에서 손해 보는 사람들의 공통적인 문제는 <u>첫째, 자신이 지금 무슨 짓을 하고 있는지 모른다는 것이다.</u> 권유하는 사람들이 해주는 말을 그대로 믿는다. 자신이 판단할 능력도 없고, 그저 나에게 거짓말을 할 이유가 없는 사람이니 괜찮을 것이라는 생각에 투자를 감행한다. 그런데 아이러니하게도 토지를 사라고 권유하는 사람조차 토지 투자에 대해서는 문외한이라는 것이다. 그 사람 역시 진짜 좋은 토지라고 생각하고 권유한다는 것이다. 본인도 좋은 땅이라고 철석같이 믿고 좋다면서 권유를 하니 얼마나 리얼하게 권유를 할지 생각만 해도 웃음이 나온다. 최소한 내가 어떤 토지를 사는 것인지 알아야 하는데, 공부가 안 되어 있으니 판단 자체가 안 된다.

둘째, 좋은 토지가 아주 싼 가격에 나한테 왔다고 생각한다. 그렇게 좋은 토지라면 먼저 발견한 놈(?)이 가져간다. 절대로 나에게는 오지 않는데, 소개시켜주는 사람이 전부 사지를 못해서 나에게만 살짝 귀띔 해주는 것이라는 말을 진실로 받아들인다. 참으로 천사와도 같은 사람이 아닐 수 없다. 이 세상에는 공짜는 없고, 싸고 좋은 물건은 없다. 그것만 알아도 토지 투자는 둘째 치고 세상살이에 실패하지 않는다.

셋째, 소액으로 뻥튀기가 가능하다고 생각한다. 다른 말로 욕심이 과하다는 것이다. 일확천금 이야기가 이제 영화 속의 이야기가 아니라, 나에게도 왔다는 착각을 한다. 토지로 돈을 벌었다는 사람도 많고, 토지 투자 뻥튀기를 해서 원금의 수십 배, 수백 배를 벌어들였다는 사람도 있다는데 나라고 못할쏘냐? 소액으로 투자가 가능하다는 말에 그냥 껌뻑 넘어간다. 그런데 토지로 큰돈을 번 사람들은 사용가치가 있는 토지를 오랜 세월 보유한 사람들의 이야기다. 소액 투자라는 말만 듣고 쓰레기 같은 물건을 사놓고 가격이 오르기만 바라는 여느 초보 투자자들이 아니다. 소액으로 짧은 기간에 많은 돈을 벌려고 토지에 접근하는 사람들은 차라리 아파트 투자가 훨씬 낫다. 토지 투자는 하지 않는 것이 정신건강에 좋다.

넷째, 내가 몰라서 그렇지 어딘가에 있을 것이라고 초보 투자자들

<u>은 생각한다.</u> 어딘가 단기간에 수익을 뻥튀기할 수 있는 토지가 있을 것이라고 생각한다. '나는 전문가가 아니라서 몰라서 그렇지, 어딘가에 있을 것이다. 그러니 그걸 알고 있는 사람이 있을 것이고, 그 정보를 내가 알 수만 있다면 나는 뻥튀기가 가능할 것이다. 난 그 길과 방법을 모르고 있을 뿐이다'라고 생각한다. 그런데 좋은 토지는 어디에 숨겨져 있는 것이 아니다. 흔히 우리 주변에서 만날 수 있는 것들이다. <u>좋은 토지를 사는 것이 아니라, 팔고 싶을 때 잘 팔리는 토지를 사야 한다.</u> 남들 모르는 싼 토지는 없고, 싸고 좋은 토지 그런 것도 없다. 가격이 비싸도 되팔기 좋은 토지가 좋은 토지다. <u>너무 머리를 굴릴 필요도 없이 다음에 이야기하는 것들만 지켜도 토지 투자, 무조건 성공한다.</u>

누가 내 물건을 사줄 것인지
고민하라

기본적으로 토지 투자를 해서 수익을 올린다는 의미는 내가 산 토지를 물가상승률 이상 더 높은 가격에 사주는 매수주체가 있어야 한다는 것이다. 그 매수주체가 토지 수용을 하는 국가나 지방자치단체가 될 수도 있고, 개발사업을 목적으로 하는 법인, 또는 단순 투자용 및 실수요용을 위한 개인이 될 수도 있다. 사정이야 어찌 됐든 내가 매입한 가격보다 높은 가격을 지불하는 매수주체가 있어야 한다는 말이다. 이러한 측면에서 볼 때 토지 투자의 가장 핵심은 내가 소유하고 있는 토지를 사용하기 위해 매수를 해가는 마지막 사용자, 즉 마지막 사용자(End User)가 필요하다.

필자의 경우에는 국가나 지방지치단체에서 수용을 하는 토지와 대규모 개발이 이루어지고 있는 주변 토지에 주로 투자를 하기 때문에 필자의 물건을 사줄 사람, 즉 마지막 사용자를 걱정해본 적은 없다. 이유는 누가 필자의 토지를 살 것인지 이미 예측을 한 상태에서 매입을 하기 때문이다. 필자의 토지 강의를 들어 본 분들(필자는 강의 때 계약서와 물건 주소를 오픈한다)은 알고 있겠지만, 5억 원을 투자해서 1년 만에 지방자치단체에 수용되어 19억 3,200만 원의 보상금을 받은 적이 있으며, 현재 보유 토지 또한 실투자금 1억 원 대비 매년 100%의 누적 수익률을 기록하고 있다. 이 토지 역시 지방자치단체에 수용이 될 예정이다. 물론 일반 사람들에게 매도하는 일반 토지도 있다. 설령 일반 토지라고 할지라도 주변에 대규모 개발이 이루어지고 있으므로 관심을 가지는 매수주체들이 끊이지 않는다. 필자는 물건의 매도를 위해서 고민해본 적은 없다. 가끔 수용보상금을 더 받기 위해서는 여러 가지로 고민해야 할 부분이 있긴 하지만, 적어도 누가 사줄 것인지, 누구에게 팔 것인지에 대한 고민은 없다.

토지를 매수하기 전부터 매도는 어떻게 할 것인가에 대한 것은 토지 투자에 반드시 필요한 요건이다. 이렇게 내 물건을 사줄 매수주체를 만나기 위해서는 내가 투자하는 토지가 어떠한 용도이든지 매도가 가능한 토지여야 한다. 아무짝에도 쓸모없는 토지를 사려는 사람이나 주체는 없기 때문이다. 그렇기 때문에 토지 투자는 나의 눈이 아니라, 남의 눈높이에서 골라야 한다. 언제든 되팔 수 있어야 한다. 그렇게 되기 위해서는 사용이 가능한 토지여야 하고, 사용이 가능한 토지란 개발이 가능한 토지를 말한다. 바로 개발 목적으로 사용이 가능한 토지여야 한다. 또는 국가나 지방자치단체, 법인, 개인이 필요한 토지여야 한다.

또 한 가지 중요한 원칙은 투자를 고려하는 토지는 효용가치가 있어야 한다. 효용가치란 각 매수주체가 해당 토지를 매수하기 위해 경쟁을 벌이는 기본적 요소다. 수용이 된다고 해서 다를 게 없다. 공공기관에서 그 토지가 필요하기 때문에 수용을 하는 것이다. 개발사업지 또한 같다. 투자가 가능한 토지는 인구집중이 유발되어 서로 간의 토지 소유경쟁이 일어날 개연성이 있는 지역의 토지다. 택지개발, 도시개발, 산업단지, 유통단지, 관광단지 등 개발사업이 일어나는 지역이다. 각종 개발사업이 시작되면 기존 도심지와 해당 개발사업지로 여객과 물류수송을 위한 도로·철도 등 인프라가 개선되고, 이것이 바로 토지 투자자들이 자주 이야기하는 교통망의 확장이다. 양질의 일자리를 찾아서 인구가 집중하게 되며, 그 인구를 수용하기 위한 상업시설과 업무시설이 들어서게 된다. 이러한 메커니즘에 의해 개발이 가능한 토지의 수요는 증가하게 되고, 매수주체들의 토지 소유경쟁이 일어나면서 토지의 가격이 상승하게 된다. 개발사업지 주변의 길목을 노리는 전략도 유효하지만, 개발사업지 내부에 이주자택지나 협의자택지 등에 관심을 가지는 것도 투자 전략이 될 수 있다. 일련의 흐름을 볼 때 결국은 애초부터 개발이 가능한 토지만이 여러 매수주체들에게 선택이 될 가능성이 높음을 알 수 있다. 나의 물건을 사줄 수 있는 주체가 많아야 한다. 그렇게 되기 위해서는 개발을 할 수 있는 정상적인 토지여야 한다. 개발이 가능한 토지를 사야 한다는 것쯤은 이 책에서 반복해서 이야기를 했기에 이제 독자분들도 이해를 했으리라 믿는다.

[자료 89] 필자가 1년 만에 실투자금 5억 원으로 19억 3,200만 원(수용보상금 총액은 26억 3,200만 원이지만, 매입 시에 발생시킨 대출금 7억 원을 공제한 금액이다)의 토지수용보상금 수령과 관련된 자료다. 수용재결서와 이의재결서 및 보상금 증액 행정소송 화해조서 결정문이다. 행정소송까지 모두 필자가 진행했다.

재 결 서

사 건 번 호 : 16이

사 업 명 : 도시계획시설사업

이의신청인 : 구만수

사업시행자 : 부산광역시장

재 결 일 : 2017.

이 건 이의신청에 대하여 다음과 같이 재결한다.

주 문

중앙토지수용위원회의 2016. 11. 10. 수용재결 중 별지 제1목록 기재 토지 및 별지 제2목록 기재 물건에 대한 손실보상금 금2,440,994,590을 금2,532,371,780원으로 변경한다.

이 유

1. 이의신청의 경위 및 적법성 판단

가. 이의신청의 경위

사업시행자는 이 건 도시계획시설사업   을 시

− 1 −

큰 그림을 그려라.
우리 동네만 봐서는 답이 없다

　일단 원칙적인 이야기부터 시작하자. 우리나라는 '국토기본법'에 따라 국토의 효율적인 이용과 개발 및 보전을 위해 '국토종합계획'을 수립해 국토를 관리한다. 국토종합계획은 군사에 관한 계획을 제외하면, 우리나라 다른 법령에 최우선해 국토 관리에 대한 최상위 계획이다. 현재 국토종합계획은 4차 계획이며, 2020년을 목표로 2000년에 수립되어 시행되고 있다(현재는 2040년을 목표로 한 제5차 국토종합계획을 수립 중에 있다). 언급한 대로 이 제4차 국토종합계획은 우리나라 국토의 이용과 개발 및 보전을 해야 할 지역에 대해서 다루고 있으며, 이러한 국토종합계획에 따라 점점 그 범위를 좁혀 도종합계획, 수도권정비계획, 지역계획, 부문별계획, 도시·군기본계획, 도시·군관리계획, 등을 수립하고 있다. 이러한 국토도시계획은 국토교통부나 각 지자체 홈페이지에서 다운로드 받을 수 있으며, 이러한 국토도시계획들은 국토를 개발할 지역, 그리고 보전할 지역에 대해서 자세히 설명되어 있다. 따라서 보전할 지역은 피하고, 개발을 할 지역을 찾아보면 토지 투자 지역의 범위를 좁힐 수 있다. 그런데 이러한 국토도시계획을 참고할 때는 정부의 국토정책 스탠스를 읽어야 한다.

국토종합계획은 1972년 제1차를 시작으로 제3차까지는 각 10년의 실행기간 계획이며, 명칭은 국토종합개발계획으로 국토 전역을 개발하겠다는 의지가 계획의 명칭에도 들어가 있는 반면, 2000년에 수립된 제4차 국토종합계획은 '개발'이라는 단어가 빠졌다. 이제부터는 국토를 파헤치며 삽질하는 개발은 종료하고, 국토를 닦고 쓸고 관리하는 계획을 수립하겠다는 의미로 받아들이면 된다. 이러한 정부의 스탠스는 2000년대 이후부터 진행되고 있는 재개발, 재건축, 도시재생, 산업단지재생 같은 정책에서도 찾아볼 수 있다. 혁신도시 등 신도시를 개발하더라도 기존 도심지 경계부나 내부에 위치했다는 것도 정부의 국토정책이 삽질보다는 국토를 고쳐 쓰겠다는 스탠스와 일맥상통한다.

이제까지 일반 사람들은 외딴 시외의 논, 밭, 임야를 사는 것이 토지 투자라는 인식이 강했다. 이러한 인식의 배경이 기획 부동산 회사가 활개를 칠 수 있는 원인을 제공하기도 했고, 지금도 토지 사기의 주무대다. 이제부터라도 시골 논, 밭, 임야를 사는 것이 토지 투자라는 생각을 접고, 대도시 이상의 생활권(행정구역이 하나일 필요는 없고 동일생활권이면 여러 개의 행정구역도 상관없다)과 그 경계부를 벗어나지 말아야 한다. 저 멀리 시골 땅을 매수하는 실수를 더 이상 반복해서는 안 된다. 계속해서 도심지 내부나 대도시지역 경계부가 아닌 시골을 고집한다면, 국가 국토관리 정책에 정면으로 도전하는 것이다. 국가 정책에 반해 거꾸로 투자를 하면 남는 것이라고는 기회비용 손실뿐이다.

물론 새로운 신도시나 산업단지 개발을 전혀 하지 않는다는 의미는 아니다. 지난 50년간의 시간에 비해 큰 폭으로 줄어든다는 것으로 이해하면 된다. 그래도 나는 죽어도 외곽 개발지역에 투자를 하고 싶다면 알고 접근을 해야 한다. 국토종합계획에서는 개발과 보전을 할 토지를 구분하고, 개발할 수 있는 지역을 알려주는 나침반 역할을 하고 있다. 따라서 현재 수립 중에 있는 제5차 국토종합계획이 발표되면 관심을 가지고 지켜봐야 한다. 국가균형개발이나 지역별 개발계획에 관심을 가지면 좋다. 국가철도망계획이나 국가도로망종합계획, 그리고 제5차 국토종합계획에 따라 수립되는 시·군의 도시·군기본계획(현장에서는 그냥 도시기본계획이라 한다)도 눈여겨보면 좋겠다. 각 시·군의 장기적인 발전방향의 밑그림을 그리는 도시·군기본계획은 항상 관심을 두어야 한다. 친절하게도 언제, 어디를, 어떻게 개발 및 보전할 것인지에 대해서 모두 도시·군기본계획에 있다. 해당 시·군 홈페이지에서 다운로드 받을 수 있다. 공짜다.

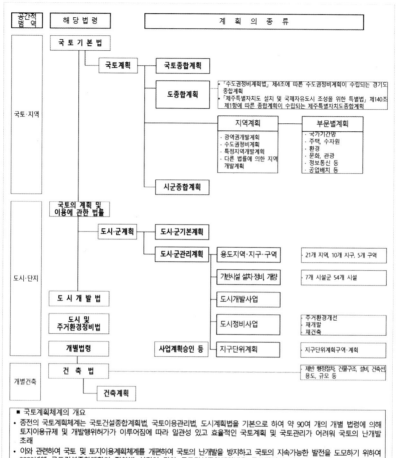

- **국토계획체계의 개요**
- 종전의 국토계획체계는 국토건설종합계획법, 국토이용관리법, 도시계획법을 기본으로 하여 약 90여 개의 개별 법령에 의해 토지이용규제 및 개발행위허가가 이루어짐에 따라 일관성 있고 효율적인 국토계획 및 국토관리가 어려워 국토의 난개발 초래
- 이와 관련하여 국토 및 토지이용계획체계를 개편하여 국토의 난개발을 방지하고 국토의 지속가능한 발전을 도모하기 위하여 2003년에 국토건설종합계획의 절차법 성격이 강한 국토건설종합계획법을 국토관리의 기본이념과 국토의 균형 있는 발전, 경쟁력 있는 국토여건의 조성, 환경친화적 국토관리에 관한 사항을 명기한「국토기본법」으로 개편
- 「국토기본법」에서는 국토계획체계를 명확히 하기 위하여 국토종합계획은 도종합계획 및 시·군종합계획의 기본이 되며, 부문별 계획과 지역계획은 국토종합계획과 조화를 이루어야 하고, 도종합계획은 당해 도의 관할 구역 내에서 수립되는 시·군종합계획의 기본이 된다고 명시함으로서 국토계획체계 명확화
- 시·군종합계획을 「국토의 계획 및 이용에 관한 법률」에 따라 수립되는 도시계획인 도시·군기본계획과 도시·군관리계획으로 갈음함으로써 국토계획체계를 국토종합계획부터 도시·군관리계획까지 체계화

출처 : 경기도 토지 관련 주요 법령 해설

인구가 몰려가는 곳으로
돈도 몰려간다

　전국의 토지를 개발과 보전이라는 관리정책을 담아 놓은 것이 바로 국토종합계획이라 했다. 그다음은 도종합계획이다. 우리가 흔히 말하는 경기도, 경상남도, 제주도 등 도를 경계 범위로 한 토지이용에 대한 계획이다. 그 밑에 하위계획은 조금 전 언급한 도시·군기본계획(이하, 도시기본계획)이다. 도시기본계획은 해당 도시의 향후 발전방향에 대해서 밑그림을 그려 놓은 보물지도(?)다. 또한 도로·철도 등 국가기간망, 주택, 공업배치, 문화·관광 등 특정 분야에 대한 계획들이 수립된다. 국가나 지방자치단체에서 수립하는 도시계획 중에서 가장 눈여겨 봐야 하는 것은 인구 수용계획과 인구의 이동 및 배치다. 결국 사람이 어디로 모이고 흩어지는 것인가에 대한 결과가 부동산 가격이라고 볼 때 인구 이동에 대한 계획은 매우 중요하다. 그다음 그러한 인구 이동이 일어나는 이유를 찾아야 하는데, 바로 대규모 개발행위다. 대도시

외곽 경계부에 신도시개발 또는 택지개발, 산업단지개발이 인구 이동을 수반한다. 아울러 주거시설이나 양질의 일자리를 구하기 위해 사람들이 움직인다. 그런데 그러한 인구의 이동은 차량이나 철도의 신설이나 연장을 수반한다. 물론 공사 완료 시점의 차이는 있지만, 늦어지더라도 웬만하면 교통망은 깔린다.

[자료 91] 각 행정계획 및 《국토도시계획을 알아야 부동산 투자가 보인다》 표지

출처 : 대한민국정부, 경기도, 제주도, 서울시, 부산시, 매일경제신문사

교통망이 깔리면
돈도 같이 깔린다

　　토지 투자 검토지역에 대한 사전적격성 여부를 고려하는 요소 중에서 가장 우선하는 것이 인구의 집중과 그 이동 및 배치라고 한다면, 이러한 인구와 물류의 흐름을 물리적으로 실현시키는 요소가 바로 교통이다. 부동산의 여러 가지 특성 중에서 토지의 이동 및 지리적 변화가 불가능하다는 뜻의 부동성과 지표상의 모든 토지는 위치, 지형, 지세, 표고, 토질 등이 동일하지 않다는 뜻의 개별성이 대표적 특성인데, 이러한 부동성과 개별성을 극복시키는 것이 교통시설이다. 교통은 이렇게 인구 및 물류의 이동과 배치, 그리고 교통 흐름을 위해 장소와 장소 간의 거리를 극복하고 연결시키는 행위다. 장소의 연결행위는 사람과 기업이 활동을 하기 위한 기본적인 요소로써 출퇴근, 업무 관련, 쇼핑, 여가활동 등과 같은 목적을 충족시키는 행위도 포함된다. 이와 같이 교통계획의 필요성과 당위성이 높은 만큼 현행법령에서 규정하고 있는 교통계획의 종류도 다양하다. 교통부분의 최상위 계획인 국가기간교통망계획을 비롯해 국가철도망계획, 국가도로종합계획 등을 활용할 수 있다. 아울러 각 광역지방자치단체별 철도망구축계획이나 도로망구축계획에서 투자처를 찾을 수 있다.

통상적으로 토지 이용상태가 변화해 그 주변이 사회·경제적으로 활성화가 되면 통행발생량이 증가하고, 그에 따라 교통시설의 추가적 확충이 일반적이다. 급격히 증가한 사람과 기업의 활동량에 대응해 기존도로의 확장, 신규도로의 건설, 지하철, 교량 등의 건설이 개시된다. 이렇게 교통시설이 추가로 확충되면 종전에 비해 해당 지역의 접근성이 높아지게 되고, 자연히 접근성이 좋아지면 또다시 인구와 기업이 집중되는 현상이 나타나게 되고, 해당 지역의 토지의 가격은 상승하게 된다. 그리고 인구와 기업의 집중은 해당 지역을 활성화시키고, 지가의 상승은 새로운 토지 수요를 불러와 도시개발사업을 다시 일으키며, 교통시설을 확충시키는 과정이 계속 반복하게 된다. 이렇게 토지 이용 패턴이 순환하는 과정에서 토지 투자자는 그 흐름과 함께 움직이는 것이 교통시설과 연계된 토지 투자의 핵심이라 할 것이다.

또한 정부에서는 기업과 자본 및 일자리가 수도권으로 집중함에 따라 국토의 균형발전을 위해서 노력한다. 지역발전에 필요한 대규모 개발을 추진하기 위해서 우선적으로 연결 인프라를 설치한다. 국가균형발전을 위해서 사업타당성이 조금 부족하더라도 선제적으로 SOC(사회간접자본)에 투자를 한다. '국가균형발전특별법'은 지역 간의 불균형을 해소하고, 지역의 특성에 맞는 발전을 목적으로 제정됐고, 정부는 국가 균형발전을 촉진하기 위해서 5년 단위로 부문별 발전계획안과 시·도 발전계획을 기초로 국가균형발전 5개년 계획을 수립한다.

이에 근거해 국가균형발전위원회와 관계부처에서는 국가균형발전프로젝트를 추진한다. 최근 국가재정법에 따라 예비타당성조사 면제사업을 발표 및 추진하고 있는데, 이러한 국가균형발전사업은 정부에서 재정으로 사업을 진행하기 때문에 중도에 포기 없이 추진하는 것이 특징이다. 민간사업은 사업을 추진하다가도 사업성이 떨어지면 포기를 하지만, 재정사업은 국가 정책적으로 사업을 하기 때문에 사업성과 상관없이 추진한다. 이러한 재정사업의 특징은 부동산 투자자에게는 매우 매력적으로 다가온다. 각 지자체의 숙원사업과 요구사업 의견을 수렴해서 선정하는데 고속도로와 철도의 경우, 고속도로건설 5개년 계획과 국가철도망 구축계획 등 상위계획에 반영된 사업 중에서 선정한다. 아무리 국가균형사업이라 해도 상위계획들과 연계를 하기 때문에 뜬금없이 선정하는 것은 아니다. 결국 모든 계획은 연결되어 있다. 2008년 30대 선도 프로젝트도 같은 맥락이었는데, 이러한 재정사업들이 추진되는 곳에 관심을 두자.

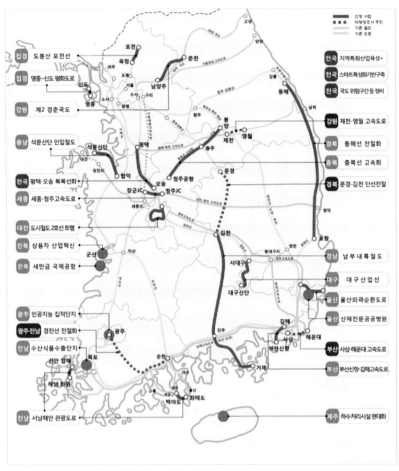

출처 : 기획재정부

인구 줄어도 서울대 미달 안 된다. 시골이 아니라 도시에서 찾아라

또한 이미 앞에서 언급한 우리나라의 토지 자산 장기시계열에서 살펴본 적 있지만, 토지 가격은 지목별로 따져 보면 '대'(건축물이 지어져 있거나 지을 수 있는 땅)가 가장 많이 올랐다. 1964년에서 2013년까지 가격 상승배율 평균으로 볼 때 전체 토지는 3,030배가 올랐지만, '대'는 5,307배가 올랐다. 이 수치가 나타내는 진실은 도시지역 토지가 비도시지역 토지보다 더 많은 가격 상승률을 보인다는 뜻이다. 논(답), 밭(전), 산(임야)에 비해 '대지(대)'가 가격 상승률이 높다는 이야기이며, 시골보다 도심지의 토지 가격이 더 많이 오른다는 말이다. 그렇다면 독자분들이 토지 투자를 하기 위해서는 도심지나 도시경계부에 투자를 해야 평균수익률 이상의 수익을 낼 수 있다는 이야기가 된다.

보통 토지 가격이 급등하는 지역은 개발호재가 있거나, 교통망 확장으로 신설역세권이 되는 지역임에는 틀림없으나, 이러한 개발호재나 교통망의 신설은 계획에서 머물다 사라지는 경우도 많으므로 안정적인 투자 수익을 보장 받기 위해서는 불나방처럼 계획을 보고 들어가기보다는 실시계획인가 고시 등 실제 개발사업이 추진되는 지역에 들어가는 것이 보다 안전하다. 물론 발표 전보다 가격이 올라 있겠지만, 시간이 갈수록 더 오른다. 필자는 그러한 경험을 많이 했다. 그래서 수강생들에게도 서두르지 말고 가시적으로 눈에 들어올 때 투자를 해도 늦지 않다고 말한다. 교통망 확장도 마찬가지다. 신설역이나 교량이 신설될 때 계획 발표보다는 실시계획인가 또는 실제 공사를 하고 있는 현장을 확인하고 투자를 해도 충분히 수익을 올릴 수 있다. 욕심을 버리는 순간, 리스크는 확 줄어든다. 불안한 투자보다는 두 다리 뻗고 편하게 수익을 기다리는 투자가 진정한 투자다.

도심지나 도시지역 경계부에 투자를 하는 것이 좋다고 말을 하면, 대체적으로 반응이 그만큼 많은 투자 자금이 없다고 한다. 충분히 이해가 가고 남는다. 문제는 그렇다고 해서 도심지와 떨어진 외곽 논, 밭, 임야 등 평당 가격이 적은 토지에 투자를 하는 경우, 성공보다는 실패의 비율이 높다. 그저 나도 땅을 가지고 있다는 포만감에 즐거울 뿐, 실제로는 오랜 세월 기회비용만 날려버리는 사례가 많다. 필자의 경우 도심지 내부 대규모 개발 사업지 인근에 오래된 주택에 투자해 수익을 본 경우가 많기 때문에 안전한 토지 투자의 방법으로 권하는 편이다. 오래된 주택은 건물의 가치는 전혀 없고, 토지의 가치만 남아 있다고 봐야 한다. 즉 토지 투자인 셈이다. 그러함에도 어찌 됐든 주택이므로 토지에 없는 비과세 혜택도 있다. 이건 덤이다.

[자료 93] 필자가 도심지에 투자했던 토지(?)다. 꽤 많은 수익을 안겨 주었던 물건이다. 50년 된 주택인데 이 정도 되면 주택의 가치는 없고, 토지의 가치만 남아 있다고 봐야 한다. 즉 주택에 투자한 것이 아니라 토지에 투자한 것이다.

주관이 뚜렷한 청개구리는
자연녹지지역이나
계획관리지역으로 가라

　조언을 하면 안 듣고 자신들의 주관(?)이 뚜렷한 청개구리들이 있다. 죽어도 넓은 시골 땅을 원하거나, 도시지역의 상업지역이나 주거지역을 매입하기에는 자금이 턱없이 부족한 경우에는 자연녹지지역이나 계획관리지역을 선택하는 것이 좋다. '국토의 계획 및 이용에 관한 법률'상의 지역·지구 중에서 상업지역이나 주거지역에 비해 상대적으로 저렴하면서 활용도가 높은 용도지역이다. 자연녹지지역은 녹지지역(보전녹지, 생산녹지, 자연녹지) 중 한 가지로, 통상적으로 도시지역 중 외곽지역에 위치하고 있으며, 대부분 비도시지역(관리지역, 농림지역, 자연환경보전지역)과의 경계선상에 분포하고 있다.

　자연녹지지역은 법령상의 의미로는 '도시 녹지공간 확보 등을 위해 보전할 필요가 있는 지역으로서 불가피한 경우에 한해 제한적인 개발이 허용되는 지역'이다. 도시의 허파로써의 기능도 유지하지만, 필요한 경우 대규모 개발도 이루어질 수 있는 지역이다. 하지만 대규모 개발이 일어나지 않더라도 개인적인 용도로 얼마든지 개발이 가능하다. 물론 건축물을 건축하기 위해서는 건축법과 다른 법령의 제한이 없어야 한다. 물론 보전녹지지역이나 생산녹지지역을 투자할 수도 있겠지만, 보전녹지지역이나 생산녹지지역은 토지 투자 베테랑의 몫이다. 이 책은 초보 투자자들을 위한 실패하지 않는 토지 투자 방법이므로 토지 투자의 경험이 많은 사람이 아니라면, 자연녹지지역을 매입하는 것이 안전한 투자 방법이다.

다음은 계획관리지역이다. 계획관리지역은 비도시지역(관리지역, 농림지역, 자연환경보전지역)에 포함된 관리지역(보전관리, 생산관리, 계획관리) 중에서 하나인 용도지역이다. 계획관리지역은 '도시지역으로의 편입이 예상되는 지역 또는 자연환경을 고려해 제한적인 이용·개발을 하려는 지역으로, 계획적·체계적인 관리가 필요한 지역'이다. 사전적인 의미이기는 하지만 도시지역으로 편입이 예상되는 지역이기도 하고, 제한적이지만 개발이 가능한 지역이라는 뜻이다. 대규모 계획적인 개발이 이루어지기도 하지만, 1970~1980년대처럼 확장적 개발은 기대하기 어렵다. 앞으로 대규모 삽질은 국토종합계획상 쉽지 않다. 그러함에도 불구하고 대도시 경계부에 위치한 계획관리지역은 활용도가 높다. 오히려 녹지지역(20%)보다 계획관리지역 건폐율(40%)은 더 높다. 그만큼 토지 활용도가 높다는 뜻이다. 건축물의 용도 역시 지자체마다 조금씩 다르긴 하지만, 웬만한 용도의 건축물은 모두 입지가 가능하다. 따라서 활용도가 높은 만큼 수요도 꾸준하게 있는 편이라 상대적으로 안정된 투자가 가능하다. 마찬가지로 보전관리지역이나 생산관리지역, 나아가 농림지역, 자연환경보전지역도 투자가 가능하겠지만 이는 고수들의 영역이다. 따라서 본인이 토지 투자에 경험 많은 베테랑이 아니라면, 비도시지역에서는 계획관리지역에 투자하는 것이 매우 안정적이다. <u>조금 더 세부적으로는 대도시 경계부에 있는 계획관리지역을 말한다.</u>

[자료 94] 자연녹지지역과 계획관리지역의 개략적 비교

자연녹지지역과 계획관리지역 비교		
구분	자연녹지지역	계획관리지역
지역구분	도시지역	비도시지역
건폐율(국토계획법시행령)	20% 이하	40% 이하
용적률(국토계획법시행령)	50%~100% 이하	50%~100% 이하
개발가능행위	음식점, 창고 등 4층 이하 층고제한	음식점, 숙박업소, 창고, 공장(제한적 허용)

머리 굴리지 마라.
굴려봐야 돌가루만 떨어진다

이미 여러 차례 도로가 붙어 있지 않은 맹지를 사서는 안 된다는 이야기를 했다. 토지를 매입하려고 할 때 토지의 한쪽 면의 전체가 도로에 붙어 있는 것이 좋다. 그런데 그 도로가 도로라고 해서 아무 도로여서는 안 되고, 건축물을 건축하기 위해서는 '건축법'상의 도로여야만 한다. '건축법'상의 '도로'는 사람들의 보행과 자동차 통행이 가능한 너비 4미터 이상의 도로 또는 예정도로를 말한다. 그런데 무조건 되는 것은 아니고, 관계법령에 고시가 된 도로 및 건축허가나 신고 시에 특·광·시·군·구 지자체장이 위치를 지정 공고한 도로 중에서 사람과 차량의 통행이 가능한 도로를 말한다. '건축법'상의 도로의 개념에서 기억해야 할 포인트는 사람의 보행과 자동차의 통행이 동시에 이루어질 수 있는 도로여야 한다는 점이다(이게 판단 안 되면 그냥 건축이 가능한지 허가관청에 물어보면 된다). 생각을 해보시라. 자동차만 다니도록 되어 있는 자동차전용도로나 고속도로에 붙여서 건축물을 지어 놓으면 건축물의 입구로 들어가려면 급속한 제동으로 교통사고가 빈번하게 발생할 것이다. 드리프트를 해야 진입이 가능할 것이다. 또한 사람만 다닐 수 있는 보행자전용도로에 붙여서 건축물을 지어 놓으면 자동차는 밖에다 버리고(?) 건축물로 진입해야 한다. 그래서 '건축법'상의 도로는 사람도 걸어 다니고 자동차도 다닐 수 있는 4미터 이상의 도로를 말하는 것이다. 꼭 기억하시기 바란다. 건축물을 건축하기 위한 도로의 조건인 '건축법'상의 도로는 사람과 자동차가 같이 다닐 수 있어야 한다. 반대로 '건축법'상의 도로가 아니면 건축물을 지을 수 없다. 초보 투자자가 토지 투자를 하기에는 부적합한 토지가 된다. 따라서 자동차전용도로, 보행자전용도로, 고가도로, 지하도로는 '건축법'상의 도로가 될 수 없다.

[자료 95] '건축법'상의 도로

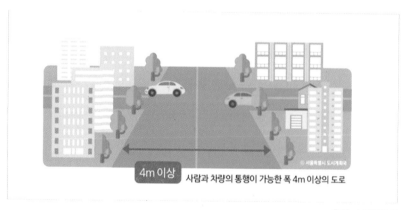

4m 이상   사람과 차량의 통행이 가능한 폭 4m 이상의 도로

출처 : 서울특별시

토지 투자, 모르면 하지 마!

원칙적으로 건축물의 대지(맹지와 대비되는 개념으로 '건축법'상의 도로가 토지에 접하고 있어 건축물을 지을 수 있는 토지를 말한다)는 2미터 이상을 '건축법'상의 도로와 접해야 하며, 건축물의 연면적 합계가 2천제곱미터(공장인 경우 3천제곱미터)인 건축물의 대지는 폭 6미터 이상의 도로에 4미터 이상 접해야 한다. 다만 이러한 원칙에도 불구하고 예외 조항이 있는데 자동차만의 통행에 사용되는 도로, 해당 건축물 출입에 지장이 없을 경우, 건축물 주변에 광장·유원지 및 그 밖에 법령에 따라 건축이 금지되고 사람들의 통행에 지장이 없는 경우, '농지법'에 따른 농막 등 인·허가권자가 인정하는 경우에는 도로와 2미터 이상은 반드시 접해야 하는 규정을 적용하지 않는다.

그런데 지형적으로 자동차 통행이 불가능한 경우와 막다른 도로의 경우에는 별도로 규정을 하고 있다. 시장·군수·구청장이 지형적 조건으로 인해 차량통행을 위한 도로의 설치가 곤란하다고 인정해 그 위치를 지정·공고하는 구간은 폭이 3미터 이상만으로 '건축법'상의 도로가 될 수 있다. 예를 들어 달동네 같은 폭 4미터 규정을 적용하면 도로를 만들기가 힘든 지역은 시장·군수·구청장이 위치를 지정해서 공고하면 3미터 이상만 되어도 가능하다는 이야기다. 아울러 골목길 같은 막다른 도로를 무조건 4미터 이상으로 도로를 만들라고 하면 경제적으로 손실이 될 수 있으므로 골목길 막다른 도로의 경우, 그 길이가 10미터 미만이면 도로의 너비가 2미터 이상, 길이가 10미터 이상 35미터 미만이라면 너비는 3미터 이상, 골목길 도로의 길이가 35미터 이상일 경우에는 차량이 교행이 가능해야 하므로 도로의 너비는 6미터(도시지역이 아닌 읍·면지역은 4미터) 이상으로 오히려 원칙적인 4미터보다 더욱 넓어야만 '건축법'상의 도로로 인정받을 수 있다. 즉, 건축물을 지을 수 있다는 이야기다. 여러 가지 예외적 조항이 있기는 하지만, 여기서 반드시 기억해야 할 사항은 '건축법'상의 도로는 사람도 걸어 다니고, 자동차도 다닐 수 있는 4미터 이상의 도로를 말한다는 것이다. 원칙이다. 원칙을 기억하고 나머지는 필요할 때 찾아보면 된다. 아무튼 이 챕터의 핵심은 투자를 하려는 토지는 반드시 '건축법'상의 도로를 한 면에 물고 있어야 한다는 뜻이다. 한 면의 전체가 물고 있으면 당연히 좋다.

[자료 96] '건축법'상 인정받을 수 있는 막다른 도로(골목길)의 예

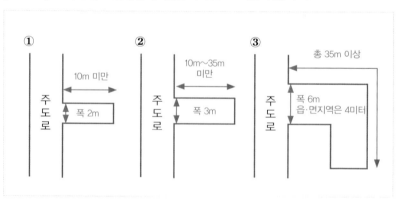

토지 투자, 모르면 하지 마!

알면 돈이 되는 토지 투자 상식

'건축법'상 도로가 아닌 경우에도
건축물을 지을 수 있는 경우가 있다

이제까지는 '건축법'상에 따른 도로가 접해 있는 토지만 건축물을 지을 수 있다고 했다. 그래서 초보 투자자라면 '건축법'상의 도로가 붙은 토지를 우선적으로 투자 대상으로 관심을 두라고 한 것이다. 그 이유는 법령의 조건에 맞으면 개발을 할 수 있고, 이렇게 개발이 가능한 토지가 투자 실패의 위험성이 낮기 때문이다. 그런데 '건축법'상의 대지와 도로의 관계를 적용하지 않는 경우가 있다. 즉, 건축물을 지으려고 하는 대지가 2미터 이상의 도로에 접해야 한다는 규정을 지키지 않아도 되는 경우다. 이제까지 열심히 공부하신 분 입장에서는 이런 경우도 있냐고 의아해할 수도 있다. 그러나 사실이다. '건축법' 제3조에서는 이와 관련된 규정이 있다. 사람이 많이 사는 도시는 화재 등 안전과 건축물의 질서가 당연히 필요하지만, 도시가 아닌 시골에까지 빡빡하고 살벌한 '건축법' 규정을 적용하려니 집 한 채 짓는데도 많은 제한이 따르는 것에 대한 국민의 불편을 덜어 주기 위한 조치다. '국토의 계획 및 이용에 관한 법률'에 따른 용도지역 중 도시지역 및 지구단위계획구역 외의 지역으로서 동이나 읍(동이나 읍에 속하는 섬의 경우에는 인구가 500명 이상인 경우만 해당된다)이 아닌 지역은 건축물을 지으려는 토지에 2미터 이상 건축법상 도로에 접해야 하는 규정이 적용되지 않는다.

쉽게 말하면 '국토의 계획 및 이용에 관한 법률'상 용도지역 중 도시지역 및 지구단위계획구역이 아닌 지역으로 면단위 이하 및 행정구역에 따른 동이나 읍에 속해도 섬인 경우, 인구가 500명 미만이 곳은 '건축법'상 도로에 접하지 않아도 건축물의 건축이 가능하다는 이야기다. 한적한 시골에 가면 도로가 제대로 만들어져 있지 않은데도 주택들이 옹기종기 모여 있는 것을 본 적 있는가? 자동차가 들어가지 못해도 주택이 지어져 있다. 그게 바로 이러한 예외 규정 때문이다. 도로를 만들어야만 건축물을 지을 수 있는 '건축법' 규정을 시골마을까지 강력하게 들이댄다면, 농촌에는 저렴한 비용으로 주택을 지을 수 없는 결과가 발생하게 된다. 그렇다고 하더라도 이러한 예외 규정이 무조건 도로가 없어도 된다는 의미는 아니다. 이 뜻은 비도시 지역, 즉 관리지역, 농림지역, 자연환경보전지역에서는 '건축법'에서 정한 도로가 반드시 없어도 건축허가가 가능할 수도 있다는 의미다. 즉, 가능할 수도 있다는 것이지 무조건 가능하다는 뜻은 아니니 오해하지 마시라. 현장에서는 허가 담당자의 주관적인 견해가 많이 작용해 허가 여부가 결정되는 경우가 많다. 현황도로 등 사람들의 출입이 문제가 없고, 주변의 민원이 없다면 건축허가를 내어 주는 경우가 많지만, 지역적 특성과 사례마다 다르다. 가장 좋은 방법은 허가관청 담당자에게 질의를 하는 것이 가장 정확하다.

알면 돈이 되는 토지 투자 상식

현황도로로 건축허가를 받을 수 있는가?

'건축법'상의 도로규정을 적용 받지 않는 사례 중에서 가장 많이 분쟁과 민원이 발생하는 것 중 하나가 바로 현황도로다. 현황도로는 지적도(토지에 관한 정보를 제공해주는 공문서의 일종으로 토지를 세분해 필지별로 구분하고 땅의 경계를 그려놓은 도면)에는 도로로 표기되어 있지 않지만, 실제로 도로로 사용하고 있는 도로를 말한다. 오랜 기간 동안 동네 사람들이 통행을 하고 있던 사실상의 도로를 뜻한다. 현황도로는 지목이 당연히 도로는 아니고, 전, 답, 임야, 과수원, 구거 등 여러 가지로 지적도에 표시되어 있다. 이러한 현황도로에 접해 있는 토지에 건축물을 지을 수 있는지에 대해서는 허가 담당자의 주관적인 견해에 따라 허가 여부의 결과가 달라진다. 그래서 이러한 주관적인 견해를 배제하고 객관화하기 위해서 건축허가 또는 신고 시에 필요한 경우 특·광시장·도지사 또는 시장·군수·구청장이 위치를 지정해 도로로 공고하도록 했다.

그런데 이렇게 도로의 위치를 지정하고 공고하려면 해당 토지의 이해관계인(토지 주인)의 동의가 필요하다. 하지만 당연히 토지 주인은 자신의 토지가 도로로 사용되어지는 것을 대부분 반대할 것이다. 그래서 토지 주인의 동의를 받지 않고 도로로 지정할 수 있는 경우가 있는데, 토지 주인이 해외에 거주하는 등 동의를 받기 곤란하다고 인정하는 경우와 주민이 오랜 기간 통행로로 이용하고 있는 사실상의 통로로서 해당 지방자치단체의 조례로 정하는 경우에는 건축위원회의 심의를 거쳐서 도로로 지정할 수 있다.

이렇게 도로로 지정이 되면 현황도로라고 할지라도 건축허가가 가능하다. 토지 주인의 동의를 받지 않고 현황도로를 지정할 수 있는 두 가지 중 주민이 오랜 기간 통행로로 이용하고 있는 사실상의 통로로서 해당 지방자치단체의 조례로 지정하는 경우는 각 지역의 특성상 지방자치단체마다 규정이 다르다. 해당 지방자치단체의 지역적, 사회적 여건에 다르기 때문이다. 인구유입을 위해 건축을 권장하는 시·군도 있는 반면에 난개발(도시외곽으로 주변경관이나 도로, 공원, 학교, 주차장 등 기반시설 용량에 맞지 않게 무질서하게 건축이 이루어지는 현상)로 인해 급격한 개발을 반기지 않는 시·군도 있을 테니 말이다.

[자료 97] 현황도로

출처 : 서울특별시

그래서 현황도로를 접한 토지에 건축허가를 받을 수 있는지 여부는 각 시·군마다 다를 수밖에 없다. 해당 지방자치단체의 조례를 확인해야 한다. 예를 들기 위해서 경기도 광주시의 '건축조례'에 담겨 있는 내용을 살펴보겠다. 경기도 광주시는 다음과 같은 경우에는 주민이 통행로로 이용하고 있는 사실상의 통로를 건축위원회의 심의를 거치면 토지 주인의 동의를 받지 않아도 '건축법'상의 도로로 지정할 수 있다. 도로로 지정이 되면 이러한 도로와 접해 있는 토지는 건축물을 지을 수 있다는 이야기다. 혹시 독자분이 건축허가 신청 또는 신고를 할 때까지 아직 도로로 지정이 되지 않은 경우에는 사실상의 통로로 지정을 받기 위해서는 다음의 제34조 2항에 따른 서류를 제출해 도로로 지정을 받고 건축허가를 받으면 된다.

'경기도 광주시 건축조례'

제34조(도로의 지정) ① 법 제45조제1항제2호에 따라 주민이 통행로로 이용하고 있는 사실상의 통로로서 위원회의 심의를 거쳐 허가권자가 법 제2조제1항제11호나목에 따라 도로의 위치를 지정·공고하고자 할 때, 다음 각 호의 어느 하나에 해당하는 경우에는 이해관계인의 동의를 얻지 아니할 수 있다.〈개정 2017·1·9〉

1. 국가 또는 지방자치단체에서 직접 시행하거나 지원에 따라 포장되어 사용하고 있는 경우.
2. 주민이 통행로로 사용 중인 마을안길 또는 진입로 중 복개된 하천, 제방, 구거, 철도용지, 그 밖에 이와 유사한 국·공유지.
3. 사인이 포장한 도로라도 불특정 다수의 주민이 장기간 통행로로 이용하고 있는 사실상의 통로.
4. '국토의 이용 및 계획에 관한 법률'에 따라 결정고시가 됐으나 미개설된 도로 안에 포함되어 있는 통로〈개정 2017·1·9〉.

5. '여객자동차 운수사업법'에 따른 시내버스 노선으로 이용하고 있는 사실상의 통로.

6. 도로로 지정한 근거가 없으나 사실상 주민이 이용하고 있는 통로를 도로로 인정해 건축허가(신고)된 통로.

7. 전기, 상수도, 하수도, 도시가스 등 공공기반시설이 설치되어 있는 통로.

② 제1항에 따라 사실상 통로를 도로로 지정 받고자 하는 자는 다음 각 호의 관계서류를 구비해 시장에게 제출해야 한다.

1. 지정받고자 하는 도로의 위치 및 주변현황.

2. 지정받고자 하는 도로의 발생년도 및 이용하는 주민 수.

3. 그 밖에 현황통로로 이용하고 있다는 증빙자료〈전문개정 2017.1.9〉.

아울러 이러한 절차를 거쳐서 도로의 위치가 지정·공고된 도로는 2011년 5월 30일부터 도로관리대장에 적어서 관리하도록 되어 있다. 현장에서는 건축허가가 가능한 현황도로 여부를 판단하기 위해서는 허가관청의 도로관리대장을 확인하면 된다. 따라서 사도(개인의 토지에 개인의 비용으로 만든 도로)라 할지라도 도로관리대장에 등재가 되면 건축허가가 가능하다. 투자가 가능한 물건인지 판단은 여기서 판가름 난다.

위치도 및 현황도

도 로 관 리 대 장

출처 : 건축법 시행규칙

사람이든, 땅이든,
잘생기고 말끔해야 관심을 받는다

　사람이든, 땅이든, 잘생기면 상대적으로 관심을 많이 받는다. 하다 못해 거지도 말끔해야 동냥질이 잘된다. 사람이야 미남, 미녀를 지칭하는 것이지만, 토지는 어떤 모양이 잘생긴 토지일까? 토지를 매입할 때 같은 돈을 주고 기왕이면 반듯한 모양의 토지를 사는 것이 활용성이 뛰어나다. 저렴하다고 못생긴 토지를 사는 것보다는 향후 팔 때를 생각해서 조금 더 비싸게 주더라도 정방형에 가까운 토지를 매입하는 것이 투자 가치가 높고 잘 팔린다. 기왕이면 다홍치마라 하지 않았던가. 다음은 표준지공시지가를 가지고 토지 가격비준표를 활용해 개별 공시지가를 산정할 때 토지 특성을 비교하는 항목이다.

형상구분		
구분	기재방법	내용
정방형	정방형	정사각형 모양의 토지로서 양변의 길이 비율이 1 : 1.1 내외인 토지
가로장방형	가장형	정방형의 토지로 넓은 면이 도로에 접하거나 도로를 향하고 있는 토지
세로장방형	세장형	정방형의 토지로 좁은 면이 도로에 접하거나 도로를 향하고 있는 토지
사다리형	사다리	사다리꼴 모양의 토지(변형사다리형, 다각형의 불규칙한 형상이나 그로 인해 최유효이용에 제약을 받지 않는 토지 포함)
삼각형	삼각형	삼각형의 토지로 그 한 면이 도로에 접하거나 도로를 향하고 있는 토지
역삼각형	역삼각	삼각형의 토지(역사다리형을 포함)로 꼭지점 부분이 도로에 접하거나 도로를 향하고 있는 토지
부정형	부정형	불규칙한 형상으로 인해 최유효이용에 상당한 제약을 받는 다각형 또는 부정형의 토지
자루형	자루형	출입구가 자루처럼 좁게 생긴 토지

출처 : 표준지공시지가 조사·평가업무요령

[자료 100] 토지 모양

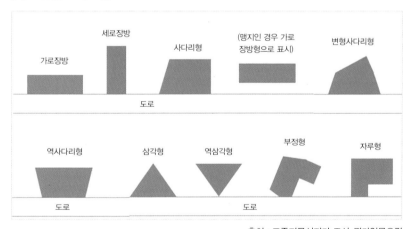

출처 : 표준지공시지가 조사·평가업무요령

도장 찍기 전에 땅값 계산해라. 찍으면 낙장불입이다

독자분들도 한 번쯤은 경험해보셨을 것이다. 누가 토지를 사라고 권유할 때 거래 조건으로 제시한 가격이 과연 적정한 가격인지, 비싼 것인지, 싼 것인지, 도무지 알 수 없었을 때가 있었을 것이다. 토지의 적정가격은 도대체 얼마일까? 기준은 있는 것일까? 있다면 그 기준은 무엇인가? 이러한 의문은 꼬리를 물지만, 정확하게 판단해주는 사람도 없고 기준도 없다. 그저 소개한 부동산 중개사무소 소장님의 경험에서 나오는 주변 시세에 의존한다. 따라서 판단하기가 매우 어렵다. 적정가격의 판단이 어려우니 매입 여부 결정도 힘들다. 그런데 아파트라면 이야기가 달라진다. 내가 살고 있는 아파트나 관심을 가지고 있는 아파트의 시세는 쉽게 알 수 있다. 국토교통부 실거래가 공개시스템에 들어가면 각 아파트의 실거래가격을 확인할 수 있기 때문이다. 요즘은 관련 사이트와 앱이 많이 있어서 스마트폰으로도 쉽게 확인이 가능하다. 동일 아파트, 동일 면적의 거래사례가 있기 때문에 다수의 사람들이 선호하는 동과 층, 향을 비교해 이미 체결된 거래가격에 약간의 보정만 해준다면 자신이 거래하고 싶은 아파트 시세를 개략적으로 유추할 수 있다.

[자료 101] 국토교통부 실거래가 공개시스템

그러나 토지는 아파트와 전혀 다르다. 시세를 확인하기 어렵다. 물론 국토교통부 실거래가 공개시스템을 들어가면 토지의 실거래가를 확인할 수 있다. 하지만 아파트와 달리 토지는 정확한 시세 정보를 파악하기가 힘들다. 아파트는 정확한 주소와 아파트명, 층까지 정확하게 나오지만(민간 정보사이트에서는 동까지 확인이 가능하다), 토지는 주소가 나오지 않는다.

출처 : 국토교통부 실거래가 공개시스템

　　그리고 토지의 투자 가치 판단에 매우 중요한 요소인 도로의 접도 여부와 지형, 지세, 이용현황 등의 정보가 없다. 물론 도로에 접해 있는 지 즉, 접도의 여부는 나오지만 폭 몇 미터 도로에 붙어 있었다는 정보 만 나올 뿐, 해당 토지가 얼마만큼 도로를 맞물고 있는지에 대해서는 정보가 없다. 같은 조건이라도 도로를 많이 물고 있다면 그 토지의 가 치는 상대적으로 높을 것이다. 그런데 그러한 정보는 나오지 않는다.

　[자료 103]을 보면 A토지와 B토지 모두 도로를 접하고 있으나 실거 래가 시스템에서는 구분을 해주지 않고 있다. 구분을 해주려고 해도 토지의 특징인 개별성으로 인해 토지마다 모두 다른 형태를 가지고 있 기에 가격 판단이 쉽지 않다. 그렇기 때문에 국토교통부 실거래가 공 개시스템의 토지거래가격 정보로는 실제 투자 물건에 대한 매입 여부

[자료 103] A와 B 토지 모두 도로에 붙어 있으나 토지의 가치는 완전히 다르다.

판단기준으로 사용하기에는 문제점이 있다. 물론 인터넷을 검색하면 지형, 지세, 접도 형태까지 보여주면서 가격 표시까지 해주는 서비스 회사가 있다. 그러나 인근 주변에 거래사례가 없다면 그 또한 무용지물이다. 비교 판단 자체가 불가능하기 때문이다. 또한 아파트와 같이 똑같은 물건도 없다. <u>그렇다면 토지의 적정가격은 도대체 얼마인가?</u>

결론부터 말하면 필자는 강의 때도 항상 주장하지만, 개별공시지가의 2배 정도 이하에서 매입을 한다면 좋은 가격에 매입을 하는 것으로 판단한다. 물론 쓸모가 있는 토지여야 한다. 쓸모가 있는 토지란 개발 가능성, 즉 건축물의 건축이 가능해야 한다는 뜻이다. <u>토지는 도로가 붙은 토지와 그렇지 못한 토지(맹지), 건축물이 있는 토지와 없는 토지, 관계 법령상 개발을 규제하는 토지와 규제하지 않는 토지로 나누어 볼 수 있는데, 기본적으로 건축물을 건축할 수 있는 토지를 기준으로 볼 때 해당 토지의 개별공시지가 2배 이하로 매입을 한다면 괜찮은 수준으로 보고 있다. 물론 개별공시지가 2배 이하가 절대적일 수는 없다. 하지만 최소한의 기준으로 삼고 가감을 한다면, 토지의 가격을 유추해</u>

볼 수 있다. 실제 토지 매매 시장에서는 개별공시지가의 2배에서 5배 정도의 수준에서 거래되고 있는 것이 현실이다. 따라서 맹목적으로 개별공시지가의 2배 이하를 고집해서는 곤란하다. 지역의 호재와 주변의 개발상황, 매입하고자 하는 토지의 활용가능성 등을 종합해서 가감을 하고, 최종 의사 결정에 도움을 주는 정도의 참고 기준으로 활용해야 한다. 기준은 기준일 뿐이다. 그렇지만 매우 중요한 점은 지역 호재도 없고, 주변에 대규모 개발도 이루어지지 않고 있는데, 매도 제시 금액이 개별공시지가의 10배 이상이 된다면 무슨 이유인지 찾아봐야 한다. 합리적인 의심이 필요한 상황이며, 그렇게 매매금액이 높은 데 대한 합리적이고 객관적인 이유를 찾기 전에는 매입하면 안 된다. 즉, 합리적인 이유를 찾지 못했다면 사지 마라.

개별공시지가의 비밀

필자는 왜 토지 매입가격의 기준을 개별공시지가의 2배 이하라고 주장할까? 그것은 개별공시지가의 속성을 이해하면 알 수 있다. 개별공시지가는 토지 관련 국세 및 지방세, 부담금, 건강보험료 산정 및 기초노령연금 수급대상자 결정, 공직자 재산등록 등 약 60여 종의 관련 분야의 기준으로 사용되고 있다. 그럼에도 불구하고 감정평가사를 비롯해 자칭, 타칭 토지 전문가들은 개별공시지가를 실제 토지거래 적정 가격의 기준으로 활용하는 것은 부적절하다고 한다. 시세와 가격수준 이 100% 연동하지 않기 때문이다. 그러나 필자의 생각은 다르다. 개별 공시지가는 우리나라 총 3,353만 필지(2019년 1월 1일 기준, 표준지 50만 필지 포함) 각각의 가격을 매겨 놓은 것이다. 물론 각종 세금과 부담금 의 기준으로 활용을 하기 때문에 실제 시세와는 차이가 있지만, 이유 야 어찌 됐든 해당 토지의 가격을 매겨 놓은 것이다.

그렇다면 개별공시지가를 산출하는 방법을 살펴보자. 세금을 부과 하기 위한 개별공시지가 산정은 매년 1월 1일 기준, 5월 말까지 발표한 다. 그런데 총 3,353만 필지를 매년 감정평가사를 통해서 감정금액을 도출한다는 것은 매우 많은 인력과 시간, 비용이 수반된다. 정부 입장 에서도 전국의 모든 필지(서로 다른 지번을 가지고 있으며 다른 필지와 경 계를 이루고 있는 토지의 기본 단위)의 토지 가격을 매년 조사할 수 없다. 그래서 전국에 대표성이 있는 50만 필지를 골라서 표준지공시지가를 먼저 산정한다. 표준지공시지가는 감정평가사가 직접 현장조사를 통 해 산정을 하고, 국토교통부 장관이 결정·고시한다. 이에 반해 개별공 시지가는 인근에 비교할 비교표준지(국토부 장관이 고시한 50만 대표 필 지 중 하나)를 선택해서 개별공시지가를 산정할 해당 토지의 특성과 비 교해 서로 다른 특성을 찾아낸 다음, 그 토지 특성(지목, 토지 면적, 용도 지역·지구·도시계획시설, 기타 제한구역 등 공적규제, 농지구분, 임야구분, 토지 이용상황, 지형지세, 도로조건, 유해시설 등)에 대한 가격가감 비율(가격배율이라고 하며, 일괄적이고 효율적으로 산정하기 위해서 미리 작성된 토지 가격비준표를 사용한다)을 추출한 다음, 비교표준지공시지가와 해당 토지의 가격가감 비율(가격배율)을 곱해 개별공시지가를 산정한다.

개별공시지가의 산정과정을 보면, 인근에 대표성이 있는 비교표준지공시지가를 기준으로 해서 해당 토지의 특성을 반영해서 개별공시지가를 만들어낸다는 것을 알 수 있다. 즉 해당 토지의 특성인 지목과 면적, 용도지역 등 공적규제, 토지 이용상황, 모양과 높낮이, 도로가 어떻게 붙어 있는지, 유해시설은 없는지 등을 모두 종합해서 토지의 가격을 도출해낸다. 물론 세금과 부담금 등을 걷기 위한 용도로 사용이 되어 실제 현장에서 거래하는 가격과는 분명히 차이는 나지만, 그렇다고 해서 아무 쓸모가 없는 것은 아니다. 개별공시지가에는 해당 토지의 모든 정보를 반영해서 가격을 만들어내고 있다. 인접한 토지라도 넓고 반듯한 토지와 경사도가 있는 토지와 다른 가감을 주어서 가격을 정하는 방식이다.

좀 더 자세히 예를 들어 보면, [자료 103]에 있는 A토지와 B토지의 도로 접합비율(도로와 붙어 있는 길이)에 따른 가격 수준의 차이를 반영한 가격이 바로 개별공시지가다. 일반적인 거래 관행에서는 소개하는 사람이나 주변의 비슷한 형태의 토지를 기준으로 시세를 정하지만, 개별공시지가에서는 도로를 얼마나 물고 있는가에 따른 차이를 객관적으로 반영해 가격을 매기고 있는 것이다. 왜냐하면 감정평가사들이 감정한 비교표준지공시지가를 기준으로 해당 토지의 특성을 가감해 개별공시지가를 산출했기 때문에 상대적으로 높은 신뢰도를 가지고 있다. 그렇다면 마지막으로 문제 제기가 될 수 있는 것은 각 개별공시지가와 해당 토지의 실제 가치를 반영한 적정가격(호가가 아닌 실제거래가격)과 얼마만큼의 차이가 있는가이다. 필자는 그 차이를 2배 정도로 보고 있다. 해당 토지의 실체적 가치를 반영한 적정가격은 개별공시지가의 2배 이내라고 생각한다. 그 이상 가격이라면 해당 토지의 미래 가치를 현재 가치로 당겨온 일종의 프리미엄이거나, 아니면 아무런 이유없는 거품이다. 그 또한 아니라면 토지 사기밖에 없다.

왜 2배인가?

그렇다면 독자분들은 궁금증이 밀려올 것이다. 왜 필자는 토지를 매입할 때 개별공시지가의 2배 이내라면 좋다고 하는가? 여기서 다시 한번 이야기하지만, 단순히 2배 이내가 아니라 2배 이내의 가격이라 하더라도 건축이 가능한 쓸모 있는 토지를 말하며, 실제 현장에서는 2배~5배 이내에서 거래가 되고 있다. 다음 기사를 하나 읽어 보시기 바란다. 〈부산일보〉 2015년 4월 7일자 〈"부산시 감정평가 차별"… 또 불거진 에코델타 보상 갈등〉이라는 제목의 기사 내용이다.[6]

---

6) 김백상 기자, "부산시 감정평가 차별"… 또 불거진 에코델타 보상 갈등, 〈부산일보〉, 2015년 4월 7일 인용.

에코델타시티 명지동 주민비상대책위(이하 비대위)는 오는 9일 오후 명지동 한국수자원공사 에코델타시티 사무소 앞에서 '차별적 토지 감정평가 규탄' 등에 관한 집회를 연다고 7일 밝혔다. 참여인원은 200명 정도로 예상된다. 이들은 28일까지 같은 장소에 집회신고를 냈으며, 후속 활동도 계획 중이다.

비대위는 지역별로 토지 보상 측정에 차이가 있었다고 주장한다. 명지동 사업 대상지에 대한 보상액은 평당 56만~57만 원 수준으로 공시지가의 1.7배다. 반면 강동동은 47만~51만 원으로 절대금액은 낮지만, 공시지가의 2.4배 수준이다.

이런 차이는 부산시가 감정평가 추천 여부를 달리하면서 빚어졌다는 게 비대위의 주장이다. 2013년 9월 명지동 감정평가에는 3명의 감정평가사가 참여했다. 주민·수자원공사·부산시에서 각각 추천한 이들이다. 이들의 감정 결과의 평균이 보상액으로 정해졌다.

하지만 1년 뒤 강동동 감정평가 때에는 2명의 감정평가사만 참여했다. 부산시가 추천을 포기한 것이다. 이 때문에 명지동 주민 측 감정평가 의견은 3분의 1로, 강동동은 2분의 1로 반영됐다. 비대위는 강동동 감정평가와 같은 구조였다면 명지동 보상액은 2,000억 원 정도 늘어난다고도 주장한다.

명지비대위 최성근 위원장은 "시에 공문을 보내 해명을 요구해도 적법했다는 답변뿐이다"며, "예민한 문제에 차별적 행정으로 갈등을 야기한 저의가 궁금하다"고 말했다.

또 대책위는 지난해 말부터 에코시티개발단 담당자들의 인사 뒤 원활한 소통도 어려워지고 있다고 덧붙였다. 이 때문에 협의 중이었던 이주단지 조성, 농지공급, 명지주민 공사장 고용 등 생계대책에 대한 논의도

중단됐다는 것.

이에 대해 부산시는 에코델타시티 사업이 단계별로 이뤄지는 과정에서 행정절차가 달라졌을 뿐 지역 차별은 아니라는 입장이다. 시 관계자는 "감정평가사는 객관적인 분석을 하기 때문에 그 수가 중요한 건 아니다"며, "시가 참여하는 사업에는 별도로 감정평가사를 추천하지 않아도 된다는 조항이 있다"고 말했다.

기사의 내용을 보면 '명지동 사업 대상지는 개별공시지가의 1.7배이며, 강동동은 개별공시지가의 2.4배 수준'이라고 기술되어 있다. 기사가 전달하고자 하는 내용은 같은 개발사업사업 구역의 수용보상액이 차이가 나고, 그 차이가 나는 이유는 부산광역시에서 감정평가사를 추천하지 않았기 때문이라는 내용이다. 다만 여기서는 부산시의 행정을 이야기하고자 하는 것은 아니고, 개발사업구역의 토지 수용 보상액이 개별공시지가의 1.7배~2.4배로 정해졌다는 사실을 언급하고자 한다. 또 다른 기사를 보겠다. 〈비즈니스워치〉 2018년 11월 13일자 〈[토지보상 그늘] 개발이익, 누구의 몫인가〉라는 제목의 기사 내용이다.[7]

---

7) 원정희 기자, '[토지보상 그늘] 개발이익, 누구의 몫인가', 〈비즈니스워치〉, 2018년 11월 13일 인용.

국토부 관계자는 "협의를 통해 보상이 이뤄지고 있고, 터무니없는 가격으로 보상이 이뤄지지 않는다"고 말하고 있다. 전문가들 중에서도 토지 보상금 산정방식이 점차 개선되고 있고, 과거보다 보상 수준도 나아지고 있다고 보기도 한다. 실제 지난 2003년 토지 소유자추천평가제도가 도입되면서 토지 보상액은 큰 폭으로 늘어나기도 했다. 이는 기존에 사업시행자가 감정평가업자 2명을 추천해 토지 보상액을 산정했던 방식에서 사업시행자, 토지 소유자, 시도지사가 각 한 명씩 추천해 총 3명의 감정평가업자가 감정평가한 금액을 산술평균해서 산출하는 방식이다. 물론 각 사업지마다 이해관계가 다르고, 처한 입장이 모두 제각각이란 점을 생각하면, 토지 보상금이 많다, 적다를 섣불리 판단하기 어려운 것도 사실이다. 하지만 토지 보상체계가 여전히 원주민들의 눈높이와는 괴리가 크다는 것이 전문가들의 대체적인 시각이다.

특히 공공주택지구로 지정된 곳들 대부분이 기존에 개발제한구역(이하 그린벨트)으로 묶여 있었던 점을 생각하면, 이곳 원주민의 반대는 더욱 거셀 수밖에 없다. 애초 그린벨트 지정 역시 땅주인의 의사와 관계없이 이뤄졌다. 땅주인은 이 때문에 수십 년간 재산권 행사를 제한받았다. 그사이 수도권의 경우 주변 땅값은 대부분 올랐다. 공공주택지구 지정 역시 사실상 땅주인의 의사와 관계없이 이뤄지고 이후 토지 수용 과정에선 주변의 시세에 못 미치는 값으로 땅을 내놔야 한다는 데서 불만이 커지고 있다. 토지 보상액은 사업지별로 천차만별이지만, 직전 발표된 표준지 공시지가를 기본으로 가격을 산정한다. 대략 개별공시지가의 150%에서 많게는 200% 정도로 보고 있다. 다만 토지 이용제한이 되어 있는 상태에서 보상금을 산정하기 때문에 주변의 시세보다 낮을 수밖에 없다. 평가과정에서 '기타요인'으로 시세를 반영하고 있지만, 해당

시세는 주변의 그린벨트가 해제된 지역의 시세와는 차이가 난다.

한국감정원 한 관계자는 "보상제도와 이론상으로는 시장 가격으로 보상해주고 있지만, 여기에 반영하는 시세는 결과적으로 과거의 실거래가이고, 주민들이 생각하는 기대가치나 이를 반영한 호가가 반영이 안 되면서 괴리가 큰 것 같다"고 말했다. 한 민간연구소 연구위원은 "이주할 때 양도세 등의 세금과 등기 등 각종 부대비용을 제해야 하고, 또 이미 주변의 땅값이나 집값도 올라 보상금만 갖고는 갈 만한 데가 없는 게 현실"이라며 "오랫동안 피해 아닌 피해를 입어왔지만 그것에 대한 보상으로는 미미하다"고도 지적했다. 토지 보상과 별개로 이주대책 차원에서 공람공고 1년 전부터 거주를 한 경우엔 이주자택지를 주고 축산·농업 등 생계와 관련해 영업을 하고 있는 원주민들에겐 상가용지를 싼 가격으로 공급하기도 한다. 이 땅은 1회에 한해 전매가 가능하기 때문에 프리미엄을 통해 시세차익을 얻을 수 있다. 국토부 역시 보상체계에 대한 일정 부분 보완 필요성을 인정하고 있다. K 국토부 토지 정책과장은 "공익과 사익이 충돌할 때 지금까지의 토지 수용 제도는 개인의 재산권을 쉽게 침해한 것 아니냐는 반성을 하고 있다"며 "공익성 검토를 면밀히 해 수용요건을 강화하는 방안 등을 검토하고 있다"고 말했다.

합리적인 의심이 나의 재산을 지킨다

기사에는 '토지 보상액은 사업지별로 천차만별이지만, 직전 발표된 표준지 공시지가를 기본으로 가격을 산정한다. 대략 개별공시지가의 150%에서 많게는 200% 정도로 보고 있다'라는 내용이 있다. 자신이 가지고 있던 토지가 개발사업으로 수용이 되면, 그 수용보상금이 개별공시지가의 1.5배~2배 정도 된다는 말이다. 앞의 기사에도 개발사업으로 인한 수용보상금액이 개별공시지가의 1.7배~2.4배를 수용보상금액으로 지급됐다는 사실이다. 필자는 이러한 근거를 들어서 개발사업구역의 토지 수용보상금은 개별공시지가의 1.5배에서 2배로 보고 있다. 물론 국토교통부나 감정평가사들의 공식적인 견해는 아니다. 친한 감정평가사 동생에게도 물어보면 극구 아니라고 손사래 친다.

실제로 개별공시지가에 3배 이상 나오는 사업장도 있고, 개별공시지가도 못 미치는 보상금이 지급된 사업구역도 있다. 법령의 기준으로 본다면 개발사업구역의 토지수용보상금은 '부동산 가격 공시에 관한 법률' 제8조에 의한 표준지공시지가를 기준으로 해 감정평가사가 수용대상 토지의 개별적인 특성 등을 비교해 평가하며, 개발로 상승되는 이익은 포함하지 않고 보상금액을 산정하도록 되어 있다. 따라서 개별공시지가의 1.5배에서 2배라는 주장은 전적으로 필자의 개인적인 생각이다. 그러나 앞의 기사에서도 보는 것과 같이 결과를 보니 개발사업구역의 토지 수용보상금액은 통상적으로 개별공시지가의 1.5배에서

2배 이내에서 결정이 되는 것 또한 주지의 사실이다. 필자는 이러한 점을 들어 만약 토지를 소유하고 있다가 개발사업으로 본인의 토지가 수용이 되는 경우, 최소한 개별공시지가의 1.5배에서 2배 이내로 보상금을 받을 수 있다고 가정을 한다면, 일반적인 토지의 적정 매입가격을 추정할 때도 개별공시지가의 2배 이내라면 손해를 볼 수 없는 가격이라 생각한다.

　건축물 건축이 가능한(반드시 도시지역이 아니더라도 농지나 산지 전용을 해서 건축이 가능한 토지 포함) 토지라면, 자신이 개발할 경우에는 개발이익을 본인이 가져갈 수 있다. 아울러 매입한 땅이 수용을 당하더라도 개별공시지가는 매년 상승하므로 적어도 매입금액 이상의 토지수용보상금을 수령할 수 있으므로 투자 금액을 손실 없이 회수할 수 있다. 그래서 필자는 토지의 적정매매가격은 개별공시지가의 2배 이내라고 주장한다. 그런 토지가 어디 있냐고 반문하는 독자분도 있겠지만, 실제로 이러한 가격에 매입한 사례도 많다. 필자가 투자한 토지 중에 개별공시지가의 2배를 넘어서는 경우는 없었다. 반복해서 말하지만 그렇다고 해서 무조건 개별공시지가의 2배 이내로 사야겠다고만 해서는 곤란하다. 실제 현장에서는 2배에서 5배 이내로 거래가 되며, 심지어 개발호재가 발표된 토지는 10배 이상도 거래가 된다. 주변호재 등 미래가치가 있다면 당연히 2배 이상의 이상의 금액으로도 거래를 해야 한다. 다만 5배 이상인 경우에는 반드시 합리적인 의심을 하고 그 이유를 찾아라. 합리적인 의심이 나의 재산을 지킨다.

나만 좋아하는 것인지,
모두가 좋아하는 땅인지 생각하라

수강생 한 분이 본인이 보유하고 있는 토지에 대해서 향후 전망이 어떠한지 봐달라고 해서 현장에 가보았다. 행정구역 상 ○○시 ○○동에 위치하고 있는데, 산중턱인데다가 남쪽으로 경치가 좋고 햇볕도 잘 드는 게 느낌이 좋았다. 넓은 평야가 눈을 맑게 해주고 마음까지 시원하게 만들어 주었다. 경치는 완전 최고였다. 필자는 등산을 별로 좋아하지 않지만 오랜만에 운동한다는 마음으로 올랐다. 28년을 보유하고 계셨다는데, 텃밭도 일구지 않으시고 그냥 가지고 계셨다고 한다. 한 번씩 와서 경치 구경을 하고 이게 '내 땅이다'라는 생각에 만족감을 얻고 즐겁게 집으로 돌아오셨다고 한다. 그런데 토지 투자에 대한 강의를 수강하고 난 다음부터 생각이 많이 바뀌었다고 하신다. 사연을 들어보니 총각 때 샀는데 28년 동안 팔 생각도 하지 않았는데, 강의를 듣고 기회비용을 생각해서 팔려고 하니 부동산 중개사무소에서 사는 사람이 없다고 한다는 것이다.

이게 왜 이렇게 되는 것일까? 부동산은, 특히 투자를 위한 부동산은 내가 좋은 물건을 사는 것이 아니라, 모든 사람들이 모두 좋아하는 물건을 사야 한다. 내가 좋은 것은 그냥 나의 만족으로 충분하고, 그 만족에 대해서 다른 사람의 동의를 받을 필요도 없지만, 내가 좋은 물건을 막상 팔려고 한다면 반드시 다른 사람의 동의를 받아야 한다. 그 다른 사람의 동의가 바로 매수주체다. 국가, 지방자치단체, 법인, 개인 등을 막론하고 내가 매도하고자 하는 부동산에 대해서 매수주체가 서로 필요한 부동산이라는 조건을 충족해야 계약이 체결된다. 그래야 내가 매입했던 가격보다 더욱 높은 가격을 받을 수 있고 수익이 난다. 그런데 수강생분은 본인만 만족했던 땅이었던 것이다. 28년간의 기회비용은 어디에서도 보상을 받을 수 없다.

그렇다면 매수주체들이나 모든 사람이 좋은 토지라는 생각이 들게 하는 토지는 어떠한 특성을 가지고 있을까? 당연히 개발이 가능한 토지여야 한다. 땅은 관상용으로 바라보는 것이 아니라 활용을 할 수 있는 땅이어야 한다. 주택을 짓든, 창고를 짓든, 공장을 짓든, 무슨 짓을 할 수 있는 땅이어야 하고, 그 땅에서 수익을 발생시킬 수 있는 땅이어야 한다. 물론 농사를 짓기 위해서 또는 버섯이나 장뇌삼을 키우기 위해서 임야를 매입하는 것이라면 이것은 투자가 아니라 실사용이고, 본인이 마지막 사용자(End User)가 되는 것이기 때문에 여기서 투자로 논할 필요가 없는 물건이다. 투자 물건과 실사용 물건은 반드시 구별되어야 한다. 당장은 아니더라도 추후에 다른 사람들이 사용할 만한 가치가 있는 위치에 있어야 하고, 개발을 위해서는 건축 등 개발행위 규제에서 자유로운 토지여야 한다. 이러한 토지를 골라내기 위해서는 지역적 인구유입이나 도심지역의 접근성, 통과되는 교통망에 대한 기본적인 이해가 있어야 하고, 향후 도시가 발전하면서 토지 소유경쟁이 일어날 만한 위치여야 한다. 이러한 토지를 찾기 어렵다면 그냥 인구 100만 이상 생활권의 대도시 내부의 토지가 좋다. 하지만 자금이 부족하거나 자연경관 조망이 로망이라면 대도시 외곽 경계부의 자연녹지지역이나 계획관리지역 토지를 사면 된다. 반드시 건축법상의 도로를 물고 있어야 하고, 가격은 개별공시지가의 2배에서 5배 범위를 넘지 말아야 하며, 그 이상이라면 합리적인 의심을 해야 한다. 이것만 지킨다면 토지 투자로 손해 볼 일 없다. 좋은 땅은 나만 좋아하는 땅이 아니라 모두가 좋아하는 땅이다.

참고자료

도로 관련 법률에 따른 정의 및 구분

◀ 국토의 계획 및 이용에 관한 법률상 도로 ▶

▶ 도로와 개발행위허가

국토계획법상 개발행위허가를 위해서는 도로 등의 적정한 기반시설을 확보해야 하고, 그 기반시설 설치에 대한 분야별 검토사항에서 대지와 도로의 관계는 건축법에 적합하도록 규정하고 있기 때문에 개발행위허가를 신청하기 위해서는 건축법상의 기준을 검토해야 한다. 국토의 계획 및 이용에 관한 법률에서 규정하고 있는 도로는 사용 및 형태, 규모 및 기능별로 구분을 한다. 동법시행령 제2조 제2항에서는 도로는 기반시설 중 교통시설의 하나이며, 도시관리계획 결정 절차를 거쳐서 도시계획시설로 결정해 설치하며, '도시계획도로'로 지칭한다. 도시관리계획으로 결정만 하고 설치가 되지 않은 상태인 '예정도로'일지라도 도로와 같이 취급되어 건축허가를 받을 수 있다. 아울러 기반시설에 대한 도시관리계획 결정 및 구조, 설치기준에 대해서는 '도시·군계획시설의 결정·구조 및 설치기준에 관한 규칙'에 따른다.

[자료 104] 국토계획법 시행령 제56조 개발행위허가기준(분야별 검토사항)

검토분야	허가기준
마. 기반시설	(1) 주변의 교통소통에 지장을 초래하지 않을 것 (2) 대지와 도로와의 관계는 건축법에 적합할 것 (3) 도시·군계획조례로 정하는 건축물의 용도·규모(대지의 규모를 포함한다)·층수 또는 주택호수 등에 따른 도로의 너비 또는 교통소통에 관한 기준에 적합할 것

▶ 개발행위허가와 진입도로의 너비(개발행위허가 운영지침)

(1) 건축물을 건축하거나 공작물을 설치하는 부지는 도시·군계획도로 또는 시·군도, 농어촌도로에 접속하는 것을 원칙으로 하며, 위 도로에 접속되지 아

니한 경우 (2) 및 (3)의 기준에 따라 진입도로를 개설해야 한다.

(2) (1)에 따라 개설(도로확장 포함)하고자 하는 진입도로의 폭은 개발규모(개설 또는 확장하는 도로면적은 제외한다)가 5,000㎡ 미만은 4m 이상, 5,000㎡ 이상 3만㎡ 미만은 6m 이상, 3만㎡ 이상은 8m 이상으로서 개발행위규모에 따른 교통량을 고려해 적정 폭을 확보해야 한다.

(3) 다음 각 호의 어느 하나에 해당하는 경우에는 (2)의 도로확보기준을 적용하지 아니할 수 있다.

① 차량진출입이 가능한 기존 마을안길, 농로 등에 접속하거나 차량통행이 가능한 도로를 개설하는 경우로서 농업·어업·임업용 시설(가공, 유통, 판매 및 이와 유사한 시설은 제외하되, '농어업·농어촌 및 식품산업 기본법' 제3조에 의한 농어업인 및 농어업 경영체, '임업 및 산촌 진흥촉진에 관한 법률'에 의한 임업인, 기타 관련 법령에 따른 농업인·임업인·어업인이 설치하는 부지면적 2,000㎡ 이하의 농수산물 가공, 유통, 판매 및 이와 유사한 시설은 포함), 부지면적 1,000㎡ 미만으로서 제1종 근린생활시설 및 단독주택(건축법 시행령 별표1 제1호 가목에 의한 단독주택)의 건축인 경우.

② 건축물 증축 등을 위해 기존 대지 면적을 10% 이하로 확장하는 경우.

③ 부지확장 없이 기존 대지에서 건축물 증축·개축·재축(신축 제외)하는 경우.

④ 광고탑, 철탑, 태양광발전시설 등 교통유발 효과가 없거나 미미한 공작물을 설치하는 경우.

(4) (1)~(2)까지의 기준을 적용함에 있어 지역여건이나 사업특성을 고려해 법령의 범위 내에서 도시계획위원회 심의를 거쳐 이를 완화해 적용할 수 있다.

(5) (2)와 (3)을 적용함에 있어 산지에 대해서는 산지관리법령의 규정에도 적합해야 한다. 다만, 보전산지에서는 산지관리법령에서 정한 기준을 따른다.

◀ 도시·군계획시설의 결정·구조 및 설치기준에 관한 규칙상의 도로 ▶

▶ 사용 및 형태별 구분

가. 일반도로 : 폭 4미터 이상의 도로로서 통상의 교통소통을 위해 설치되는 도로.

나. 자동차전용도로 : 특별시·광역시·특별자치시·시 또는 군(이하 '시·군'이라 한다) 내 주요지역 간이나 시·군 상호 간에 발생하는 대량교통량을 처리하기 위한 도로로서 자동차만 통행할 수 있도록 하기 위해 설치하는 도로.

다. 보행자전용도로 : 폭 1.5미터 이상의 도로로서 보행자의 안전하고 편리한 통행을 위해 설치하는 도로.

라. 보행자우선도로 : 폭 10미터 미만의 도로로서 보행자와 차량이 혼합해 이용하되 보행자의 안전과 편의를 우선적으로 고려해 설치하는 도로.

마. 자전거전용도로 : 하나의 차로를 기준으로 폭 1.5미터(지역 상황 등에 따라 부득이하다고 인정되는 경우에는 1.2미터) 이상의 도로로서 자전거의 통행을 위해 설치하는 도로.

바. 고가도로 : 시·군 내 주요지역을 연결하거나 시·군 상호 간을 연결하는 도로로서 지상교통의 원활한 소통을 위해 공중에 설치하는 도로.

사. 지하도로 : 시·군 내 주요지역을 연결하거나 시·군 상호 간을 연결하는 도로로서 지상교통의 원활한 소통을 위해 지하에 설치하는 도로(도로·광장 등의 지하에 설치된 지하공공보도시설을 포함한다). 다만, 입체교차를 목적으로 지하에 도로를 설치하는 경우를 제외한다.

▶ 규모별 구분

가. 광로

    (1) 1류 : 폭 70미터 이상인 도로.
    (2) 2류 : 폭 50미터 이상 70미터 미만인 도로.
    (3) 3류 : 폭 40미터 이상 50미터 미만인 도로.

나. 대로

   (1) 1류 : 폭 35미터 이상 40미터 미만인 도로.

   (2) 2류 : 폭 30미터 이상 35미터 미만인 도로.

   (3) 3류 : 폭 25미터 이상 30미터 미만인 도로.

다. 중로

   (1) 1류 : 폭 20미터 이상 25미터 미만인 도로.

   (2) 2류 : 폭 15미터 이상 20미터 미만인 도로.

   (3) 3류 : 폭 12미터 이상 15미터 미만인 도로.

라. 소로

   (1) 1류 : 폭 10미터 이상 12미터 미만인 도로.

   (2) 2류 : 폭 8미터 이상 10미터 미만인 도로.

   (3) 3류 : 폭 8미터 미만인 도로.

▶ 기능별 구분

가. 주간선도로 : 시·군 내 주요지역을 연결하거나 시·군 상호 간을 연결해 대량통과교통을 처리하는 도로로서 시·군의 골격을 형성하는 도로.

나. 보조간선도로 : 주간선도로를 집산도로 또는 주요 교통발생원과 연결해 시·군 교통이 모였다 흩어지도록 하는 도로로서 근린주거구역의 외곽을 형성하는 도로.

다. 집산도로(集散道路) : 근린주거구역의 교통을 보조간선도로에 연결해 근린주거구역 내 교통이 모였다 흩어지도록 하는 도로로서 근린주거구역의 내부를 구획하는 도로.

라. 국지도로 : 가구(街區 : 도로로 둘러싸인 일단의 지역을 말한다. 이하 같다)를 구획하는 도로.

마. 특수도로 : 보행자전용도로 · 자전거전용도로 등 자동차 외의 교통에 전용되는 도로.

▶ 노선 및 노선번호

① 도로의 노선은 당해 도로의 폭·선형 등 도로의 구조적 특성, 도로의 연결 상태, 교통체계 등을 고려해 원칙적으로 기점 및 종점이 연속되도록 정해야 한다.

② 노선번호는 도로의 기능에 따라 주간선도로·보조간선도로·집산도로 및 국지도로로 구분해 체계적으로 부여해야 한다. 다만, '도로법'에 의한 고속국도·일반국도 및 국가지원지방도의 경우에는 '도로법'이 정하는 바에 의한다.

③ 노선번호는 시·군의 규모, 도로망의 형태 및 교통상의 기능 등을 고려해 순차적으로 부여하며, 새로운 노선의 신설에 대비해 결번을 둘 수 있다.

④ 주간선도로의 경우, 노선의 대체적인 방향이 남북방향인 것에 대하여는 서쪽에 있는 노선부터 홀수의 노선번호를 순차적으로 부여하고, 노선의 대체적인 방향이 동서방향인 것에 대하여는 남쪽에 있는 노선부터 짝수의 노선번호를 순차적으로 부여한다. 다만, 주간선도로망이 방사형인 경우에는 북쪽에 있는 노선부터 시계방향으로 일련번호를 부여할 수 있다.

⑤ 주간선도로 외의 도로의 경우, 가까이 있는 주간선도로의 시점 쪽에 있는 노선부터 당해 주간선도로의 노선번호 다음에 일련번호를 덧붙인 노선번호를 순차적으로 부여하는 것을 원칙으로 한다.

◀ 건축법상의 도로 ▶

▶ 건축법상 도로의 정의

'도로'란 보행과 자동차 통행이 가능한 너비 4미터 이상의 도로(지형적으로 자동차 통행이 불가능한 경우와 막다른 도로의 경우에는 대통령령으로 정하는 구조와 너비의 도로)로서 다음 각 목의 어느 하나에 해당하는 도로나 그 예정도로를 말한다.

가. '국토의 계획 및 이용에 관한 법률', '도로법', '사도법', 그 밖의 관계 법령에 따라 신설 또는 변경에 관한 고시가 된 도로.

나. 건축허가 또는 신고 시에 특별시장·광역시장·특별자치시장·도지사·특별자치도지사(이하 '시·도지사'라 한다) 또는 시장·군수·구청장(자치구의 구청장을 말한다. 이하 같다)이 위치를 지정해 공고한 도로.

▶ 지형적 조건 등에 따른 도로의 구조와 너비

앞의 도로의 정의에서 기술한 내용 중 '대통령령으로 정하는 구조와 너비의 도로'란 다음 각 호의 어느 하나에 해당하는 도로를 말한다.

가. 특별자치도지사 또는 시장·군수·구청장이 지형적 조건으로 인해 차량 통행을 위한 도로의 설치가 곤란하다고 인정해 그 위치를 지정·공고하는 구간의 너비 3미터 이상(길이가 10미터 미만인 막다른 도로인 경우에는 너비 2미터 이상)인 도로.

나. 가에 해당하지 아니하는 막다른 도로로서 그 도로의 너비가 그 길이에 따라 각각 다음 표에 정하는 기준 이상인 도로.

막다른 도로의 길이	도로의 너비
10m 미만	2m
10m 이상 35m 미만	3m
35m 이상	6m(도시지역이 아닌 읍·면지역은 4m)

▶ 도로와 대지의 관계

건축법에서는 건축물이 대지와 접하는 도로의 너비, 대지가 도로에 접해야 하는 부분의 길이, 그 외 대지와 도로의 관계에 대해 규정하고 있는데 건축물의 대지는 2미터 이상이 도로(자동차만의 통행에 사용되는 도로는 제외한다)에 접해야 한다. 다만, 다음 각 호의 어느 하나에 해당하면 그러하지 아니하다.

1. 해당 건축물의 출입에 지장이 없다고 인정되는 경우.

2. 건축물의 주변에 대통령령으로 정하는 공지(광장, 공원, 유원지, 그 밖에 관계 법령에 따라 건축이 금지되고 공중의 통행에 지장이 없는 공지로서 허가권자가 인정한 것)가 있는 경우.

3. '농지법' 제2조제1호나목에 따른 농막을 건축하는 경우.

원칙적으로 건축물의 대지는 2m 이상의 도로에 접해야 하며, 연면적의 합계가 2,000제곱미터(공장은 3,000제곱미터) 이상인 건축물의 대지는 너비 6m 이상의 도로에 4m 이상 접해야 한다.(축사, 작물 재배사, 그 밖에 이와 비슷한 건축물로서 건축조례로 정하는 규모의 건축물은 제외한다)

건축물의 연면적	대지와 도로와의 관계
연면적 2,000제곱미터 미만 건축물	대지는 2m 이상의 도로에 접 必
연면적 2,000제곱미터 이상 건축물 (공장은 3,000제곱미터 이상)	대지는 6m 이상인 도로에 4m 이상이 접 必

▶ 도로의 지정·폐지 또는 변경

가. 건축허가 또는 신고를 수리하기 위해 특별시장·광역시장·특별자치시장·도지사·특별자치도지사 또는 시장·군수·구청장(자치구의 구청장을 말한다)이 필요한 도로의 위치를 지정·공고하려면 그 도로에 대한 이해관계인의 동의를 받아야 한다. 다만, 다음 각 호의 어느 하나에 해당하면 이해관계인의 동의를 받지 아니하고 건축위원회의 심의를 거쳐 도로를 지정할 수 있다.

⑴ 허가권자가 이해관계인이 해외에 거주하는 등의 사유로 이해관계인의 동의를 받기가 곤란하다고 인정하는 경우.

⑵ 주민이 오랫동안 통행로로 이용하고 있는 사실상의 통로(현황도로)로서 해당 지방자치단체의 조례로 정하는 것인 경우.

나. 허가권자는 가 항에 따라 지정한 도로를 폐지하거나 변경하려면 그 도로에 대한 이해관계인의 동의를 받아야 한다. 그 도로에 편입된 토지의 소유자, 건축주 등이 허가권자에게 가 항에 따라 지정된 도로의 폐지나 변경을 신청하는 경우에도 또한 같다.

다. 허가권자는 가 항과 나 항에 따라 도로를 지정하거나 변경하면 건축법 시행규칙 별지 제27호 서식인 도로관리대장에 이를 적어서 관리해야 한다.

▶ 현황도로와 개발행위허가 or 건축허가

현황도로는 지적도상에 도로로 표기되어 있지 않지만, 주민이 오랫동안 통행로로 이용하고 있는 사실상의 도로로서 건축법에서는 건축허가 또는 신고 시에 특별시장·광역시장·도지사·특별자치도지사 또는 시장·군수·구청장이 현황도로를 건축법상 도로로 지정·공고할 수 있는 기준(건축법 제45조 1항 2호)을 규정하고 있다.

[자료 105] 현황도로

출처 : 서울특별시

특별시장·광역시장·도지사·특별자치도지사 또는 시장·군수·구청장이 현황도로를 건축법상 도로로서 지정·공고하기 위해서는 해당 도로에 대한 이해관계인의 동의가 필요하다. 다만, 허가권자가 이해관계인이 해외에 거주하는 등의 사유로 이해관계인의 동의를 받기가 곤란하다고 인정하는 경우나 주민이 오랫동안 통행로로 이용하고 있는 사실상의 통로로서 해당 지방자치단체의 조례로 정하는 것인 경우에는 이해관계인의 동의를 받지 않고 건축위원회의 심의를 거쳐 도로로 지정할 수 있도록 하고 있다.

서울특별시 건축조례(각 지자체의 조례는 유사하다)에서는 허가권자가 이해관계인의 동의를 얻지 아니하고, 건축위원회의 심의를 거쳐 도로로 지정할 수 있는 경우를 다음과 같이 규정하고 있다.

1. 복개된 하천·구거부지

2. 제방도로

3. 공원 내 도로

허가권자가 현황도로를 건축법상의 도로로 지정 공고하는 경우에는 별도의 도로관리대장을 작성 관리해야 한다.

◀ 도로법상 도로 ▶

▶ 도로법상의 도로 정의

도로법상의 도로는 일반인의 교통을 위해 제공되는 도로로서 고속국도, 일반국도, 특별시도(特別市道)·광역시도(廣域市道), 지방도, 시도(市道), 군도(郡道), 구도(區道)를 지칭하며, 등급은 열거한 순서에 따른다. 또한 도로의 구조 및 시설, 도로의 유지·안전점검 및 보수(補修)는 도로의 구조·시설 기준에 관한 규칙에서 정하는 기준에 따른다.

가. 고속국도 : 국토교통부장관은 도로교통망의 중요한 축(軸)을 이루며, 주요 도시를 연결하는 도로로서 자동차('자동차관리법' 제2조제1호에 따른 자동차와 '건설기계관리법' 제2조제1항제1호에 따른 건설기계 중 대통령령으로 정하는 것을 말한다.) 전용의 고속교통에 사용되는 도로 노선을 정해 고속국도를 지정·고시한다.

나. 일반국도 : 국토교통부장관은 주요 도시, 지정항만('항만법' 제3조에 따라 해양수산부장관이 지정한 항만을 말한다), 주요 공항, 국가산업단지 또는 관광지 등을 연결해 고속국도와 함께 국가간선도로망을 이루는 도로 노선을 정해 일반국도를 지정·고시한다.

다. 특별시도·광역시도 : 특별시장 또는 광역시장은 해당 특별시 또는 광역시의 관할구역에 있는 도로 중 다음 각 호의 어느 하나에 해당하는 도로 노선을 정해 특별시도·광역시도를 지정·고시한다.

1. 해당 특별시·광역시의 주요 도로망을 형성하는 도로.
2. 특별시·광역시의 주요 지역과 인근 도시·항만·산업단지·물류시설 등을 연결하는 도로.
3. 제1호 및 제2호에 따른 도로 외에 특별시 또는 광역시의 기능을 유지하기 위해 특히 중요한 도로.

라. 지방도 : 도지사 또는 특별자치도지사는 도(道) 또는 특별자치도의 관할구역에 있는 도로 중 해당 지역의 간선도로망을 이루는 다음 각 호의 어느 하나에 해당하는 도로 노선을 정해 지방도를 지정·고시한다.

1. 도청 소재지에서 시청 또는 군청 소재지에 이르는 도로.
2. 시청 또는 군청 소재지를 연결하는 도로.
3. 도 또는 특별자치도에 있거나 해당 도 또는 특별자치도와 밀접한 관계에 있는 공항·항만·역을 연결하는 도로.
4. 도 또는 특별자치도에 있는 공항·항만 또는 역에서 해당 도 또는 특별자치도와 밀접한 관계가 있는 고속국도·일반국도 또는 지방도를 연결하는 도로.
5. 제1호부터 제4호까지의 규정에 따른 도로 외의 도로로서 도 또는 특별자치도의 개발을 위해 특히 중요한 도로.

② 국토교통부장관은 주요 도시, 공항, 항만, 산업단지, 주요 도서(島嶼), 관광지 등 주요 교통유발시설을 연결하고 국가간선도로망을 보조하기 위해 필요한 경우에는 지방도 중에서 도로 노선을 정해 국가지원지방도를 지정·고시할 수 있다. 이 경우 국토교통부장관은 교통 연결의 일관성을 유지하기 위해 필요한 경우에는 특별시도·광역시도·시도·군도 또는 노선이 지정되지 아니한 신설 도로의 구간을 포함해 국가지원지방도를 지정·고시할 수 있다.

마. 시도 : 시도는 시 또는 행정시에 있는 도로로서 관할 시장(행정시의 경우에는 특별자치도지사를 말한다)이 그 노선을 인정한 것을 말한다.

바. 군도 : 군도는 군(郡)에 있는 다음 각 호의 어느 하나에 해당하는 도로로서 관할 군수가 그 노선을 인정한 것을 말한다.

(1) 군청 소재지에서 읍사무소 또는 면사무소 소재지에 이르는 도로.

(2) 읍사무소 또는 면사무소 소재지 상호 간을 연결하는 도로.

(3) 제1호와 제2호에 따른 도로 외의 도로로서 군의 개발을 위해 특히 중요한 도로.

사. 구도 : 특별시나 광역시 구역에 있는 도로 중 특별시도와 광역시도를 제외한 구 안에서 동 사이를 연결하는 도로로서 관할 구청장이 그 노선을 인정한 것을 말한다.

◀ 농어촌 도로정비법상 도로 ▶

▶ 도로의 정의

가. 농어촌도로의 정의는 '도로법'에 규정되지 아니한 도로(읍 또는 면 지역의 도로만 해당한다)로서 농어촌지역 주민의 교통 편익과 생산·유통활동 등에 공용(共用)되는 공로(公路) 중 도로의 종류 및 시설기준, 도로기본계획에 따라 고시된 도로를 말한다.

나. 농어촌도로에는 터널, 교량, 도선장 등 도로와 하나가 되어 그 효용을 다하게 하는 시설과 옹벽, 암거, 용·배수관, 측구 등 이와 유사한 공작물을 포함한다.

▶ 도로의 종류 및 시설기준

가. 이 법에서 도로는 면도(面道), 이도(里道) 및 농도(農道)로 구분한다.

나. 제1항에 따른 도로의 종류별 기능은 다음 각 호와 같다〈개정 2014. 1. 14〉.

(1) 면도 : '도로법' 제10조제6호에 따른 군도(郡道) 및 그 상위 등급의 도로(이하 '군도 이상의 도로'라 한다)와 연결되는 읍·면 지역의 기간(基幹)도로.

(2) 이도 : 군도 이상의 도로 및 면도와 갈라져 마을 간이나 주요 산업단지 등과 연결되는 도로.

(3) 농도 : 경작지 등과 연결되어 농어민의 생산활동에 직접 공용되는 도로.

다. 도로의 구조 및 시설기준에 관해 필요한 사항은 농어촌 도로정비법 시행규칙으로 정한다.

◀ 사도법상 도로 ▶

▶ 사도의 정의

사도(私道)는 개인이 설치해 소유하는 사설도로를 말하며, 도로법상 도로나 도로의 준용을 받는 도로가 아닌 것으로서 그 도로에 연결되는 길을 말한다. 개발행위허가를 받고자 하는 농지나 산지가 맹지 상태와 같이 도로에 접하고 있지 않다면 도로법상 도로나 도로의 준용을 받는 도로까지 개인소유 토지로 도로를 만들어 연결해야 허가를 받을 수 있다. 이와 같이 개인의 필요와 소유의 목적으로 설치하는 도로를 사도라고 하며, 사도는 설치한 자가 관리를 하는 것이 원칙이며 일반인의 통행을 제한하거나 금지하지 못한다.

[자료 106] 사도와 공도

출처 : 서울특별시

▶ 사도개설 허가절차

가. 사도를 개설·개축(改築)·증축(增築) 또는 변경하려는 자는 특별자치시장, 특별자치도지사 또는 시장·군수·구청장(구청장은 자치구의 구청장을 말한다)의 허가를 받아야 한다.

나. 가 항에 따른 허가를 받으려는 자는 허가 신청서와 함께 계획도면, 공사계획서, 공사경비예산명세서, 설계도, 토지사용권한 증명서 등을 첨부해 시장·군수·구청장에게 제출해야 한다.

다. 시장·군수·구청장은 다음 각 호의 어느 하나에 해당하는 경우를 제외하고는 가 항에 따른 허가를 해야 한다.

  (1) 개설하려는 사도가 도로법의 시도 또는 군도에 따른 기준에 맞지 아니한 경우.
  (2) 허가를 신청한 자에게 해당 토지의 소유 또는 사용에 관한 권리가 없는 경우.
  (3) 이 법 또는 다른 법령에 따른 제한에 위배되는 경우.
  (4) 해당 사도의 개설·개축·증축 또는 변경으로 인해 주변에 거주하는 주민의 사생활 등 주거환경을 심각하게 침해하거나 사람의 통행에 위험을 가져올 것으로 인정되는 경우.

라. 시장·군수·구청장은 가 항에 따른 허가를 했을 때에는 지체 없이 그 내용을 공보에 고시하고, 국토교통부령으로 정하는 바에 따라 사도 관리대장에 그 내용을 기록하고 보관해야 한다.

▶ 통행의 제한 또는 금지행위 불가

가. 사도개설자는 그 사도에서 일반인의 통행을 제한하거나 금지할 수 없다. 다만, 다음 각 호의 어느 하나에 해당하는 경우로서 대통령령으로 정하는 바에 따라 시장·군수·구청장의 허가를 받은 경우는 그러하지 아니하다.

  (1) 해당 사도를 보전(保全)하기 위한 경우.
  (2) 통행상의 위험을 방지하기 위한 경우.
  (3) 그 밖에 다른 법률에 따라 통행의 제한 또는 금지가 필요한 경우.

나. 사도개설자는 가 항 단서에 따라 일반인의 통행을 제한하거나 금지하려면 해당

사도의 입구에 그 기간과 이유를 분명하게 밝힌 표지를 설치해야 한다.

▶ 권리·의무의 승계

가. 다음 각 호의 어느 하나에 해당하는 자는 종전 사도개설자의 권리·의무를 승계한다.

   (1) 사도개설자가 지위를 양도한 경우 : 양수인

   (2) 사도개설자가 사망한 경우 : 상속인

   (3) 법인인 사도개설자가 다른 법인과 합병한 경우 : 합병 후 존속하는 법인이나 합병으로 설립되는 법인

나. 가 항에 따라 권리·의무를 승계한 자는 시장·군수·구청장에게 그 사실을 신고해야 한다.

참고자료

참고서적

국토교통부, 《표준지 공시지가 조사평가 업무요령》, 2019.

국토교통부, 《개별공시지가 전국 평균 8.03% 올라 전년 대비 1.75% 상승》, 2019.

국토교통부, 《토지이용 용어사전》, 2017.

국토교통부, 《개별공시지가 검증업무요령》, 2015.

국토교통부, 《평창 등 기획 부동산 편법 토지 분할, 토지분양 사기 차단》, 2011. 7. 18.

산림청, 《2018 임업통계연보》, 2018.

서울특별시, 《알기쉬운 도시계획 용어집》, 2016.

성중탁, 《토지수용에서의 보상 문제 검토 및 대안의 제시》 감정평가, 2017.

한국은행, 《우리나라의 토지 자산 장기시계열 추정》, 2015.

KB금융지주 경영연구소, 《2018 한국 부자 보고서》, 2018.

단행본

구만수, 《국토도시계획을 알아야 부동산 투자가 보인다》, 매일경제신문사, 2015.

참고사이트

국토교통부 http://www.molit.go.kr/portal.do

기획재정부 http://www.moef.go.kr

법제처 국가법령정보센터 http://www.law.go.kr

산림정보 다드림 https://gis.kofpi.or.kr/gis/main.do

서울도시계획포털 http://urban.seoul.go.kr/4DUPIS/sub7/sub7_7_5.jsp

한국은행 http://www.bok.or.kr/portal/main/main.do

한국은행 경제통계시스템 http://ecos.bok.or.kr

e-나라지표 http://www.index.go.kr/unify/idx-info.do?idxCd=4027

신문기사

김백상 기자, "부산시 감정평가 차별"… 또 불거진 에코델타 보상 갈등, 〈부산일보〉, 2015. 04. 07.

김연지 기자, 어려운 고속도로 표지판 용어! 우리말로 바꿔 부르자, 국토교통부 블로그, 2014. 09. 18.

원정희 기자, [토지 보상 그늘] 개발이익, 누구의 몫인가, 〈비즈니스워치〉, 2018. 11. 13.

최진석 기자, 서울시 "생물서식지 '비오톱' 1·2등급 섞어 보존 필요", 〈한국경제〉, 2018. 10. 16.

박정훈 기자, 용인시, 개발행위허가 경사도 기준 강화… 난개발 옥죄나?, 〈오마이뉴스〉, 2019. 07. 26.

RealCast, 땅의 용도만 바꿨을 뿐인데 가격이 20배 뛰었다고?, 네이버 포스트, 2018. 06. 18.

한상혁 기자, 정부 한눈판 사이에… 땅값, 집값보다 더 올랐다, 〈땅집GO〉, 2018. 11. 19.

현영진 기자, 땅값 상승에 '종점' 있다, 〈중앙일보〉, 1969.12.11. 종합6면.

네이버 검색창에 '구만수'를 검색하시면 '구만수 교수의 부동산 스터디' 밴드로 들어오실 수 있으며, 오프라인 강의 일정도 알 수 있습니다.

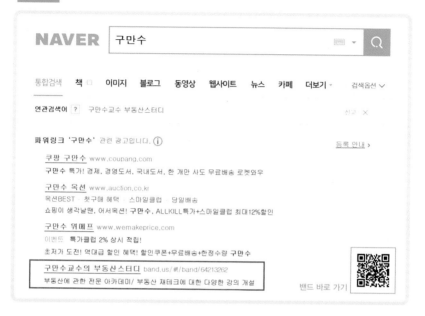

 유튜브 검색창에서 '구만수'를 검색하시면 '구만수' 유튜브 채널을 통해 부동산에 관련한 다양한 지식을 얻을 수 있습니다.

구만수 박사
토지 투자, 모르면 하지 마!

제1판 1쇄 | 2020년 1월 3일
제1판 5쇄 | 2021년 12월 20일

지은이 | 구만수
펴낸이 | 손희식
펴낸곳 | 한국경제신문*i*
기획제작 | (주)두드림미디어
책임편집 | 배성분, 최윤경   디자인 | 얼앤똘비악earl_tolbiac@naver.com

주소 | 서울특별시 중구 청파로 463
기획출판팀 | 02-333-3577
E-mail | dodreamedia@naver.com
등록 | 제 2-315(1967. 5. 15)

ISBN 978-89-475-4539-6 (03320)

한국경제신문*i* 부동산 도서 목록

한국경제신문 *i* 부동산 도서 목록

한국경제신문 *i* 부동산 도서 목록

한국경제신문 *i* 부동산 도서 목록

㈜두드림미디어 카페,(https://cafe.naver.com/dodreamedia)